COMMENT L'EUROPE
VA SAUVER L'AMÉRIQUE

COMMENT L'EUROPE VA SAUVER L'AMÉRIQUE

Charles A. Kupchan

Traduit de l'anglais (États-Unis)
par Alain Spiess

À ma famille

Note de l'auteur pour l'édition française

Une question hante aujourd'hui tous les observateurs de la vie internationale : quelles seront, pour les États-Unis, les conséquences de la guerre en Irak ? Deux réponses fondamentalement opposées se dessinent.

Pour les uns, nous allons vers un « un nouveau siècle américain ». En quelques semaines, les États-Unis ont montré l'efficacité stupéfiante d'un appareil militaire sans égal. Washington a aussi clairement démontré que l'Amérique, en lançant l'offensive contre l'Irak, sans l'aval du Conseil de sécurité, faisait fi de l'avis des Nations unies. La leçon est claire : les pays qui se sont opposés aux États-Unis – la France, l'Allemagne et la Russie – seraient bien inspirés d'y regarder à deux fois avant de contrarier, à nouveau, la seule superpuissance du monde. Les États voyous feraient bien également de s'amender... L'Amérique apparaît comme la nouvelle Rome.

Pour les autres, loin d'inaugurer « un nouveau siècle américain », Washington s'est engagé dans une voie qui va précipiter la fin de la suprématie américaine. La force militaire de l'Amérique est peut-être sans égale, et sa détermination sans faille. Mais, en agissant contre l'opinion mondiale, les États-Unis viennent de compromettre ce qui était sans doute leur bien le plus précieux – leur légitimité internationale. Aux yeux du monde, voilà que l'hégémonie bienveillante de l'Amérique n'a plus les couleurs de la bienveillance. Conséquence : les nations, plutôt que de respecter sa puissance, risquent de manifester leur malaise, plutôt que d'adhérer à son *leadership*, elles risquent de lui résister. Cette seconde hypothèse est la plus vraisemblable. En effet, le bras de fer diplomatique à propos de cette guerre a été le symptôme et non la cause du large fossé qui sépare aujourd'hui l'Amérique d'une bonne partie de l'Europe, et même du monde. L'unilatéralisme américain, renforcé par le sentiment de vulnérabilité et de colère qui a suivi le 11 septembre, a mis à mal la cohésion de la communauté internationale. Bien avant le débat aux Nations unies sur l'Irak, de nombreux membres du Conseil de sécurité s'accordaient sur la nécessité de freiner une Amérique de plus en plus arrogante. L'endiguement de la puissance américaine a été l'un des moteurs de la France, de l'Allemagne et de la Russie pour empêcher la guerre, même si elles avaient conscience des risques qu'elles faisaient courir à l'Alliance atlantique. D'autres membres du Conseil de sécurité (Mexique, Chili, Cameroun et Guinée, entre autres pays) étaient prêts à rejoindre les grandes puissances pour dire non à l'Amérique. Si autrefois toutes les routes menaient à Washington, aujourd'hui s'ouvre une nouvelle voie, et celle-ci passe surtout par l'Europe.

La conception que Washington a de son *leadership* mondial et de la manière dont il en a usé est la principale raison du durcissement de ce différend entre l'Amérique et ses alliés.

D'abord, Washington a agi en partant d'un postulat: plus l'Amérique ferait preuve d'un *leadership* sans compromis, plus le reste du monde rentrerait dans le rang. C'est le contraire qui s'est produit. Si aux États-Unis les fanfaronnades de Bush ont pu être interprétées comme des signes de sa détermination, en Europe et dans le reste du monde elles ont été perçues comme de l'arrogance. Loin de susciter de la déférence, la politique américaine a provoqué le ressentiment et la résistance des Européens.

Ensuite, l'administration Bush a présumé de ses forces. Selon Bush, un pays aussi puissant que les États-Unis pouvait administrer la scène mondiale en se passant des institutions internationales, ces outils des pauvres qui ne font que limiter sa marge de manœuvre. Or, en obligeant Washington à adhérer à la loi commune, ces institutions rééquilibrent les règles du jeu et renforcent la confiance accordée aux objectifs et à la prévisibilité de l'Amérique. Quand Washington se retire des institutions internationales, l'Europe et le reste du monde courent se mettre à l'abri.

Enfin, Bush a très largement surestimé l'autonomie que procure la suprématie militaire. Son administration a manifesté du mépris à l'égard des alliés de son pays parce qu'elle pensait ne pas avoir besoin d'eux. Or, la guerre contre le terrorisme exige une entière coopération internationale. L'Afghanistan est actuellement entre les mains d'une large coalition multinationale. Même si la France, l'Allemagne et la Russie n'ont pas pu arrêter le déclenchement de la guerre en Irak, elles ont finalement privé Washington de la légitimité des Nations unies et ont fait de cette guerre un pari particulièrement risqué. La Turquie a refusé le passage des forces américaines sur son territoire, et a laissé l'Amérique dans l'impossibilité d'ouvrir un front au nord.

En dépit de tous ces obstacles, l'excellence de l'armée américaine a permis aux forces de la coalition de l'emporter facilement. Mais l'Irak a rapidement versé dans le chaos, et la suprématie américaine a été incapable de neutraliser les fréquentes attaques contre ses soldats et contre des Irakiens prêts à coopérer avec les forces de la coalition. Alors que le coût financier et humain de l'occupation augmentait chaque jour un peu plus, les alliés traditionnels de l'Amérique ont été fort peu nombreux à accepter de contribuer militairement ou financièrement à la stabilisation du pays. Le 28 juin 2004, quand les États-Unis ont rendu une souveraineté toute formelle au gouvernement provisoire irakien, la cérémonie s'est déroulée en secret, dans les profondeurs d'un quartier général américain bunkerisé – on était loin de célébrer une « mission accomplie » !

Le conflit irakien est à l'origine d'un paysage diplomatique profondément divisé sur la scène internationale. L'époque est révolue où l'Amérique menait le jeu et où le reste du monde suivait bien sagement. L'Europe, tout particulièrement, a marqué son profond mécontentement envers la politique brutale de l'Amérique. Le lien transatlantique est en fait la principale victime de la guerre : les États-Unis et ses principaux alliés continentaux se divisent sur la question fondamentale de la guerre et de la paix.

De surcroît, cette guerre a provoqué des divisions à l'intérieur même de l'Europe, divisions qui proviennent avant tout de conceptions différentes sur l'avenir de l'Union européenne (UE). D'un côté, la France et l'Allemagne ont résisté avec force à la guerre et ont fait contrepoids à l'hégémonie américaine. De l'autre, les pays plus traditionnellement attachés à l'Alliance atlantique se sont rassemblés derrière Washington, parce qu'ils voient dans les États-Unis une possible protection contre les grandes puissances européennes.

Mais c'est la division entre les deux rives de l'Atlantique qui risque d'être plus persistante et difficile à résorber que les divisions internes à l'UE. Sur l'Irak, l'unité était plus importante dans l'UE qu'il n'y paraissait. Les gouvernements européens ont quelque peu été en désaccord, mais leurs électeurs, en revanche, étaient majoritairement opposés à l'intervention militaire.

Plus important encore, les pays européens qui se sont ralliés à Washington risquent de ne plus avoir la possibilité de le faire dans les années à venir. La plupart ont soutenu la guerre non pas parce qu'ils étaient sincèrement pour l'invasion, mais parce qu'ils ne voulaient pas voir le conflit irakien mettre à mal le lien transatlantique. Même si des pays comme la Pologne et l'Italie restent attachés à l'Alliance atlantique au cours des années à venir, peut-être ne trouveront-ils pas un partenaire prêt à les accueillir de l'autre côté de l'Atlantique – quelle que soit la couleur de l'administration, démocrate ou républicaine. Face à une Europe riche, en paix, et qui n'est plus prête à suivre le *leadership* de Washington, les Américains se désintéressent de son rôle de protecteur – c'est précisément la raison pour laquelle le Pentagone est en train de réduire sensiblement le nombre de ses soldats stationnés en Europe pour les envoyer ailleurs, en particulier au Moyen-Orient. Qu'ils le veuillent ou non, les Européens ne pourront plus compter que sur eux-mêmes.

La France et l'Allemagne l'ont bien compris, et c'est l'une des raisons pour lesquelles elles ont commencé à prendre des mesures pour intensifier leur coopération en matière de défense. Au cours du désaccord sur l'Irak, la Grande-Bretagne s'est agrippée à son rôle de passeur entre l'Europe et l'Amérique. Mais, dès la fin de 2003, les Britanniques se sont tournés vers l'Europe, et ont rejoint la France et l'Allemagne pour participer à la création d'une force de défense commune. Les Polonais, de leur côté, ne sont pas encore prêts à abandonner l'espoir d'une Alliance atlantique forte, mais ils ne pourront ignorer la réalité très longtemps. Varsovie et les autres capitales du même bord comprendront rapidement que la seule option raisonnable est de s'attacher à construire une UE forte. À mesure que les membres actuels et futurs de l'UE prendront la mesure du fait que l'Amérique est en train de s'éloigner de l'Europe pour de bon, ils viendront rapidement ajouter leur poids à une union plus efficace et plus collective.

Les efforts de l'UE pour se doter d'une plus grande capacité militaire sont, il faut bien l'admettre, plutôt lents. Mais il y a des signes qui ne trompent pas : la France augmente son budget de la Défense de 20 %, et l'Allemagne pourrait bien abandonner la conscription en faveur d'une armée de métier plus efficace. Les membres de l'Union ont annoncé leur intention de nommer un ministre des Affaires étrangères pour toute l'UE et de créer un quartier général de stratégie militaire. Selon le scénario le plus optimiste, même si l'UE est encore loin de pouvoir rivaliser un jour avec la suprématie des forces américaines, elle deviendra nettement moins dépendante des États-Unis pour sa sécurité, et finira par tenir son rang aux côtés de l'Amérique comme un centre alternatif de puissance.

En fait, les conséquences de la guerre en Irak sur la politique extérieure américaine entraveront l'hégémonie des États-Unis. Le succès de l'attaque initiale et la rapidité avec laquelle le régime de Saddam Hussein s'est tout d'abord effondré ont indiscutablement renforcé, dans un premier temps, la position des faucons néo-conservateurs de l'administration Bush. Mais ils ont obtenu une victoire à la Pyrrhus. Quasiment toutes les affirmations de ceux qui avaient tenu une ligne dure allaient rapidement s'avérer fausses. Les soldats américains étaient censés être accueillis en libérateurs…, c'est dans l'insurrection généralisée et l'effondrement de toutes les forces de l'ordre que les Irakiens en sont venus à les considérer comme des occupants. Dans cette atmosphère insurrectionnelle, chaque jour des soldats américains, des représentants de la communauté internationale et des civils irakiens ont trouvé la mort.

À mesure qu'augmentait le coût de la guerre, les principales justifications de celle-ci se sont volatilisées. Aucune arme de destruction massive n'a été découverte. Aucun lien entre l'Irak et Al-Qaïda. De plus, loin de porter un coup au terrorisme, la guerre a plutôt aggravé la situation en poussant des militants de toutes obédiences à venir en Irak attaquer les cibles américaines vulnérables et rejoindre les rangs d'Al-Qaïda. Renverser Saddam Hussein était supposé faire progresser le processus de paix au Moyen-Orient, mais là aussi, c'est le contraire qui s'est produit. La «feuille de route» a été réduite à néant après la guerre, Israël s'est lancé dans la construction d'un mur de sécurité en Cisjordanie, et l'autorité palestinienne a fait peu de progrès pour contrôler ses militants. Même si la capture de Saddam Hussein a permis à Bush d'affirmer qu'il avait atteint l'un de ses principaux objectifs, elle ne saurait masquer le fait que l'administration a engagé la guerre en s'appuyant sur des mensonges.

Ce retour à la réalité, loin d'aiguiser l'appétit de Washington pour les renversements de régime par la force, risque de produire l'inverse : diminuer encore l'intérêt de l'administration Bush pour la domination mondiale. Cette inclination au repli provient en partie de l'échec que la débâcle irakienne a fait subir aux partisans de la ligne dure. La majorité des Américains avait soutenu l'invasion, mais l'enthousiasme populaire s'est évanoui quand l'occupation s'est révélée sanglante, coûteuse et chaotique. Dès le milieu de l'année 2003, la cote de popularité du président Bush était en chute libre, ce qui permit aux candidats démocrates à l'élection présidentielle de le critiquer sur les questions de sécurité nationale, un domaine que l'opposition avait évité d'aborder après le 11 septembre, de peur de passer pour de mauvais patriotes.

Face à cette tension politique, Bush a décidé de changer de cap dès la fin de l'automne, et a approuvé le projet de redonner rapidement le pouvoir aux Irakiens, de reconstituer une armée irakienne, et de préparer le retrait des forces américaines du pays. Cela ne veut pas dire que Washington a battu en retraite, mais Bush a pris conscience que son objectif initial – une occupation militaire qui permettrait d'instaurer une démocratie stable en Irak – était beaucoup trop ambitieux et bien au-delà de ce que souhaitait l'électorat américain.

Quel que soit le parti de celui qui occupera la Maison-Blanche, la guerre dévoyée de l'Amérique contre l'Irak est en train de réveiller les instincts isolationnistes de l'Amérique. Washington se prépare donc à se désengager de l'Irak et à prendre ses distances avec tout autre engagement susceptible d'alourdir la tâche d'une armée déjà surchargée. Depuis la Seconde Guerre mondiale, les Américains ont accepté de nombreux engagements internationaux, qui se traduisent par une armée cantonnée en permanence dans plusieurs régions du monde. Mais les forces américaines ne sont restées durablement que là où elles étaient les bienvenues. Face au sentiment antiaméricain qui se développe avec force en Irak, et qui gagne même les alliés traditionnels comme l'Allemagne, le Japon, et la Corée du Sud, les citoyens américains sont en droit de se demander si leur pays doit continuer à être le gardien de la planète. Aussi, les États-Unis pourraient-ils faire preuve d'un unilatéralisme belliqueux, avant de se tourner rapidement vers un isolationnisme amer.

Je montrerai, dans les pages qui suivent, comment et pourquoi l'essor de l'Europe ainsi que le retour de l'unilatéralisme et de l'isolationnisme aux États-Unis s'associent pour diviser l'Occident, dresser l'Europe contre l'Amérique, et précipiter la transition vers un monde constitué de multiples centres de puissance. Quand j'ai écrit la première édition de ce livre – avant la guerre en Irak –, je pensais que ces événements se dérouleraient tout au long de la décennie à venir et peut-être au-delà. Si l'administration Bush n'a pas changé le cours de l'Histoire, elle l'a considérablement accéléré. Comme l'a clairement montré la guerre en Irak, l'Occident s'est déjà divisé, et a ébranlé les fondations de la communauté politique sur lesquelles repose le système international depuis les années 1940. Cette guerre a donc servi à accélérer les puissantes forces géopolitiques qui étaient déjà en train de transformer le monde dans lequel nous vivons. Face à une marche si rapide de l'Histoire – et à une scène internationale qui change au même rythme –, l'Amérique, l'Europe et la communauté internationale doivent se préparer à voir la fin de l'ère américaine et à entrer dans l'ère nouvelle qui lui succédera.

Charles A. Kupchan
Washington, D. C., le 14 juillet 2004.

Introduction

Les événements tragiques du 11 septembre 2001 ont réveillé l'Amérique. Entre la fin de la guerre froide et le jour où la terreur a frappé le cœur de New York et de Washington, les élus et les citoyens américains s'étaient peu à peu désintéressés des affaires du monde, persuadés de la suprématie et de l'inviolabilité de leur pays. Les médias avaient quasiment cessé de couvrir les nouvelles de l'extérieur. Le Congrès ne prenait guère le temps de débattre de la politique étrangère, et les questions essentielles de l'époque – limitation de la prolifération des armes nucléaires, retour de la paix dans les Balkans, protection de l'environnement – faisaient plutôt l'objet de batailles politiciennes que de débats de fond. Les alliés de l'Amérique observaient avec un mélange de consternation et d'impuissance les égarements de la seule superpuissance du monde.

Après le 11 septembre, les choses changèrent. La défense de la patrie et la lutte contre le terrorisme devinrent les priorités nationales. Les journaux s'ouvrirent sur le monde et de nombreuses chaînes de télévision couvrirent vingt-quatre heures sur vingt-quatre la «nouvelle guerre» de l'Amérique. Démocrates et républicains resserrèrent les rangs, offrant le visage d'une unité que l'on n'avait pas vue depuis longtemps à Washington. L'Amérique – oubliant apparemment son penchant de plus en plus marqué pour l'unilatéralisme – renoua des alliances tombées en déshérence et conclut de nouveaux partenariats. Les commentateurs annonçaient un nouveau Pearl Harbor. Le 11 septembre 2001, comme le 7 décembre 1941, marqua un tournant de l'Histoire, qui fit prendre conscience aux Américains qu'ils vivaient dans un monde périlleux qui exigeait engagement, vigilance et sacrifices.

Il est cependant illusoire de croire que ce nouveau sentiment de vulnérabilité qu'éprouve l'Amérique l'a amenée à revoir sa politique étrangère. Au contraire, en polarisant l'attention et les ressources du pays sur la lutte antiterroriste et la défense du territoire, les événements du 11 septembre risquent fort de l'empêcher de porter son attention sur les menaces plus sérieuses, bien que plus éloignées, qui pèsent sur sa sécurité. Renforcer la sécurité intérieure est sans aucun doute une obligation. En dépit de nombreux avertissements, les États-Unis ne sont pas parvenus à prendre les mesures appropriées pour prévenir les attaques terroristes chez eux, et ils en ont payé le prix. L'administration Bush s'est légitimement efforcée de trouver un remède à ce fléau. Mais cet objectif ne saurait s'opposer aux efforts qu'il convient de déployer pour relever un défi fondamental et nettement plus dangereux : le retour de la rivalité entre les principaux centres de puissance du monde.

Le manque d'intérêt de l'Amérique pour les rivalités entre les grandes puissances est compréhensible. Le début du XXIᵉ siècle marque le triomphe de l'idéal démocratique – fondement politique des États-Unis, au nom duquel beaucoup de sang a été versé. Environ cent vingt des deux cents pays de la planète ont aujourd'hui un gouvernement démocratique. Le communisme, principal rival de la démocratie libérale au cours du XXᵉ siècle, s'est effrité et ses partisans se battent pour se maintenir au pouvoir dans quelques places fortes comme la Chine, la Corée du Nord et Cuba. Par ailleurs, les États-Unis sont dans une position de domination incontestée. Leur puissance économique et militaire est de loin la première du monde. Si l'on ajoute à cela leur capacité apparemment illimitée d'innovation technologique et l'attrait de leur culture, ils disposent d'une suprématie mondiale sans précédent.

C'est pourquoi la plupart des stratèges de l'Amérique demeurent persuadés que cette suprématie perdurera et qu'une ère durable de paix a fini par s'installer entre les grandes puissances. Selon eux, la généralisation progressive de la démocratie libérale et du capitalisme mène à « la fin de l'Histoire », rend les grandes guerres impensables et crée un monde dans lequel les nations satisfaites apprendront à vivre en harmonie. Des individus mécontents et les groupes marginaux autour desquels ils gravitent peuvent continuer à déployer leurs efforts pour infliger des dommages à l'Amérique et à ses partenaires. Mais, si l'on estime que les démocraties du monde peuvent endiguer, sinon éliminer, le terrorisme, elles ont devant elles un avenir de prospérité et de paix.

Une telle confiance dans la longévité de l'ère américaine est déplacée et dangereuse. L'Amérique semble commettre la même erreur que la plupart des grandes nations qui l'ont précédée : confondre la paix permanente et le calme temporaire qui succède généralement à la résolution d'un conflit géopolitique majeur. La décennie qui a suivi la fin de la guerre froide a été une période d'abondance et de paix pour l'Amérique. Les principaux acteurs de la planète se sont accordés un répit en s'observant. Et la domination actuelle des États-Unis n'a rien d'une illusion : à de nombreux égards, ils appartiennent indiscutablement à une classe à part.

Pourtant, le système international, instable et fragile, peut s'effondrer très vite. En 1910, les Européens croyaient que l'interdépendance économique apportait la paix, et que le conflit armé ne serait plus à l'ordre du jour. Dès la fin de l'été de 1914, les grandes puissances européennes étaient en guerre. Au cours de la seconde moitié des années 1920, les États-Unis connaissaient la prospérité et étaient enclins à l'optimisme. Or, dès 1933, le monde était plongé dans une grave dépression, Hitler était devenu le maître de l'Allemagne et le siècle marchait à grands pas vers ses moments les plus sombres. Au début de 1945, les États-Unis cherchaient à bâtir un partenariat de l'après-guerre avec l'Union soviétique, les forces américaines étaient rapidement démobilisées, et le peuple américain se tournait vers les Nations unies pour qu'elles assurent la paix dans le monde. En quelques années, la guerre froide avait pourtant commencé. Les États-Unis et l'Union soviétique se menaçaient mutuellement d'anéantissement nucléaire.

La réémergence des rivalités et des conflits entre les grandes puissances n'est en aucun cas une fatalité. Il n'existe néanmoins pas de meilleur moyen pour l'Amérique d'en assurer le retour que de se focaliser sur le terrorisme et de supposer que la paix entre les grandes puissances est bien installée. Alors qu'elle devrait prendre conscience que sa prépondérance et la stabilité qu'elle engendre sont déjà en train de s'émousser. L'Europe vit actuellement un processus révolutionnaire d'intégration politique et économique qui efface peu à peu ses frontières intérieures et centralise l'autorité à

Bruxelles. La richesse collective de l'Union européenne viendra rapidement rivaliser avec celle des États-Unis. La Russie finira par rebondir et pourrait bien trouver sa place au sein d'une Europe en pleine intégration. L'Asie n'est pas loin derrière. La Chine est déjà une présence régionale et son économie se développe rapidement. Et le Japon, deuxième économie mondiale, finira par sortir de la récession et étendra peu à peu son influence politique et militaire.

Tandis que ses rivaux se réveillent, les États-Unis font preuve d'une nouvelle ambivalence à assumer le rôle de gardien du monde. Au cours des années 1990, ils ont mené une politique étrangère extrêmement active : ils sont intervenus pour mettre un terme aux massacres ethniques, ont limité les ambitions de Saddam Hussein, maintenu la paix en Asie de l'Est, se sont fortement engagés pour résoudre les conflits au Moyen-Orient et en Irlande du Nord, tout en gérant une économie internationale mondialisée. Mais l'internationalisme américain n'est peut-être pas aussi solide qu'il en a l'air.

Au cours de ses premiers mois de mandat, le président George W. Bush a clairement fait savoir qu'il avait l'intention de reconsidérer les engagements internationaux du pays pour se concentrer sur les questions de politique intérieure. Ainsi, le choix du Mexique pour son premier voyage officiel à l'étranger ne fut nullement un hasard. Bush fit aussi connaître ses propensions unilatéralistes très tôt en annonçant son intention de se retirer des institutions et des traités que son pays avait contribué à instaurer pour préserver l'ordre international.

Pour beaucoup, les événements de septembre 2001 ont convaincu l'administration Bush et les Américains de la nécessité d'un engagement mondial. Quelques jours après les attaques, Andrew Sullivan, ancien rédacteur en chef de l'hebdomadaire *New Republic*, a écrit : « Nous avons été avertis que toutes les grandes villes occidentales sont à présent vulnérables. [...] En ce qui concerne les États-Unis, cela signifie une seule chose : l'isolationnisme est mort[1]. » D'autres pensaient que la menace du terrorisme ne réveillerait pas seulement l'internationalisme des États-Unis, mais en encouragerait une forme libérale – attachée à des actions multilatérales et aux institutions internationales. Le terrorisme étant une menace collective, il doit appeler une réponse collective.

Il est pourtant loin d'être clair que le terrorisme permettra de vacciner les États-Unis contre la tentation de l'isolationnisme et de l'unilatéralisme. À long terme, les dirigeants américains penseront peut-être qu'il est préférable de réduire les engagements extérieurs et de dresser des barrières de protection pour assurer la sécurité du pays plutôt que de poursuivre des terroristes dans les montagnes afghanes et dans les ruelles de Bagdad. Aux États-Unis, une longue tradition, héritée des pères fondateurs, invite à se protéger des désordres de l'étranger : les coûts de l'engagement mondial pourraient bien réveiller ces vieux réflexes. En effet, la première réponse aux attentats du 11 septembre a été de fermer les frontières avec le Mexique et le Canada, de clouer au sol le trafic aérien et d'envoyer la marine et les avions de chasse patrouiller le long des côtes. Les Américains ont depuis longtemps une aversion pour les institutions multilatérales, qui provient d'un refus de compromettre leur liberté de manœuvre. Mais quand les États-Unis agissent de leur propre chef, comme en Irak, ils s'aliènent des partenaires qui leur seront indispensables pour réussir à maîtriser un système mondial de plus en plus divisé.

L'ère américaine se porte encore très bien aujourd'hui, mais ses jours semblent comptés à cause d'une forme nouvelle et plus difficile d'internationalisme américain et de l'essor d'autres centres de puissance. Cela aura des conséquences géopolitiques très importantes. La stabilité et l'ordre issus de la prépondérance américaine seront peu à peu remplacés par une nouvelle compétition pour la suprématie. La mondialisation, impossible à arrêter, s'enrayera dès que Washington ne la contrôlera plus. La *pax americana* se prépare à faire place à un environnement global beaucoup plus imprévisible et dangereux. Et alors que les terroristes continueront de constituer une menace sérieuse, le risque le plus important sera la lente dégradation du système international et le retour à une rivalité géopolitique traditionnelle. Si la compétition remplace la coopération entre les grandes puissances de ce monde, les grands combats de la planète – contre Al-Qaïda, contre la prolifération des armes de destruction massive, pour la santé et le développement économique dans le tiers monde – seront plus difficiles à mener.

L'Amérique doit, de toute urgence, se préparer et préparer le reste du monde à cet avenir incertain. Elle doit désormais façonner une stratégie globale pour accompagner la transition vers un monde multipolaire, tant que ce luxe reste à sa portée. C'est le propos de ce livre.

Même s'il s'attache essentiellement à comprendre l'avenir de l'Amérique et du système international organisé sous son contrôle, ce livre se tourne également vers le passé. Chacun de mes principaux arguments est développé en explorant les périodes historiques qui éclairent le mieux la nature de nos enjeux contemporains. Cela peut sembler étrange pour un livre qui cherche à comprendre l'avenir, mais l'incertitude du moment ne nous laisse guère le choix. S'il n'est pas replacé dans son contexte historique, le présent n'offre qu'une vision instantanée de notre monde engagé dans une profonde transition. Si elle ne s'inscrit pas dans une perspective historique, l'analyse du présent n'a que peu d'intérêt et risque de passer à côté des puissants courants qui sont à l'origine des transformations qui s'opèrent sous la surface des événements et qui ne se révèlent qu'à la lumière de la perspective historique.

Le défi qui se présentera à l'avenir est, selon moi, le même que celui du passé : gérer les relations entre puissances rivales. Cette analyse s'oppose aux réflexions actuelles qui identifient le terrorisme, les conflits ethniques, la criminalité internationale, la dégradation de l'environnement, la surpopulation et la maladie dans le monde en voie de développement, comme les principaux défis du XXIe siècle. En portant mon attention sur une menace plus traditionnelle, je n'ai nullement l'intention de minimiser ou de contester ces nouvelles priorités de la sécurité nationale. Je porte, au contraire, dans les pages qui suivent, une grande attention au terrorisme, aux États qui s'effondrent et à la pauvreté. Mais ces préoccupations risquent de paraître bien secondaires si on les compare aux dangers qui ne manqueront pas de refaire surface si l'Amérique se berce dans l'illusion d'une suprématie éternelle et pense que les anciens défis traditionnels de la géopolitique ont disparu à jamais.

Ce livre cherche donc à relancer un débat urgent et international sur la forme que prendra le nouveau paysage mondial. Si les États-Unis n'adaptent pas leur politique étrangère à un système international en pleine transformation, cela risque de leur coûter cher. S'ils y parviennent, les bénéfices seront en revanche considérables. Aussi doivent-ils, avec le reste du monde, commencer dès aujourd'hui à imaginer la vie après la *pax americana*. Alors, peut-être les États-Unis pourront-ils léguer le meilleur de l'ère américaine au nouveau monde qui s'annonce.

Stratégie globale et paradoxe de la puissance américaine

Les grandes puissances sont les principaux acteurs de la vie internationale. Leur influence s'exerce bien au-delà de leurs frontières et elles cherchent à créer un environnement mondial favorable à leurs intérêts. Pour pouvoir le faire avec efficacité, elles ont besoin d'avoir une stratégie globale visant à atteindre l'équilibre entre leurs ambitions internationales et les moyens dont elles disposent. C'est grâce à cet équilibre entre engagements et ressources qu'elles peuvent à la fois protéger leur sécurité et poursuivre les ambitions de leur puissance économique et militaire.

Un pouvoir hégémonique peut, à lui seul, faire beaucoup plus de mal que de bien à une nation. Toute suprématie crée des ennemis et provoque la formation de coalitions hostiles et adverses. En revanche, si elle s'exerce avec prudence, la suprématie récompense généreusement la nation qui la détient et lui assure non seulement sa prospérité, mais aussi la diffusion, à travers le système international, d'un ordre stable façonné à son image. L'Empire romain, la *pax britannica* et la *pax ame-*

ricana n'étaient pas simplement issus de la puissance de Rome, de la Grande-Bretagne ou des États-Unis, mais se fondaient également sur une stratégie visionnaire à long terme que ces puissances avaient développé pour gérer et préserver leur suprématie.

L'exemple de la politique de la Grande-Bretagne à l'égard de l'essor de l'Allemagne au début du XXe siècle montre clairement l'importance d'une stratégie globale pour assurer la prospérité d'une grande puissance et la stabilité générale du système international. Bien qu'elles se soient préoccupées pendant des siècles de leurs lointaines possessions impériales, les élites britanniques répondirent avec empressement à la décision prise par l'Allemagne en 1898 de construire une importante flotte de combat. Sentant que l'ambition grandissante de l'Allemagne était sur le point de renverser l'équilibre des forces en Europe, Londres rappela la Royal Navy de ses attaches à travers l'Empire et prépara l'armée britannique à une guerre sur le continent. Ces décisions allaient constituer la première initiative des efforts qui permirent à la Grande-Bretagne, à la France et à la Russie de contrer l'avance allemande en 1914 et de mettre finalement un terme aux ambitions hégémoniques de Berlin sur l'Europe. En un mot, la Grande-Bretagne avait vu juste. Mais, dans les années 1930, elle choisit la voie inverse. L'Allemagne s'était à nouveau engagée dans la voie d'un réarmement ambitieux et chercha encore une fois à conquérir la suprématie européenne. Cette fois-ci, la Grande-Bretagne n'étant pas en mesure d'assurer une guerre contre l'Allemagne, elle choisit d'apaiser Hitler et de se concentrer sur la défense de ses possessions coloniales. La Grande-Bretagne, et de surcroît l'Europe, paya un lourd tribut pour ce manque de stratégie globale.

Le présent

Aujourd'hui, les grandes puissances comme les États-Unis doivent avoir une stratégie globale claire si elles veulent se protéger et préserver l'ordre international qu'elles ont mis tant d'efforts à établir. Il suffit d'assembler correctement les pièces du puzzle pour que même les menaces les plus graves puissent être contrées. Il suffit de se tromper sur une seule pièce – ou pire encore, de ne pas comprendre la structure du puzzle – pour que ces mêmes menaces mettent les grandes nations à genoux. Avant la Première Guerre mondiale, la Grande-Bretagne jouissait d'une suprématie navale et d'une position économique telles qu'elle pouvait croire à son invincibilité. Néanmoins, face à la montée du péril allemand, elle a su réagir rapidement et adapter sa stratégie globale en conséquence. Dans l'entre-deux-guerres, égarée par la priorité qu'elle avait assignée à la stabilité économique et encore traumatisée par les pertes humaines et économiques de la Première Guerre mondiale, elle s'est accrochée à une stratégie dépassée et de plus en plus éloignée de la réalité.

L'Amérique, quant à elle, a sans aucun doute aujourd'hui les moyens de façonner l'avenir de la politique mondiale. Elle jouit d'une écrasante hégémonie militaire, économique, technologique et culturelle. Ses forces armées sont indiscutablement supérieures à celles de n'importe quel ennemi éventuel. La valeur du dollar et la taille de son économie lui donnent un poids décisif dans le domaine du commerce et de la finance. La mondialisation permet aux multinationales américaines de pénétrer pratiquement tous les marchés. La révolution de l'information, née et développée dans la Silicon Valley et dans les autres centres de haute technologie du pays, confère aux entreprises, aux médias et à la culture une influence sans précédent. Partout dans le monde, les gouvernements et les citoyens ordinaires attendent les décisions prises à Washington.

Cette nouvelle donne est également le fruit de l'ouverture géopolitique rendue possible par la fin de la guerre froide. Les périodes d'après-guerre ouvrent des perspectives extraordinaires, généralement accompagnées de débats approfondis et d'innovations institutionnelles. Ce n'est pas un hasard si le Concert de l'Europe a vu le jour après la fin des guerres napoléoniennes, si la Société des Nations a été créée à la fin de la Première Guerre mondiale, et les Nations unies à la fin de la Seconde. Aucune de ces institutions n'a mis un terme à la guerre, mais toutes sont nées d'efforts courageux et novateurs pour façonner un nouvel ordre mondial et empêcher de nouvelles rivalités géopolitiques et de nouveaux bains de sang.

Alors que des opportunités s'offrent à elle aujourd'hui, l'Amérique est en train de laisser passer cette chance historique. Plutôt que de penser un nouvel ordre mondial et de collaborer avec ses partenaires dans ce but, et malgré les atouts dont elle dispose, l'Amérique s'égare. Entre la chute du mur de Berlin et le 11 septembre 2001, elle n'a eu aucune stratégie globale, aucun projet pour orienter sa politique. Depuis le 11 septembre, elle a adopté une stratégie globale fondée sur sa suprématie et la guerre préventive, mais elle est surtout parvenue à s'aliéner la plus grande partie de la planète et à mettre en danger ses relations avec ses principaux alliés.

Au début des années 1990, le Pentagone annonça qu'il ne tolérerait aucun défi à la suprématie des États-Unis et promit de « prévenir la réémergence d'un nouveau rival[1] ». La guerre froide était terminée, mais l'Amérique allait demeurer le gardien de l'ordre mondial. Cet objectif allait vite se révéler plus facile à dire qu'à atteindre. La première administration Bush recula lorsqu'elle fut confrontée à la perspective d'une intervention militaire dans les Balkans, préférant laisser aux Européens le soin de régler la question. Pourtant, sans l'aide des forces américaines, les Européens étaient incapables d'empêcher Slobodan Milosevic de continuer sa vivisection de la Bosnie. Candidat à la présidence, Bill Clinton promit de faire davantage pour mettre un terme au nettoyage ethnique. Mais, lui aussi, une fois aux affaires, y réfléchit à deux fois. Colin Powell, alors chef de l'état-major des armées, ne voulait pas entendre parler d'un envoi de troupes américaines dans les Balkans. Le bain de sang se poursuivit en 1993 et en 1994. Le président Clinton se contentait d'observer, avec mauvaise conscience.

Après le départ de Powell, Clinton fera enfin face à ses responsabilités et l'armée américaine rétablira la paix en Bosnie et au Kosovo. Mais en insistant davantage sur la dimension humanitaire plutôt que sur les motifs stratégiques de l'intervention, il créa la confusion sur le type de situations qui justifieraient l'intervention des forces américaines. Il était sur le point de présenter une nouvelle doctrine, lorsqu'il a affirmé : « Il existe un principe important dans ce cas présent qui, je l'espère, sera dorénavant respecté – et pas seulement par les États-Unis, pas seulement par l'Otan, mais aussi par les grandes puissances de ce monde, par le biais des Nations unies. Ce principe exige que même s'il existe de nombreux conflits ethniques et religieux dans le monde, [...] si la communauté mondiale a le pouvoir de les arrêter, alors il est de notre devoir d'arrêter tout génocide et nettoyage ethnique[2].» Le problème était que l'intervention dans les Balkans constituait une exception dans la ligne de conduite des États-Unis qui avaient renoncé à intervenir au Rwanda – où au moins cinq cent mille Tutsis furent tués en 1994 –, mais aussi au Timor-Oriental, au Soudan, en Sierra Leone, et dans d'autres endroits déchirés par des conflits ethniques et religieux dans les années 1990. La secrétaire d'État Madeleine Albright, apparemment consciente de cette différence de traitement, s'efforça de réinterpréter le message de Clinton : «Certains espèrent, et d'autres craignent, que le Kosovo ne constitue un précédent pour des interventions similaires dans le monde. Je voudrais mettre en garde contre des conclusions aussi hâtives[3].»

Les guerres des Balkans ont engendré une autre incohérence dans la politique des États-Unis : le Congrès acceptait mal que l'Europe dépende des forces américaines pour ramener la paix dans la région, et signifia clairement aux membres de l'Union européenne (UE) qu'il s'attendait à les voir corriger ce déséquilibre au sein de l'Alliance atlantique. Après la fin des hostilités et au début des opérations de maintien de la paix, plusieurs voix s'élevèrent au Capitole pour exiger que les États-Unis confient la mission aux Européens et se retirent des Balkans. Les Européens entendirent le message et lui répondirent en s'efforçant de créer une force militaire capable de se déployer sans l'aide des troupes américaines. Washington réagit comme s'il s'agissait d'un affront et mit en garde l'UE contre une trop grande assurance et une autonomie qui risqueraient de porter un coup à l'Alliance atlantique.

L'Amérique avait demandé à l'Europe de partager davantage le fardeau de la défense, mais s'irritait de voir que l'UE avait fait ce qu'on lui avait demandé. La politique américaine à l'égard de la Russie, considérée officiellement comme l'une des premières priorités de l'administration Clinton, ne fut guère plus claire. Clinton déclarait régulièrement que son objectif premier était d'encourager le développement d'une Russie démocratique et d'intégrer l'ancien ennemi de l'Amérique à l'Occident. Mais la pièce maîtresse de la politique européenne de Clinton consistait à élargir à l'Europe centrale l'Organisation du traité de l'Atlantique nord (Otan), si bien que la plus impressionnante alliance militaire de l'Histoire allait se trouver aux portes de la Russie. Moscou fut légitimement scandalisé et le président Boris Eltsine mit en garde les États-Unis contre les risques d'un nouveau clivage en Europe. Clinton rassura les Russes à plusieurs reprises en affirmant que l'Amérique ne leur voulait aucun mal. Mais les États-Unis ne resteraient certainement pas inactifs si la Russie s'aventurait à former une alliance avec le Mexique et le Canada et commençait à construire des installations militaires le long de la frontière américaine.

L'approche de Clinton envers la Chine fut malheureusement marquée par la même incohérence. Hissée au rang de partenaire stratégique de l'Amérique, la Chine méritait pleinement sa place au sein de l'Organisation mondiale du commerce (OMC) et de la communauté des nations. Clinton alla jusqu'à participer en direct à la télévision à une assemblée de citoyens en Chine, pour montrer combien celle-ci était aujourd'hui devenue l'une des nôtres. Pourtant, certains jours, le gouvernement chinois n'était bon qu'à priver les Chinois de leurs droits de l'homme et à menacer Taiwan. Au lieu de mener une politique cohérente en vue d'établir un partenariat stratégique avec Pékin, l'équipe de Clinton changeait régulièrement de cap, prenant même des mesures conflictuelles, comme l'envoi de la marine vers Taiwan ou le déploiement d'un système national de défense antimissile. Autant de mesures qui risquaient de pousser les Chinois à développer leur faible arsenal nucléaire.

Les principes n'étaient pas plus clairs que la politique. À en croire le discours de l'administration Clinton, celle-ci était profondément engagée dans un internationalisme libéral et insistait pour que son engagement passe par les institutions multilatérales et pour que la construction d'un nouvel ordre mondial se fasse par la voie du consensus plutôt que par un décret unilatéral. Les États-Unis étaient « la nation indispensable » en raison de leur capacité à construire des coalitions et à organiser des actions communes.

Mais ce discours ne résistera pas à l'épreuve des faits. Les États-Unis ont régulièrement abandonné les initiatives multilatérales. À Kyoto, en 1997, la communauté internationale est parvenue à un accord sur de nouvelles mesures de protection de l'environnement. Washington avait pris part aux négociations, mais se montrait réticent pour les mettre en œuvre. Alors que l'excellent travail de Jody Williams et de son organisation (Campagne internationale pour l'interdiction des mines antipersonnel) lui avait valu le prix Nobel de la paix en 1997, les États-Unis refusèrent de signer le protocole. Washington préféra s'en tenir à ses propres règles. Clinton refusa, par ailleurs, son soutien à la création de la Cour pénale internationale (CPI) pendant des années, avant de changer d'avis à la fin de son second mandat.

Ce penchant unilatéraliste ne fit que s'amplifier avec l'arrivée de George W. Bush. Ses collaborateurs rassurèrent les alliés inquiets, en leur faisant savoir que l'Amérique ne ferait pas cavalier seul et qu'elle pratiquerait un «multilatéralisme *à la carte*[4]». Mais dès les premiers six mois de son mandat, Bush se désengagea du protocole de Kyoto, fit clairement connaître son intention de se retirer du traité sur les missiles antibalistiques (ABM), son opposition au traité sur l'interdiction des essais nucléaires et au pacte instituant la Cour pénale internationale (tous deux signés par Clinton, mais non ratifiés par le Sénat). Il avait également abandonné le projet de commission de contrôle de la Convention sur les armes biologiques de 1972, avant d'alléger les exigences d'une proposition des Nations unies visant à limiter la prolifération des armes à feu. Amis et ennemis ne tardèrent pas à exprimer leur dépit, et se promirent de prendre des mesures pour contenir une Amérique rétive.

L'administration Bush fit montre d'isolationnisme et d'unilatéralisme. Bush s'engagea très tôt à réduire les engagements de l'Amérique dans le monde et à se concentrer sur l'hémisphère occidental. Il réduisit également la place des États-Unis dans les négociations en faveur de la paix au Moyen-Orient et en Irlande du Nord. Le secrétaire d'État Colin Powell comprit le message. Il supprima de l'organigramme du Département d'État plus d'un tiers des cinquante-cinq émissaires spéciaux chargés par l'administration Clinton de s'occuper des différents conflits dans le monde. Une situation résumée dans ce titre du *Washington Post*: «Bush retire aux États-Unis leur rôle de médiateur de la paix[5].»

Incohérences et contradictions devinrent ainsi le lot quotidien. Pour tenir sa promesse d'attacher plus d'importance à l'Amérique latine, Bush effectua son premier voyage officiel à l'étranger au Mexique, où il rencontra le président Vicente Fox dans son ranch. Chaussés de leurs bottes de cow-boys, les deux leaders devaient montrer l'existence d'un nouveau partenariat et d'une Amérique qui venait à la rencontre du Mexique. Mais juste avant la rencontre, l'aviation américaine bombarda l'Irak. Les Mexicains n'en revinrent pas. L'attaque leur vola la vedette, fixant l'attention de la presse sur l'unilatéralisme américain et mettant Fox dans une position difficile et embarrassante. Plutôt que de permettre à Bush de manifester son ouverture au Mexique, cette visite a suscité le ressentiment et dégradé les relations de l'Amérique avec son voisin.

La Corée du Sud fut la prochaine victime de l'incohérence stratégique de l'administration Bush. Avant la rencontre de mars 2001 entre le président Kim Dae-jung et Bush, Powell avait indiqué que les États-Unis avaient l'intention de poursuivre la politique de Clinton, favorable au rapprochement entre les deux Corées. La Corée du Nord devait, en échange, s'engager à mettre un terme à ses exportations de missiles et à arrêter la production et le déploiement de missiles à longue portée. Bush adopta une position contraire. Il annonça, à la surprise de Kim Dae-jung, qu'il ne s'engagerait pas dans un accord sur les missiles avec les Coréens du Nord, car il n'était « pas certain qu'ils puissent respecter les engagements de tous leurs accords[6] ». À l'issue de cette rencontre, la Maison-Blanche avait admis que les États-Unis n'avaient conclu avec la Corée du Nord qu'un seul accord, en 1994, prévoyant la fermeture de centrales nucléaires susceptibles de produire des matériaux utilisables pour l'armement nucléaire, auquel Pyongyang s'était toujours conformé.

Quand on demanda dans le bureau Ovale ce que Bush entendait par ces remarques, un conseiller répondit : « C'est comme ça que parle le Président[7]. » Au cours de l'été de 2001, l'administration Bush changea une nouvelle fois de position et annonça qu'elle relancerait finalement le dialogue avec la Corée du Nord.

L'incapacité de l'Amérique à déjouer les attentats terroristes de septembre 2001 a constitué un signe supplémentaire de cette dérive stratégique. Ni l'administration Clinton ni celle de Bush n'ont su répondre aux mises en garde répétées qui soulignaient que le pays devrait faire plus d'efforts pour faire face aux menaces « asymétriques ». Il suffit de lire ce que la commission d'enquête parlementaire confiée aux anciens sénateurs Hart et Rudman a écrit dans son rapport de 1999 : « L'Amérique deviendra de plus en plus vulnérable à des attaques hostiles contre notre territoire, et notre supériorité militaire ne nous protégera pas totalement[8]. » Ce rapport prédisait qu'au cours des premières années du XXIe siècle « des Américains [trouveraient] vraisemblablement la mort sur le sol américain, et peut-être en grand nombre ».

En dépit de mises en garde similaires émanant d'autres sources, les dirigeants américains n'ont pas fait grand-chose pour améliorer la coordination entre les douzaines d'agences responsables de la sécurité intérieure et ne réussirent pas à prendre les mesures nécessaires pour désactiver les réseaux terroristes opérant à l'étranger. Les satellites de surveillance les plus sophistiqués et les techniques d'écoute les plus élaborées n'ont rien pu faire contre des pirates de l'air armés de simples couteaux et cutters.

Les attentats du 11 septembre allaient servir d'ancre d'attache conceptuelle pour l'administration Bush, qui se concentra dès lors avec une détermination obsessionnelle sur la lutte contre le terrorisme. Elle a réussi ses opérations contre certains groupes et leurs commanditaires en Afghanistan, mais elle a exagéré la portée de la menace terroriste qui ne saurait être la marque d'un nouveau système international. En faisant de la lutte antiterroriste sa première priorité, et en fondant une nouvelle doctrine de prééminence et de préemption, Washington a conçu une stratégie globale à laquelle s'opposent de nombreuses nations du monde, et a ainsi mis en péril des partenariats et des institutions qui demeurent la clé de voûte de la paix internationale et de la prospérité.

Cette stratégie a aussi entraîné Bush dans une guerre hâtive en Irak. Une fois de plus, Washington en a trop fait, et a imposé aux États-Unis des engagements coûteux que désapprouve en partie l'opinion publique. L'enthousiasme proclamé de Bush pour implanter la démocratie au Moyen-Orient a peut-être contribué à justifier la guerre. Mais on ne saurait y voir la marque d'une volonté américaine de s'attaquer aux gouvernements autoritaires de la région. Au contraire, le chaos de l'après-guerre et les pertes régulières de soldats américains ont été un rude réveil pour Bush et ses conseillers – et l'une des principales raisons qui les ont amenés à hâter la passation des pouvoirs aux Irakiens et à vouloir réduire l'importance du contingent américain. L'Irak ne risque guère d'être la première d'une longue série de conquêtes américaines au Moyen-Orient.

Il est certain que l'Amérique n'a pas ménagé ses efforts pour essayer de maintenir une stabilité internationale et assurer à ses concitoyens sécurité et prospérité. Clinton a effectué plus de voyages à l'étranger qu'aucun autre président, comptabilisant presque autant de voyages que

Ronald Reagan et George Bush père réunis. Il a envoyé les forces américaines combattre à maintes reprises, en Irak, en Haïti, dans les Balkans, et ces opérations ont généralement été couronnées de succès. George W. Bush lui a emboîté le pas, en rassemblant une formidable équipe d'experts qui se mirent rapidement au travail pour faire régner la *pax americana*. Mais les États-Unis tournent en rond. Ils ne savent pas où aller et, *a fortiori*, ignorent la marche à suivre. Sans des principes clairs pour orienter leur action – une stratégie globale –, même les efforts les mieux intentionnés ne peuvent mener nulle part.

Le peu d'intérêt que suscite la politique américaine est encore plus déroutant que son incohérence. L'activité intellectuelle et la créativité institutionnelle de 1815, de 1919 et de 1945 font totalement défaut à Washington. Au cours des années 1990, l'Amérique s'est contentée d'aménager le *statu quo*. Pendant la guerre froide, l'Otan donnait toute satisfaction pour maintenir la paix en Europe. L'Alliance avait survécu à la disparition de l'Union soviétique, l'ennemi qui avait justifié son existence. L'Amérique décida de continuer en ajoutant quelques nouveaux membres. Le G7 fonctionnait plutôt bien en offrant un forum aux nations les plus riches pour coordonner leurs politiques. Après la disparition de l'Union soviétique, les États-Unis offrirent un siège à la Russie et on se mit à parler du G8. À l'apogée de son pouvoir, l'Amérique naviguait sur les décombres de la guerre froide.

Le désintérêt croissant de la classe politique pour les engagements de l'Amérique à l'étranger entraîna celui de la population. La couverture des événements étrangers dans les journaux, dans les magazines et à la télévision diminua subitement. Le temps alloué aux nouvelles internationales sur les principales chaînes de télévision chuta de près de 65 % entre 1989 et 2000[9]. Entre 1985 et 1995, l'espace consacré aux pages internationales passa de 24 à 14 % dans le magazine *Time*, et de 22 à 12 % dans *Newsweek*[10].

Bill Clinton aussi eut peu de succès lorsqu'il essaya d'attirer l'attention de ses concitoyens sur les affaires étrangères. Il s'efforça pourtant de lancer un débat national sur l'élargissement de l'Alliance atlantique : après tout, les propositions devaient réunir les deux tiers des voix au Sénat. Les principaux responsables de l'administration, et Clinton lui-même, parcoururent le pays pour rallier des voix. Javier Solana, alors secrétaire général de l'Otan, traversa même l'Atlantique pour apporter son aide.

Mais peu d'Américains y prêtèrent attention. Solana restait la plupart du temps confiné dans sa chambre d'hôtel, incapable de se faire inviter à participer à des *talk-shows*, même à la radio. Les sénateurs organisaient des débats publics sur l'élargissement de l'Alliance dans leurs États, et découvraient avec consternation que leurs attachés parlementaires constituaient l'essentiel du public. Le débat au Sénat commença inopinément un après-midi de la fin mars 1998, quand le chef de file de la majorité, Trent Lott, lassé par la discussion à l'ordre du jour décida, comme si de rien n'était, d'aborder la question de l'Alliance. La loi fut adoptée le mois suivant, à quatre-vingts voix contre dix-neuf, à l'issue de débats sporadiques qui n'abordèrent aucun des sujets de fond. Malgré tout le bruit que l'on avait fait autour de cette question, seuls 10 % des Américains étaient capables de nommer ne serait-ce qu'un des trois nouveaux États (la Pologne, la Hongrie et la République tchèque) qui allaient bientôt bénéficier d'une protection nucléaire des États-Unis grâce à leur admission dans l'Alliance le 12 mars 1999[11].

Avec des Américains beaucoup plus intéressés par les péripéties d'Elian Gonzales – le jeune réfugié cubain dont l'histoire fit la une des journaux pendant des semaines – que par l'étendue et la nature des nouveaux engagements de leur pays dans les affaires du monde, le désintérêt des élus se transforma en irresponsabilité. Le Congrès reléguait régulièrement les débats de politique étrangère au rang de batailles stériles où s'exerçaient les arguments partisans. Un mois après le début des opérations au Kosovo, par exemple, alors qu'il n'y avait pas eu la moindre victime dans le camp américain, la Chambre des représentants fut saisie de craintes et, à deux cent quarante-neuf voix contre cent quatre-vingts, refusa les fonds nécessaires à l'envoi de troupes au sol en Yougoslavie sans l'approbation du Congrès. Elle fut même incapable de rassembler une majorité pour voter une résolution autorisant la campagne de bombardements. Il n'y avait pas de meilleur moyen d'indiquer à Slobodan Milosevic – en plein milieu de la guerre – que son adversaire était susceptible de renoncer à son engagement.

Le Congrès allait commettre une autre bourde à travers le rejet par le Sénat du traité sur l'interdiction des essais nucléaires. Comme il apparaissait que le traité n'obtiendrait pas le nombre de voix requises, l'administration Clinton s'était préparée à retirer le projet pour éviter le rejet d'un important traité, déjà ratifié par cinquante-deux pays (et par de nombreux autres peu après). Le Sénat entama néanmoins le débat, et rejeta le traité par cinquante et une voix contre quarante-huit. Les républicains préférèrent porter un coup politique à Clinton plutôt que de défendre la crédibilité de l'Amérique à l'étranger. Les alliés de l'Amérique marquèrent leur surprise. Comme l'ont écrit deux commentateurs anglais du *Financial Times*, le rejet du traité est « la plus claire indication à ce jour du changement radical de la politique des États-Unis et de la conception de leur rôle dans le monde. Un tel pied de nez au reste du monde aurait été inimaginable pendant l'époque de leur combat contre le communisme[12] ». Le jour où la haute assemblée censée guider la plus puissante nation du monde décida de faire passer les enjeux de politique politicienne devant les intérêts de sa politique étrangère restera gravé comme l'un des plus tristes de son histoire.

Les attentats terroristes de septembre 2001 furent largement interprétés comme un antidote à cette tendance inquiétante. Et ils remplirent ce rôle, pendant un certain temps. Au lieu d'agir unilatéralement, l'administration Bush sortit de ses voies habituelles pour s'assurer le soutien non seulement des alliés de l'Otan, mais aussi de la Russie, de la Chine et des régimes arabes modérés. Au lieu de limiter les engagements de l'Amérique, Bush déclara la guerre au terrorisme en envoyant dans la bataille les troupes au sol, l'aviation et la marine. Le Congrès et le peuple américain étaient mobilisés, le Sénat, la Chambre et l'opinion publique se rallièrent massivement à sa décision d'employer la force pour combattre le réseau Al-Qaïda et ses partisans[13].

Sur le long terme, cependant, la lutte contre le terrorisme aura peu de chances de servir de base solide à un engagement multilatéral ou à une forme durable d'internationalisme pour l'Amérique. En dépit des déclarations de soutien de l'étranger, les Britanniques furent les seuls à accompagner les forces américaines au début de la campagne de bombardements en Afghanistan. D'autres pays offrirent un soutien logistique et l'appui de leurs services de renseignements, mais les Américains effectuèrent, seuls, la quasi-totalité du combat. C'était d'ailleurs exactement ce qu'ils souhaitaient, comme bon nombre de leurs alliés.

L'Amérique n'était pas prête à perdre l'autonomie qu'une coalition plus large aurait pu lui enlever. D'autres États furent ravis de laisser les Américains prendre la tête des opérations, et de rester ainsi en retrait. Certains pays au cœur du conflit, dont l'Arabie Saoudite, émirent quelques réserves à l'idée de laisser les forces des États-Unis opérer à partir de bases sur leur territoire. Ils craignaient légitimement une violente réaction de leur population quant à leur soutien lors d'attaques contre un voisin musulman. Les alliés de l'Amérique au sein de l'Alliance atlantique recommandaient la modération, inquiets d'avoir eux aussi à subir des représailles de la part d'un islam radicalisé. Après tout, même si le terrorisme exerce une menace collective, il choisit soigneusement ses cibles. C'est la raison pour laquelle il a peu de chances de faire de l'Amérique une adepte du multilatéralisme.

La tendance de l'Amérique à faire cavalier seul a été encore plus prononcée pendant la guerre en Irak. Les soldats britanniques ont certes combattu dès le début aux côtés de leurs compatriotes américains, mais à l'inverse de ce qui s'est passé en Afghanistan, les États-Unis n'ont pas attendu ni obtenu l'aval de la communauté internationale pour partir en guerre contre l'Irak.

Il est également difficile de savoir si le terrorisme parviendra à éradiquer plutôt qu'à attiser les tendances isolationnistes au sein de la société américaine. Les États-Unis ont répondu avec résolution aux attentats terroristes sur New York et Washington. Mais l'appel à l'engagement dans la lutte mondiale contre le terrorisme était accompagné d'une autre logique qui, avec le temps, aura des chances de gagner des adeptes. Un principe fondamental des pères fondateurs de la nation commandait à l'Amérique de rester en dehors des affaires des autres pays afin que ces derniers n'interviennent pas dans les siennes. Les États-Unis sont un adversaire redoutable et ne sauraient en toute hypothèse laisser impunie une attaque contre leur sol. Mais si le fardeau de l'hégémonie devait s'alourdir, et si les Américains venaient à considérer que leurs engagements à l'étranger étaient susceptibles de menacer leur sécurité intérieure – comme ils l'ont fait en Irak –, ils se demanderaient légitimement si les bénéfices d'un engagement sur la scène mondiale en valent le prix.

Comme le constate un commentateur, l'attrait exercé par la mise en garde des pères fondateurs contre toute implication extérieure explique pourquoi les attentats du 11 septembre ont « inquiété les Israéliens dans la mesure où ils se [sont demandé] si les Américains ne [pensaient pas alors] que le soutien à Israël [était] d'un prix trop élevé[14] ». Cette logique explique également la phrase de François Heisbourg – l'un des plus grands analystes français – dans *le Monde*, le jour qui a suivi les attentats : « Il faut craindre que la même tentation [qui a conduit l'Amérique à se retirer des affaires du monde après la Première Guerre mondiale] puisse à nouveau guider la conduite des États-Unis une fois que les barbares du 11 septembre auront été punis. À cet égard, le Pearl Harbor de 2001 pourrait venir refermer l'ère ouverte par le Pearl Harbor de 1941[15]. »

Une des conséquences à long terme des événements de septembre 2001 pourrait donc être de voir l'Amérique beaucoup plus préoccupée par la sécurité de son territoire que par les problèmes hors de ses frontières. L'administration Bush n'a certes pas manqué d'enthousiasme pour déclarer la guerre au terrorisme. Mais, avant les événements de septembre 2001, la tendance naturelle de Bush et de ses conseillers était de réduire, plutôt que d'étendre, l'engagement américain dans les pays lointains. Cette tendance, renforcée par la nouvelle préoccupation de sécurité intérieure, le bénéfice politique tiré d'une tentative d'isolement du pays contre les menaces étrangères ainsi que le lourd tribut humain et l'impact politique désastreux de la guerre en Irak en dit peut-être plus long sur une tendance de fond que des mesures adoptées sous le coup du choc et de la colère.

En outre, à long terme, la menace terroriste ne rendra pas forcément le Congrès plus responsable et le public ne s'en impliquera pas davantage. Les querelles politiciennes entre les deux partis ont instantanément disparu le 11 septembre 2001, et l'opinion publique a fermement approuvé la riposte militaire. Mais il s'agissait de phénomènes temporaires causés par la peine du moment : quelques mois plus tard, le Capitole fut de nouveau le théâtre de luttes partisanes et l'opinion publique retrouva son indifférence. Comme l'a écrit un journaliste dès le 2 décembre : « Le Congrès de l'après-11 septembre a maintenant presque complètement abandonné la hauteur de vue partagée pendant quelques mois par les deux partis[16]. »

Le débat politique sur la guerre en Irak a suivi un schéma identique. Au Congrès, Bush a rencontré peu d'opposants à la guerre. Le soutien de l'opinion publique a été également très fort. Mais, une fois la guerre terminée, l'apparition de la violence et l'augmentation des coûts de l'occupation entamèrent la popularité de Bush. Les démocrates ont commencé eux aussi à critiquer la politique extérieure du Président.

Le retour relativement rapide à la routine vient en partie du fait que les États-Unis se sont engagés dans une longue marche et non dans une véritable guerre. Après Pearl Harbor, les dirigeants américains voyaient dans le Japon impérial et l'Allemagne nazie des ennemis identifiables contre lesquels il était possible de mobiliser la nation et d'appeler aux sacrifices indispensables. Pendant les longues décennies de la guerre froide, la menace représentée par l'Union soviétique a retenu l'attention et renforcé la détermination du pays, et a été en quelque sorte la garante de l'internationalisme libéral qui soustendait l'engagement mondial de l'Amérique. Le terrorisme, quant à lui, est un ennemi beaucoup plus difficile à atteindre. Au lieu d'avoir en face d'elle un adversaire tangible avec des colonnes de blindés et des porte-avions, l'Amérique est confrontée à un ennemi formé à la tactique de la guérilla – une forme de guerre qui, comme l'a montré la guerre du Vietnam, joue sur les faiblesses des forces armées de l'Amérique comme sur celles de son opinion publique. Si les États-Unis ont facilement déjoué leurs ennemis en Afghanistan, de nombreux membres d'Al-Qaïda se sont échappés, se sont fondus dans les villages ou ont rejoint les terres tribales du Pakistan. De la même manière, l'armée irakienne s'est désintégrée en quelques semaines, mais les partisans du régime, qui avaient ostensiblement abandonné les armes et étaient retournés à la vie civile, allaient rapidement mener des opérations de guérilla contre les soldats américains. La patience et le sang-froid priment sur la puissance militaire.

Tandis que l'essentiel du combat contre le terrorisme se déroule en silence loin du regard du public (à travers les opérations de renseignements, de surveillance, et les opérations secrètes), ce nouveau défi ne s'accompagnera pas d'images évocatrices susceptibles de rallier le pays autour du drapeau. Au lieu d'encourager les citoyens à rejoindre l'armée ou les chaînes de production pour participer à l'effort de guerre, l'impact principal du terrorisme est de les inciter à rester chez eux. Après les attentats de New York et de Washington et les alertes à l'anthrax qui suivirent, le président Bush n'a pas demandé aux Américains de faire des sacrifices particuliers mais, au contraire, de reprendre leur vie habituelle, de continuer à faire leurs courses dans les centres commerciaux et de reprendre l'avion. Pendant que des soldats américains se battaient et mouraient en Afghanistan, la chaîne de télévision ABC essayait de signer un accord avec le présentateur vedette David Letterman[17] pour remplacer *Nightline*, l'un des rares programmes d'information présentant une analyse sérieuse de l'actualité étrangère. Même après les attentats du 11 septembre, attirer l'attention du public américain sur les affaires du monde reste un combat de longue haleine.

Pourquoi l'Amérique a-t-elle offert jusqu'à présent une réponse aussi plate à l'ouverture historique marquée par la fin de la guerre froide ? Pourquoi, quand les occasions sont si patentes et les enjeux si élevés, une Amérique par ailleurs si forte n'a-t-elle pas été à la hauteur de l'événement ?

Les derniers jours sans gloire de la guerre froide peuvent fournir une partie de la réponse à cette question. À environ 22 h 30 le 9 novembre 1989, les Berlinois commencèrent à escalader et à démolir le mur qui depuis des décennies séparait leur ville en deux. À la grande surprise des Russes, des Américains, et pratiquement du reste du monde, le grand schisme idéologique du XXᵉ siècle était en train de disparaître, et, fait remarquable, sans effusion de sang. Aucune guerre n'opposa les pays du pacte de Varsovie à ceux de l'Alliance. Moscou laissa volontairement ses pays satellites suivre le mouvement, organisant même, non sans désarroi, le démantèlement du bloc soviétique. L'Union soviétique a peut-être été le premier empire de l'Histoire à imploser sans avoir livré bataille. Le communisme soviétique est mort en douceur, pour le bien de tous.

La manière originale dont l'Union soviétique s'est effondrée a eu néanmoins un inconvénient: il n'y a pas eu de signe fort capable d'entraîner l'adhésion, rien de comparable aux tranchées sanglantes de la Somme ni aux décombres fumants et désolés d'Hiroshima, rien pour faire comprendre que quelque chose d'audacieux devait être fait pour mettre un terme au cycle récurrent de la guerre et des rivalités entre grandes puissances. Au contraire, la victoire de l'Ouest, acquise sans la moindre effusion de sang, était une glorification de ses valeurs et de ses institutions. Les États-Unis purent donc poursuivre leur développement sans changer de cap. La politique étrangère de George Bush (père) fut joliment qualifiée de « *statu quo* plus » et Bill Clinton, malgré tous ses efforts pour laisser son empreinte, retomba dans la même logique.

L'Amérique se retrouva, en outre, beaucoup trop puissante pour son bien. La position dominante que l'effondrement de l'Union soviétique lui offrait renforçait un

triomphalisme suffisant. L'URSS ne s'était pas contentée d'abandonner la course, elle s'effondrait littérale-
ment. L'économie russe se contracta de plus de 50 %
entre 1990 et 1998. L'Ukraine vit son économie s'auto-
détruire. En 1995, les entreprises ne pouvaient même
plus payer leurs employés. Pour survivre, des centaines
d'ouvriers vendaient, le long de l'autoroute au sud de
Kiev, les chaussures et les pneus qu'ils venaient de fabriquer. Avec une récession chronique au Japon et une crise
financière qui balaya une grande partie de l'Asie orientale, les États-Unis se retrouvèrent à la tête d'un pouvoir
sans partage. L'incapacité des autres grandes nations à
rivaliser avec la suprématie américaine fut un facteur de
stabilité, et les autres pays, n'ayant pas le choix, suivirent. L'Amérique, en vertu de sa position dominante,
était capable de maintenir un ordre mondial sans même
avoir à y songer.

Ce surplus de puissance a offert à l'Amérique une
grande marge d'erreur, qui a ainsi pu prendre une série
de mesures fâcheuses sans avoir à en subir les conséquences. Washington a étendu les frontières de l'Alliance
atlantique vers l'est malgré les vives protestations des
Russes. Moscou, pourtant, ne pouvait faire autrement
que d'approuver et de continuer à s'attirer les faveurs
de l'Amérique. Pour obtenir des crédits ou pour trouver
sa place dans les marchés et les institutions de l'ouest,
la Russie avait besoin de la bénédiction des États-Unis.
Au cours de la guerre du Kosovo, menée par l'Otan, les
avions américains bombardèrent accidentellement l'ambassade de Chine à Belgrade. Mais après quelques mois
de tension, les relations avec la Chine redevinrent normales. Pékin savait que son entrée à l'OMC, comme
quelques autres des avantages convoités par la Chine,

dépendait de l'accord des États-Unis. Même lorsque les États-Unis leur avaient fait subir, délibérément ou par accident, un affront, les grandes nations continuaient à leur demander des faveurs.

L'Amérique a, bien entendu, souffert de sa propre suffisance en refusant d'envisager une attaque terroriste contre son territoire. L'administration Bush a répondu avec intelligence en détruisant les cellules terroristes à l'étranger et en prenant des mesures visant à accroître la sécurité intérieure. Mais la décision de l'Amérique de concentrer désormais ses efforts sur les terroristes et sur les États voyous rend encore plus improbable la perspective de voir les autres questions concernant sa stratégie globale tenir la place qu'elles méritent.

Il suffit de considérer la question du bouclier antimissile. Le 10 septembre 2001, le sénateur Joseph Biden, président de la commission des Affaires étrangères du Sénat, prononçait un important discours dans lequel il indiquait les raisons pour lesquelles l'Amérique devrait davantage se préoccuper des menaces provenant de terroristes aux armes rudimentaires que des missiles nucléaires lancés depuis des États voyous. Il montrait également comment un retrait du traité ABM et le déploiement d'un système de défense antimissile pourraient conduire à une nouvelle course aux armements. Son intention était d'expliquer, au moins en partie, pourquoi les démocrates avaient refusé d'accorder à l'administration Bush les huit milliards trois cents millions de dollars qu'elle demandait pour construire un bouclier antimissile. Les attentats du 11 septembre eurent beau confirmer la justesse de ses analyses – les terroristes avaient été capables d'infliger des pertes considérables avec une facilité déconcertante –, le débat politique sur la défense antimissile fut brutalement interrompu. Le 21 septembre, les démocrates annoncèrent qu'ils retireraient leurs objections et accorderaient à Bush la totalité des fonds demandés. Tout débat raisonnable sur la question était devenu impossible dans un contexte de vives préoccupations concernant la défense du territoire. Dès le mois de décembre, l'administration Bush faisait officiellement connaître son retrait du traité ABM.

Si les Américains étaient peu demandeurs pour réfléchir aux questions générales de stratégie globale, rien n'a été fait non plus pour les y intéresser. La génération de la guerre froide continue de débattre des problèmes géopolitiques, tout au moins dans les revues spécialisées. Mais on ne voit guère émerger une nouvelle génération de stratèges. La recherche professionnelle et institutionnelle américaine est structurellement biaisée contre le type de travaux généraux indispensables à la stimulation d'une réflexion nouvelle sur la stratégie globale. D'un côté, les universitaires spécialistes des relations internationales ont tendance à produire des travaux très abstraits, et, pour la plupart d'entre eux, sans grande utilité pour la communauté politique. Ce domaine de recherche s'intéresse aux modèles mathématiques et s'éloigne de plus en plus du monde réel. À supposer qu'ils souhaitaient les lire (ce qui n'est pas le cas), les décideurs politiques seraient bien incapables de comprendre les principales revues de sciences politiques dont les articles jargonneux sont remplis d'équations mathématiques.

D'un autre côté, la plupart des instituts de recherche privés sont tombés dans l'extrême inverse. Pour prendre part à un débat politique frénétique imposé par l'explosion de chaînes d'information en continu (CNN, Fox News, CNBC, et autres), leurs analystes politiques se lancent dans la rédaction de chroniques et de dossiers de presse sur les questions d'actualité. C'est le triomphe de la petite phrase sur l'analyse raisonnée. Les instituts de recherche pondent rapport sur rapport dont la durée de vie se limite à quelques jours, voire à quelques semaines, tandis que les universitaires s'adonnent à des travaux de peu d'utilité pour la politique. Le paysage intellectuel a perdu son relief, le petit monde des spécialistes de politique étrangère se désertifie et plus personne ne se préoccupe d'organiser le débat soutenu et approfondi indispensable à l'élaboration d'une nouvelle stratégie globale pour l'Amérique.

La révolution de la nouvelle économie n'a fait qu'empirer les choses, car elle a attiré les individus les plus brillants vers les start-up, les sociétés de capital-risque et les cabinets de consultants. Les meilleures écoles de sciences politiques de la nation – Harvard, Princeton, Georgetown, John Hopkins – n'ont pas assez mis l'accent sur la formation à des carrières diplomatiques ou à la haute fonction publique. Elles préfèrent former des technocrates pour concurrencer leurs camarades des écoles de commerce sur le marché du travail. Les étudiants obtiennent leurs diplômes avec une maîtrise enviable des derniers logiciels de bureautique comme les tableurs Microsoft Excel ou l'outil de présentation visuelle PowerPoint. Ils maîtrisent l'art de la note de synthèse, mais n'ont malheureusement ni la culture historique ni la formation interdisciplinaire indispensable pour devenir les nouveaux stratèges de l'Amérique.

Un rapide coup d'œil sur les grandes figures de l'administration Clinton souligne l'urgence du problème. Si l'on admet que l'administration Clinton avait un stratège principal, il s'agissait de Robert Rubin, le secrétaire au Trésor. Il avait quitté ses fonctions à la tête de la Goldman Sachs, une des premières banques mondiales d'investissement, pour diriger l'économie de l'Amérique – et du monde. Il avait amené avec lui une poignée des meilleurs économistes du pays. Rubin commença par diriger le Conseil national économique nouvellement créé, avant de devenir peu à peu le gardien du premier cercle de Clinton. Il remplaça Lloyd Bentsen au Trésor en janvier 1995. Quand il quitta cette fonction pour retourner à Wall Street en 1999, Rubin confia les rênes à son adjoint, Lawrence Summers, économiste distingué, diplômé de Harvard. L'économie du pays ne pouvait se trouver entre de meilleures mains.

Bien qu'elle comportât peu d'individualités formées à l'école de la stratégie globale, l'équipe en charge de la Défense et des Affaires étrangères était talentueuse, mais elle a été totalement éclipsée par la priorité donnée à l'économie mondiale. Au cours des huit années de la présidence Clinton, Samuel Berger, deuxième conseiller à la Sécurité nationale au cours de la première présidence et premier conseiller au cours de la seconde, en aura été la personnalité la plus influente. Un des meilleurs avocats d'affaires de la capitale, il faisait preuve d'un jugement sûr et d'une intuition politique exceptionnelle. Mais Berger n'avait ni la formation ni le désir de forger les nouveaux concepts de la stratégie américaine.

Le problème de l'équipe Bush est différent. Bon nombre de ses membres possèdent une solide expérience des questions de géopolitique et de stratégie globale, mais, dès les premiers jours, ils se sont montrés incapables de trouver un terrain d'entente sur les grandes options politiques. Le secrétaire à la Défense, Donald Rumsfeld, indiqua clairement qu'il était favorable à un programme national de défense antimissile et qu'il pensait que les efforts de l'UE pour construire une force militaire autonome pouvaient déstabiliser l'Otan. Colin Powell, lui, ne voulait pas précipiter les choses sur la question du bouclier antimissile, et pensait qu'une Europe plus forte pouvait aussi signifier une Alliance atlantique plus solide. Le vice-président Dick Cheney et Condoleezza Rice, conseillère de Bush à la Sécurité nationale, déclarèrent que l'administration avait l'intention de rappeler les troupes des Balkans, alors que Powell insistait pour que les soldats restent au Kosovo. Le secrétaire adjoint à la Défense, Paul Wolfowitz, voulait renverser Saddam Hussein en armant l'opposition, tandis que Powell prônait l'assouplissement du régime des sanctions économiques afin de « soulager le fardeau du peuple irakien[18] ». Après les attentats terroristes de septembre 2001, Wolfowitz espérait que l'Amérique s'attaquerait à l'Afghanistan mais aussi à l'Irak, alors que d'autres préféraient une campagne plus circonscrite. C'est Wolfowitz qui a fini par l'emporter.

Ainsi, même quand les plus proches conseillers de Bush partagent la même vision du monde, cette vision est aujourd'hui dépassée. L'équipe de Bush est constituée d'anciens de la guerre froide. Ses membres ont été formés à faire face aux défis du passé, pas à ceux d'aujourd'hui ou de l'avenir. Leur intransigeance sur le bouclier antimissile, leur approche conflictuelle avec la Chine, leur désintérêt pour les questions concernant l'environnement ou la mondialisation, et leur rejet unilatéral de nombreux accords internationaux nous rappellent les jours sombres de la guerre froide – ces attitudes ont fini par leur aliéner les Européens comme les Asiatiques. La solidarité internationale qui s'était manifestée au début de la lutte contre le terrorisme a pu masquer, mais n'a en aucun cas comblé le fossé qui sépare l'approche de l'équipe de Bush en matière de politique étrangère et celle des autres pays.

L'avenir

Pour redresser la dérive stratégique de l'Amérique, il est nécessaire, dans un premier temps, de clarifier avec précision la notion de stratégie globale. Avoir une stratégie globale suppose d'élaborer une carte du monde bien précise, dont l'importance ne se situe pas tant dans les traits géographiques que dans le repérage et l'identification des fractures géopolitiques. Il s'agit donc plutôt d'identifier les lignes de tensions géopolitiques dans le monde, de déterminer où et quand les forces sousjacentes de la politique mondiale vont s'affronter et donner naissance à ces fractures qui finiront par engendrer la guerre. Le défi consiste alors non pas seulement à localiser ces fractures, mais aussi à réfléchir à la manière de les surmonter – ou, tout au moins, de réduire leur potentiel de destruction.

Lorsqu'un architecte dessine le plan d'un bâtiment, il se fonde sur les principes qui lui permettront de produire un projet non seulement fonctionnel mais aussi structurellement solide. Certaines poutres supporteront un certain poids. Les différents matériaux ayant des tolérances différentes, l'objectif est de s'assurer que les défauts éventuels résisteront aux vents, au tassement et aux mouvements du sol sur lequel repose le bâtiment, ainsi qu'aux autres forces qui s'exerceront sur la structure. Formuler une stratégie globale relève d'une démarche similaire, mais beaucoup plus complexe. À la différence de la construction, il n'existe pas de lois intangibles sur les charges et les tolérances. Les développements des technologies de communication, d'armement et de transport changent continuellement les règles du jeu. Le développement du chemin de fer, par exemple, a introduit une véritable révolution en géopolitique. Pendant des siècles, la puissance qui maîtrisait les mers jouissait d'une suprématie incontestée. Cela ne fut plus le cas quand on a pu transporter les armées et les marchandises rapidement et à bon marché par chemin de fer. L'importance stratégique relative des forces terrestres sur les forces maritimes a continué d'évoluer avec l'avènement des sous-marins, de l'aviation, des armes nucléaires, des satellites et de la fibre optique. Les forces tectoniques qui façonnent la géopolitique sont tout, sauf constantes.

L'exercice se complique quand une stratégie globale élaborée en temps de paix ne convient plus en période de crise. Conçue pour assurer la stabilité économique pendant une période de croissance, une stratégie globale peut faire plus de mal que de bien lorsque la tendance se renverse. Alors que l'économie internationale d'aujourd'hui a été organisée sur un modèle conçu par l'Amérique et est encore contrôlée par Washington, elle pourrait fort bien servir de courroie de transmission à une récession dans un système subissant de fortes tensions.

À quoi devrait ressembler la nouvelle carte du monde de l'Amérique ? Où se trouvent les failles géopolitiques naissantes ? Bien que la question de la stratégie globale ait été très peu débattue au sein du gouvernement des États-Unis depuis la fin de la guerre froide, quelques intellectuels indépendants s'en sont saisis. Un débat assez vif s'est instauré entre les rares spécialistes qui s'intéressent encore à une stratégie globale.

Francis Fukuyama a-t-il raison de penser, dans son livre *la Fin de l'Histoire et le Dernier Homme*[19], que la démocratie libérale se répand comme un raz de marée sur le monde, et que l'opposition entre États démocratiques et États non démocratiques constitue la dernière ligne de fracture dans ce monde ? Samuel Huntington a-t-il raison de défendre, dans *le Choc des civilisations*[20], la thèse selon laquelle les lignes de partage culturelles seraient à présent celles qui définissent la géopolitique et qu'une lutte entre les civilisations judéo-chrétiennes, islamiques et confucéennes est en cours ? Ou Thomas Friedman a-t-il raison, dans *The Lexus and the Olive Tree*[21] («La Lexus[22] et l'Olivier»), de penser que la mondialisation a définitivement changé les règles du jeu et que la nouvelle ligne de partage se situe entre les pays qui sont montés dans le train de la mondialisation et ceux qui lui résistent ?

Ces intellectuels, et quelques autres, ont donné des visions diverses de la carte du monde de l'Amérique pour le XXIe siècle. Chacune a ses mérites, mais elles sont toutes fausses. Et la plupart d'entre elles le sont pour la même raison : il s'agit en général d'une carte du monde éphémère, dont la pertinence disparaîtra avec la fin de l'hégémonie américaine. Nous vivons aujourd'hui dans un monde unipolaire – un monde avec un seul pôle de pouvoir. Ce monde unipolaire, c'est celui de l'Amérique. Le trait géopolitique fondamental et incontournable de notre époque, c'est la suprématie de l'Amérique.

La stabilité du paysage mondial actuel est la conséquence directe de sa structure unipolaire. Lorsqu'un État a beaucoup plus de richesses et de capacité militaire que tous les autres, le système devient unipolaire. Lorsque deux États de taille à peu près identique coexistent, le monde est bipolaire. Lorsqu'il y a sur la scène internationale trois protagonistes principaux, le système est multipolaire. Dans le monde bipolaire de la guerre froide ou le monde multipolaire des années 1930, les rivalités entre les grandes puissances étaient une constante. Dans un monde où il n'existe plus qu'un pôle, il n'y a pas de rivalités entre les grandes puissances, tout simplement parce qu'il n'y en a qu'une seule. Aujourd'hui, aucune autre grande nation ne pourrait seulement songer à se confronter à l'Amérique. Une asymétrie aussi marquée poussera les extrémistes du Moyen-Orient ou d'ailleurs à exprimer leur colère à l'égard des États-Unis : la suprématie invite le ressentiment. Et malgré quelques attaques réussies contre la seule superpuissance, celles-ci ne sont pas parvenues à changer le caractère unipolaire du système mondial.

Il ne faut donc pas s'étonner de constater avec quelle difficulté les intellectuels parviennent à mettre le doigt sur la fracture géopolitique d'aujourd'hui. Tout simplement, parce qu'elle n'existe pas. Seule dans l'arène, l'Amérique gagne le combat par défaut.

Le problème est que cette situation unipolaire dans l'histoire de l'Amérique et la stabilité mondiale qui en résulte ne vont pas durer. L'Europe dispose à présent d'un marché commun et d'une monnaie unique, et elle parle de plus en plus souvent et avec assurance d'une seule voix. La somme des richesses des membres de l'UE approche déjà celle des États-Unis et les taux de croissance, comparables à ceux de l'Amérique, pourront finalement faire pencher la balance en faveur de l'Europe. L'UE s'est engagée dans un effort militaire visant à lui permettre d'avoir recours à une force opérationnelle sans le concours des États-Unis. Ces initiatives rendront l'Europe plus indépendante et moins disposée à suivre les États-Unis. Il convient d'ajouter que, à côté d'une Europe en pleine intégration, la Russie, le Japon et la Chine émergeront peu à peu comme des contrepoids à la force américaine.

Le déclin de la suprématie américaine ne sera pas uniquement dû à l'essor de nouvelles puissances. Les États-Unis se retirent des institutions multilatérales pour se recentrer sur un unilatéralisme qui risque de creuser un fossé entre l'Amérique et les autres puissances, en augmentant les risques de voir leur ascension conduire à une nouvelle ère de rivalité géopolitique. L'Amérique pourrait aussi se lasser de supporter le fardeau de l'hégémonie mondiale. Face à la menace insaisissable du terrorisme et au sentiment antiaméricain croissant dans le monde et assagis par le coût de la remise en ordre de l'Irak, les citoyens et leurs élus perdront peut-être le goût de jouer le rôle de gardien du monde.

L'essor d'autres puissances s'alliera au déclin de l'Amérique et à son internationalisme unilatéraliste pour faire de cette position unipolaire un moment de l'histoire de l'Amérique. À mesure que la multipolarité remplace l'unipolarité, la stabilité qui accompagne naturellement l'existence d'une hégémonie incontestée laisse la place à une compétition mondiale pour le rang, l'influence et le statut. Comme par le passé, les principales fractures se retrouveront là où elles ont toujours été : entre les principales puissances. Le désordre qu'entraînent les rivalités viendra rapidement remplacer l'ordre offert par la *pax americana*.

Qu'ils veuillent l'entendre ou non, les Américains devront prêter attention aux nouveaux dangers et aux incertitudes qui accompagneront la fin de leur suprématie. L'économie américaine est profondément liée aux marchés internationaux. Le boom économique de la décennie passée a été le fait d'une plus grande ouverture de l'économie mondiale, qui a permis une forte croissance des échanges et contraint les États-Unis à devenir plus compétitifs. Le commerce international représente maintenant plus du quart de la production mondiale.

D'autres déterminants, plus importants peut-être, de la qualité de vie sont également en jeu. Pendant plus de quarante ans, au cours de la guerre froide, les Américains se réveillaient avec le spectre de la guerre nucléaire. Près de cent mille Américains ont perdu la vie dans les batailles destinées à contenir le communisme en Corée et au Vietnam. Ce combat prolongé a fait immédiatement suite à un effort de guerre surhumain pour vaincre l'Allemagne, le Japon et l'Italie dans une guerre mondiale qui a fait plus de cinquante millions de morts.

Les hommes politiques, tout comme les universitaires, déclarent aujourd'hui que l'idée d'une grande guerre est caduque et qu'une paix permanente s'est installée. Mais ce ne serait pas la première fois que de telles déclarations s'avéreraient fausses. Si l'on peut tirer des leçons de l'Histoire, la fin de l'hégémonie américaine entraînera un monde plus imprévisible et plus désagréable. Aujourd'hui, pendant que la suprématie des États-Unis offre encore un environnement mondial relativement stable, il est temps de commencer à élaborer une stratégie globale afin de réussir le retour à un monde multipolaire.

Il convient de profiter de cette opportunité pour élaborer une conception nouvelle de l'internationalisme américain. La forme la plus engagée de cet internationalisme qui a présidé jusqu'ici et qui a rendu possible une politique étrangère ambitieuse ne doit pas être considérée comme un acquis pour l'avenir. La politique étrangère du parti démocrate, comme celle du parti républicain, demeure fortement influencée par des personnalités d'un certain âge, qui se souviennent de la Seconde Guerre mondiale et de la guerre froide : ils apprécient spontanément l'importance du *leadership* américain. Il n'en est pas de même avec la génération montante qui a grandi après la chute du mur de Berlin. Son intérêt pour un engagement international constant reste à confirmer. Si le coût de l'engagement s'alourdit, un repli intérieur a de fortes chances de se produire. Il suffit de voir comment l'opinion publique a manifesté son mécontentement à propos de l'occupation de l'Irak.

À l'exception de la guerre contre le terrorisme, les grandes lignes de la présidence de George W. Bush confirment le risque de déclin de l'internationalisme américain. Une fois en fonction, Bush s'en est tenu à sa promesse de mener une politique extérieure plus « humble » et d'opérer des choix plus sélectifs dans les combats que mènerait son pays. Au cours des premiers mois, il a diminué les effectifs des troupes en Bosnie et n'a pas augmenté le nombre de soldats au Kosovo en dépit de l'extension des combats vers la Serbie et la Macédoine. Il a réduit l'engagement diplomatique de l'Amérique dans la médiation de conflits régionaux, et l'administration s'est retirée d'une série d'engagements multilatéraux, préférant l'autonomie que procurent les initiatives unilatérales.

Après les événements du 11 septembre, Bush renversa cette tendance, en faisant de la politique étrangère sa priorité. Il promit de mener le combat bien au-delà de l'Afghanistan, tout particulièrement en Irak, en Iran et en Corée du Nord. Il se réengagea dans le processus de paix au Moyen-Orient, et fit du général Anthony Zinni son émissaire personnel. Néanmoins, les accents unilatéralistes et isolationnistes des premiers mois de gouvernement ne devraient pas être considérés comme des aberrations passagères. Ils traduisent les préférences, non seulement de son équipe de politique étrangère, mais également de sa base politique. Bush cherchait à rassurer les électeurs du Sud et des régions montagneuses de l'Ouest, qui manifestent généralement moins d'enthousiasme pour l'internationalisme libéral que ceux des zones urbaines des côtes. Ces régions constituent le cœur de l'électorat de Bush : il a donc de bonnes raisons de revendiquer un type d'internationalisme plus populiste et plus unilatéral. Le Président lui-même vient de cette région, et il a montré peu d'intérêt pour les affaires étrangères avant d'occuper la Maison-Blanche.

Il est étonnant de constater que l'isolationnisme et l'unilatéralisme semblent faire leur retour au même moment. Ils représentent, superficiellement du moins, des impulsions contradictoires : les isolationnistes se font les avocats du désengagement et les unilatéralistes montrent leurs préférences pour un *leadership* mondial sans entraves. Mais ils ne sont, en fait, que les deux faces d'une même médaille. Ils partagent les mêmes origines idéologiques : les craintes de l'Amérique de voir son engagement dans les affaires du monde menacer sa liberté et sa souveraineté. Le pays devrait tout faire pour éviter de s'engager à l'extérieur, mais en cas d'engagement, il doit le faire en préservant au mieux son autonomie. Ils partagent également leurs origines dans le sentiment ancestral du caractère exceptionnel des États-Unis, qui pousse la nation à se tenir à l'écart du système international, mais aussi à refaçonner ce système selon ses intérêts.

Pour le meilleur ou pour le pire, cette culture politique et cette démocratie à l'américaine ont une influence déterminante sur la conduite de la politique étrangère. La diplomatie n'est plus le pré carré d'une petite élite cosmopolite issue des grandes universités de l'Ivy League[23] et qui fait régulièrement la navette entre le Département d'État, Wall Street et les capitales étrangères. Si ce qui se passe dans le microcosme de la capitale demeure très important, les positions et les décisions qui sont prises à Atlanta, à Dallas, à Seattle, à Los Angeles ou dans la Silicon Valley – des villes qui ont chacune leurs propres centres d'intérêt et leur propre vision de l'interventionnisme – sont de plus en plus importantes. Ces différences régionales ne provoquent plus les passions comme pendant les premières décennies de l'Amérique, mais les différences politiques, économiques et culturelles propres aux régions sont à nouveau appelées à jouer un rôle important dans l'élaboration des relations que l'Amérique entretient avec les pays étrangers.

Le paysage démographique des États-Unis est également en train de se modifier, et complique les enjeux que la politique étrangère introduit dans la politique intérieure. L'électorat, dont les allégeances séculaires étaient principalement tournées vers l'Europe, est en train de se transformer en raison du flux continu de l'immigration en provenance de l'Amérique latine et de l'Asie et du taux de natalité élevé de ces immigrants. D'ici à la seconde moitié de ce siècle, les Américains d'origine européenne représenteront moins de 50 % de la population des États-Unis. Si une politique extérieure cohérente doit être issue de ce mélange ethnique et de cette diversité d'intérêts régionaux, les dirigeants américains devront faire preuve de pédagogie et de doigté afin de pouvoir poser les fondements d'une nouvelle stratégie globale des États-Unis.

La participation de l'Amérique dans l'économie internationale, bien qu'étendue à de nombreux domaines, ne s'avérera pas suffisante pour assurer un soutien politique au rôle de gardien stratégique que le pays souhaite jouer. Les États-Unis ont bâti à travers le monde un vaste réseau de bases militaires et d'organisations internationales dans le but de contenir le communisme, pas de protéger les marchés. Même si le drapeau suit parfois le commerce, les intérêts économiques et stratégiques sont souvent divergents. Au temps du colonialisme, la Grande-Bretagne et la France ont certainement extrait des richesses de leurs possessions d'outre-mer, mais elles ont également dépensé beaucoup de temps et d'énergie à se partager l'Afrique – malgré de faibles perspectives de profit économique. Les échanges commerciaux prospères avec des pays comme l'Inde, le golfe Persique et l'Indochine n'ont guère contribué à maintenir les troupes coloniales sur place quand les considérations politiques et stratégiques s'y sont opposées.

Comme d'autres grandes puissances du passé, les États-Unis n'ont pas besoin de conserver l'ensemble de leurs engagements stratégiques à travers le monde pour continuer d'y exploiter leurs intérêts économiques. Leur présence outre-mer a toujours d'importantes implications économiques dans certaines régions. Le déploiement de troupes américaines en Asie de l'Est contribue à maintenir la paix, créant ainsi un environnement favorable aux affaires. Par ailleurs, les forces américaines jouent un rôle important dans l'acheminement du pétrole à travers le golfe Persique.

Mais en ce qui concerne les riches membres de l'UE qui jouissent d'une paix durable, une force américaine permanente en Europe n'a guère de raison d'être pour protéger les échanges et la circulation des capitaux à travers l'Atlantique. Ces échanges sont le résultat des bénéfices que tirent les deux parties de cette relation, et non pas le produit d'un avant-poste stratégique américain en Europe. De plus, les États-Unis ont les moyens d'essuyer quelques revers sur leurs marchés étrangers. Bien que non négligeables, les exportations ont représenté seulement 11 % environ du Produit intérieur brut (PIB) des États-Unis en 2000 et environ 30 % de ces exportations sont allés au Canada et au Mexique, permettant ainsi à l'Amérique du Nord d'atteindre un degré raisonnable d'autosuffisance commerciale même à l'ère de la mondialisation[24]. Si des considérations politiques et stratégiques devaient dicter un repli de l'internationalisme et une prise de distance à l'égard des institutions internationales, les intérêts économiques ne constitueront pas un obstacle. L'Amérique pourrait, à moyen terme, revenir à sa stratégie d'avant-guerre froide, quand elle utilisait la force à l'extérieur pour défendre ses commerçants et ses investissements, mais se montrait réticente à s'engager de manière permanente ou à s'impliquer sur le plan institutionnel.

Il est compréhensible, et peut-être sain, que l'Amérique souhaite, à long terme, alléger son fardeau et se désengage d'au moins quelques-unes des coûteuses responsabilités internationales qu'elle a assumées depuis une soixantaine d'années. Le monde qui a généré ces responsabilités n'est plus, et la stratégie des États-Unis doit changer en conséquence. Mais, à la lumière des tendances isolationnistes et unilatéralistes qui ont joué un rôle si fondamental dans l'histoire américaine, les dirigeants d'aujourd'hui doivent élaborer un nouvel équilibre politique, un nouvel engagement de l'Amérique, qui, même s'il est réduit, emportera le soutien de l'opinion publique.

Cela implique de reconstruire un internationalisme libéral capable de guider l'Amérique vers un véritable engagement multilatéral à travers les institutions internationales. Fondé sur la notion de partage des droits et des responsabilités qu'implique une gestion du système international avec d'autres nations, l'internationalisme libéral offre un compromis stable entre les deux extrêmes que sont l'isolationnisme et l'unilatéralisme, et construit la base politique d'une Amérique qui sait à la fois résister à la tentation du retrait et travailler avec, plutôt que contre, les puissances émergentes. Avant qu'un désengagement précipité des affaires du monde ne devienne probable et qu'une politique unilatérale ne finisse par lui aliéner ses partenaires potentiels, l'Amérique a besoin de trouver la voie de ce nouvel internationalisme[25].

Il ne s'agit pas de demander aux Américains de supporter plus que leur part du fardeau que constitue le maintien de l'ordre international, ni de les rallier à toutes les institutions internationales. Une politique extérieure trop ambitieuse, qui provoquerait sur le plan intérieur une réaction de rejet contre des sacrifices excessifs, pourrait même s'avérer plus dangereuse qu'une lente dérive vers l'isolationnisme. Après tout, le Sénat a rejeté la participation des États-Unis à la Société des Nations parce que le président Woodrow Wilson avait dépassé son mandat et avait exigé un niveau et une forme d'engagement américain qui ne bénéficiait pas d'un soutien politique suffisant. Bush a peut-être fait la même chose avec l'Irak. Les Américains ne peuvent pas se permettre de glisser vers l'isolationnisme. L'histoire du XXe siècle a clairement montré le désastre géopolitique et économique que peut provoquer la décision des États-Unis de se retirer dans leur coquille protectrice. Le défi que l'Amérique doit relever est donc celui d'élaborer une stratégie globale qui maintienne ses engagements internationaux en équilibre avec l'appétit de ses citoyens pour l'internationalisme. Concevoir cette vision et construire le nouvel internationalisme qui permettra de la réaliser doivent être ses priorités.

Bien que l'avenir nous réserve un monde dans lequel rivaliseront différents centres de puissance, l'ère multipolaire qui s'annonce aura probablement ses propres caractéristiques et pourrait bien ne ressembler que de loin aux précédentes. Les nombreux bouleversements de l'histoire récente autorisent d'espérer que l'ère qui s'ouvre sera moins sanglante que celle qui s'achève. Les grandes nations n'ont plus intérêt à se lancer dans des conquêtes prédatrices. Les États démocratiques sont sûrement moins agressifs que les États autoritaires d'autrefois. De futurs pôles de puissance, aussi longtemps qu'ils resteront démocratiques, vivront peut-être en bonne entente les uns avec les autres.

En ce sens, la fin de l'ère américaine ne représente pas un retour au système traditionnel d'équilibre des puissances, comme celui de l'Europe d'avant la Première Guerre mondiale, par exemple. Elle signifie plutôt une ouverture vers une ère historique nouvelle, totalement inconnue, qui sera guidée par un nouvel ensemble de forces sous-jacentes et de nouvelles règles du jeu. Francis Fukuyama a donc raison d'affirmer que l'effondrement de l'Union soviétique et le triomphe de la démocratie libérale constituent la fin d'un moment de l'Histoire. La fin de l'ère actuelle ne marquera pas seulement la fin de la suprématie américaine, mais également la fin d'une époque historique particulière, celle du capitalisme industriel, de la démocratie libérale et de l'État-nation. L'Amérique a été, à plus d'un titre, en première ligne de chacune de ces étapes, et elle a admirablement réussi.

En revanche, Fukuyama a tort de proclamer que c'est l'Histoire qui touche à sa fin. C'est seulement une période particulière de l'Histoire qui se termine, alors qu'un nouveau cycle commence. Aussi, la fin de l'ère américaine annonce-t-elle le commencement d'une autre ère.

Projeter son regard vers la prochaine ère de l'Histoire est, il faut bien l'admettre, une entreprise dangereuse, car ses lignes directrices sont encore incertaines et imprécises. Mais des tendances se font jour. Le capitalisme industriel a commencé à céder la place au capitalisme des technologies de l'information. La démocratie libérale continue de bien se porter, mais le désengagement des citoyens et les inégalités sociales lui lancent des défis toujours plus insurmontables. L'État-nation, quant à lui, subit des attaques portées de l'intérieur par les changements démographiques et les diversités régionales, et, de l'extérieur, par la mondialisation et l'intégration transnationale. C'est à partir de ces points essentiels que va se dessiner l'ère qui accompagnera un nouveau cycle de l'Histoire.

La nouvelle carte du monde de l'Amérique

Si l'Amérique veut se doter d'une nouvelle stratégie globale, elle doit commencer par tracer une nouvelle carte du monde. Cette tâche doit commencer par l'identification des grands principes directeurs et des forces géopolitiques fondamentales qui vont façonner le nouveau système mondial. La carte du monde proposée dans cet ouvrage trouve ses racines dans le réalisme – la logique de la *Realpolitik* et l'équilibre de la puissance. La tendance que les nations ont à aiguiser leurs rivalités est inhérente à la condition humaine. Elle est ancrée dans les instincts primaires des hommes – la quête de la sécurité, de richesses et de dignité. Les hommes forment des États-nations ou d'autres formes de communautés pour atteindre ces objectifs, et ces communautés, à leur tour, font preuve des mêmes instincts dans leurs relations entre elles.

Le réalisme explique pourquoi la compétition entre les pôles de puissance est la caractéristique la plus constante et la plus répandue de la vie internationale, mais aussi pourquoi le système unipolaire d'aujourd'hui est un système relativement stable – avec une Amérique sans rivale capable de remettre en cause sa suprématie. Il explique aussi pourquoi une Europe dont l'identité est de plus en plus collective et dont la puissance économique et militaire ne cesse de s'accroître va tout naturellement développer de nouvelles ambitions géopolitiques. Le réalisme constitue ainsi le fondement principal de l'une des propositions de cet ouvrage : le retour à un monde où les centres de puissance sont multiples provoquera inévitablement de nouvelles fractures entre les pôles qui s'affrontent.

Les États ont toujours lutté les uns contre les autres avec une telle persistance et un tel acharnement que la logique du réalisme semble irréfutable. L'ère contemporaine a donné naissance à des tendances qui autorisent un certain optimisme : la démocratisation et la mondialisation pourraient bien contribuer à contrer les rivalités géopolitiques. Néanmoins, on ne peut oublier que les hommes ont constamment abandonné les bienfaits de la paix pour les horreurs de la guerre. Il nous est ainsi difficile de croire que le réalisme et la lutte pour la suprématie qui découle de sa logique ont enfin fait leur temps.

Pourtant, cet ouvrage délaisse ses origines réalistes dans un domaine essentiel. La compétition dans l'arène internationale peut être endémique, mais une stratégie globale adaptée peut contrer les instincts compétitifs du système. La rivalité constitue l'état naturel, elle repose sur la quête de sécurité, de richesse et de prestige. Mais à condition de reconnaître que le système a tendance à engendrer le conflit, d'identifier et de chercher à réduire les fractures avant l'avènement du séisme, une politique qui donne l'exemple et qui prévoit l'avenir peut atténuer et parfois avoir raison de la logique du réalisme et des rivalités qui en sont issues. Aussi, celui-ci peut et doit être tempéré par l'idéalisme – la foi dans les capacités du droit, des valeurs et des institutions à maîtriser le pouvoir matériel – pour construire un avenir moins sanglant.

L'Europe d'aujourd'hui est un bon exemple. Grâce à un processus continu d'intégration politique et économique, l'Union européenne est en train de faire disparaître les lignes de fracture au sein des États-nations et laisse entrevoir l'espoir de voir disparaître la guerre dans ce continent. Bien que le succès de l'Europe dans ce domaine soit rare, et le fruit de nombreux efforts et de la clairvoyance de grands dirigeants, son exemple ouvre une voie pour l'avenir. Au lendemain de la Seconde Guerre mondiale, les Européens ont pris la mesure du défi qui leur faisait face. Ils ont tracé leur carte géopolitique de l'avenir et s'attelèrent au travail pour en faire une réalité. Ils y sont parvenus grâce à un mélange de réalisme et d'idéalisme, en accordant aux États les plus importants les privilèges qui découlent des richesses et de la force militaire, mais également en unissant chacun des États autour de liens de coopération et d'avantages réciproques qui se sont substitués aux rivalités du passé. Notre projet est similaire : tracer une carte précise de ce nouveau monde afin de définir une stratégie pour surmonter les lignes de fracture en mélangeant réalisme et idéalisme, indiquer les mesures indispensables pour atteindre cet objectif et fonder un nouveau système international dans lequel régnera la paix.

Avant d'accomplir cette tâche, nous allons examiner la dernière carte du monde de l'Amérique, celle qui est apparue au tout début de la guerre froide. Au cours de l'année 1946, l'intransigeance soviétique a peu à peu mis un terme au projet de Roosevelt qui rêvait de transformer une alliance de guerre en un partenariat de paix.

Moscou installait des régimes fantoches en Europe de l'Est, annonçait son intention de contrôler les Dardanelles et maintenait les troupes soviétiques dans le nord de l'Iran après la date limite du 2 mars 1946. Autant de turbulences à venir.

Quelle a été la vision des stratèges américains face au comportement des Soviétiques ? Si une grande partie du monde devait s'intégrer à deux blocs hostiles, qui serait du côté des Soviétiques et des Occidentaux ? Pour endiguer le communisme, les États-Unis devaient-ils compter sur la force militaire, sur la renaissance économique de l'Europe de l'Ouest et du Japon, sur le nationalisme du tiers monde ou sur les divisions internes du camp communiste ? En bref, quelle était la dernière carte du monde de l'Amérique ? Les réponses à ces questions viendront éclairer la tâche qui nous attend.

Le passé

Le 22 février 1946, George Kennan renvoie à Washington le télégramme n° 511 de l'ambassade de Moscou. Ce « grand télégramme », comme il fut surnommé plus tard, ainsi qu'un article que Kennan publia l'année suivante sous le pseudonyme « X »[1] jetaient les bases d'une nouvelle stratégie globale des États-Unis qui allait se concentrer sur un objectif principal : contenir l'Union soviétique. Kennan quitta bientôt Moscou pour enseigner au National War College. En 1947, le secrétaire d'État George Marshall le nomma premier directeur de la prévision et de la prospective au Département d'État, un bureau spécialement créé pour formuler les principes fondamentaux de la politique à long terme du Département.

Kennan fut le créateur de la nouvelle doctrine qui prit forme au cours de l'année 1947. Ses principes étaient les suivants : la menace exercée par l'Union soviétique est essentiellement de nature politique, le meilleur moyen pour les États-Unis de contenir le communisme est donc de restaurer la santé économique et la confiance politique interne des principales puissances du monde – la Grande-Bretagne, la France, l'Allemagne et le Japon. La victoire sur les Soviétiques, écrivait Kennan, dépendra en définitive du « degré de cohésion, de fermeté et de vigueur que le monde occidental sera capable d'atteindre ».

Kennan ne prétendait pas qu'il fallait ignorer le reste du monde. Il pensait, au contraire, que la progression du communisme en Chine et en Asie orientale devait être combattue. Selon lui, les États-Unis devaient éviter toute intervention militaire sur le continent asiatique et dans d'autres zones moins industrialisées, et assurer plutôt un accès durable aux îles et aux autres points stratégiques indispensables pour permettre aux bombardiers à longue portée de protéger les couloirs maritimes, comme les Philippines, les Dardanelles, le canal de Suez, le détroit de Gibraltar et le détroit d'Ormuz. Une aide militaire et économique serait parfois nécessaire pour soutenir les défenses contre l'expansionnisme soviétique. Mais encercler l'Union soviétique d'une force militaire supérieure impliquerait des coûts insurmontables et alimenterait « le sentiment d'insécurité instinctif et traditionnel chez les Russes » qui était à l'origine de « la vision névrosée du Kremlin sur les affaires du monde[2] ».

La carte du monde de Kennan était donc à faces multiples. La ligne de fracture centrale se trouvait entre le bloc soviétique et les démocraties industrialisées. Préserver l'Europe de l'Ouest et le Japon du communisme au moyen de la croissance économique et de la confiance politique, tout en gardant le contrôle sur les points stratégiques importants, permettrait à l'Ouest de garder le cap. C'est pourtant sous l'effet de fractures plus subtiles que le communisme allait finir par être défait. Les contradictions à l'intérieur du système soviétique, les divisions au sein du bloc communiste au sens large et les résistances des nationalismes feraient que l'Ouest l'emporterait.

C'est cette carte du monde de Kennan qui guida la stratégie globale de l'Amérique jusqu'à la fin de l'année 1949. Trois événements majeurs poussèrent l'administration Truman à voir les choses autrement : l'essai nucléaire soviétique au mois d'août 1949, la victoire communiste en Chine et la proclamation de la République populaire de Chine en octobre, et le début de la guerre de Corée en juin 1950. Paul Nitze, qui succéda à Kennan en 1950, fut le grand architecte de cette nouvelle carte. Il supervisa l'élaboration du *NSC-68*, un document de prospective qui allait remplacer le « grand télégramme » et devenir la référence de l'arsenal conceptuel de l'Amérique.

La carte du monde de Nitze était en noir et blanc. Il y avait le monde libre et le monde communiste, et une seule ligne de fracture entre les deux. Au lieu d'attendre la fin du bloc communiste, en le laissant se désintégrer de l'intérieur, les États-Unis devaient prendre l'initiative et encercler les Soviétiques avec une force militaire supérieure. Le gouvernement américain n'avait pas d'autre choix que d'allouer les ressources nécessaires à un fort accroissement de l'armement conventionnel. On pouvait lire dans le *NSC-68* : « Le renforcement des capacités militaires des États-Unis et du monde libre est la condition première de [...] la protection des États-Unis contre le désastre[3].» Plutôt que de s'opposer, Moscou et Pékin unirent leurs forces. «Les événements en Asie confirment l'existence d'un vaste programme, dans lequel coopèrent les communistes soviétiques et chinois, dont la phase actuelle est destinée à éliminer toute influence occidentale sur le continent asiatique[4]», écrivait John Foster Dulles, qui allait devenir secrétaire d'État en 1953. Non seulement le nationalisme ne contenait pas l'expansion de l'influence communiste, mais les États du Sud-Est asiatique tombaient comme des dominos. «Perdre un seul pays en faveur de l'ennemi nous ferait presque certainement perdre tous les autres[5]», notait-il encore, pour conclure: «Les répercussions ne se limiteront pas à l'Asie, mais s'étendront à l'Europe occidentale et au Commonwealth britannique[6].»

La stratégie globale qui découla de la carte du monde de Nitze guida la politique des États-Unis pendant presque toute la guerre froide. Ils se mirent à combattre les Soviétiques. Ils développèrent leur force conventionnelle tout en bâtissant un arsenal nucléaire redoutable, organisèrent des alliances avec les voisins de l'Union soviétique, trouvèrent des États clients dans tous les coins de la terre et menèrent des guerres coûteuses en Corée et au Vietnam. Washington relâcha temporairement ses efforts dans les années 1970 en adoptant une politique de détente avec l'Union soviétique et une vision proche de celle de Kennan. Mais, à la suite de l'invasion soviétique de l'Afghanistan en 1979, le président Carter changea radicalement de politique. Ce changement, le président Ronald Reagan le reprit à son tour et exerça une intense pression diplomatique et militaire contre «l'empire du

Mal ». Les États-Unis ne commencèrent à envisager une autre conception de l'ordre mondial qu'après la chute du mur de Berlin.

Tout au long des années de la guerre froide, les administrations successives, en renforçant le sentiment anticommuniste – parfois avec excès –, ont préparé le peuple américain à faire des sacrifices. Ainsi, les dirigeants américains ont eu peu de mal à rallier les citoyens à cette lutte contre le communisme.

La fin de la guerre froide n'a pas mis fin pour autant au débat sur la pertinence des cartes du monde de Kennan ou de Nitze. La question essentielle n'est pas de savoir qui de Kennan ou de Nitze avait raison, mais de montrer qu'ils avaient tous deux offert une carte claire et convaincante qui permit à la fois de piloter la stratégie globale et de rallier le soutien indispensable à sa réussite à l'intérieur du pays. En certaines occasions, l'Amérique a peut-être été trop conciliante avec l'Union soviétique. Elle a probablement aussi été aveuglée par son anticommunisme et a manqué les occasions qui auraient permis d'exploiter des fissures à l'intérieur du bloc communiste. Les États-Unis l'ont finalement emporté parce qu'ils savaient où ils voulaient aller: ils ont tracé une carte pour y arriver et se sont lancés dans cette aventure.

Nouvelles lignes de fracture

Il faut bien admettre que concevoir une stratégie globale était un exercice aisé pendant la guerre froide. La seule existence de l'Union soviétique faisait réfléchir. L'imminence de la menace exercée par le communisme rendait urgent d'avoir une vision stratégique.

Cette menace offrait des contours naturels à la carte du monde de l'Amérique. La ligne de fracture principale se trouvait sur la frontière entre les deux Allemagnes. Les démocraties atlantiques étaient à l'ouest, l'ennemi, à l'est. Une grande partie du monde tombait automatiquement à l'intérieur de l'un de ces deux blocs. Les principaux défis à relever pour les stratèges d'alors consistaient à comprendre quels étaient les États périphériques qui pouvaient jouer un rôle important, et à identifier les tendances géopolitiques qui finiraient par saper l'Empire soviétique.

Aujourd'hui, aucun adversaire ou menace importante ne peuvent fournir de point de départ à la nouvelle carte du monde de l'Amérique, même si les Américains demeurent légitimement préoccupés par le terrorisme. Les actes terroristes sont perpétrés par des gangs criminels, pas par des États ; la voie judiciaire est une arme plus efficace que la force militaire. Les changements radicaux de la technologie et le passage de l'ère industrielle à l'ère numérique rendent difficile l'identification des forces géopolitiques qui sont aujourd'hui dominantes. Pendant la guerre froide, l'équilibre de la puissance entre l'Est et l'Ouest était principalement fonction de la production industrielle et de la taille des arsenaux conventionnels et nucléaires. Aujourd'hui, un virus informatique peut constituer une arme beaucoup plus dangereuse qu'un chasseur bombardier F-16.

Ces éléments, qui rendent l'élaboration d'une stratégie globale si difficile, obligent également l'Amérique à surmonter les obstacles et à identifier rapidement les nouvelles lignes de fracture du monde. Les Américains n'avaient guère de latitude pour façonner le monde pendant la guerre froide. Les Soviétiques occupaient la plus grande partie de l'Eurasie. Les démocraties libérales tenaient l'Amérique du Nord, l'Europe occidentale et le Japon. L'Occident ne pouvait guère faire mieux que de grignoter à la marge. Aujourd'hui, le système mondial est fluide et malléable. Les décisions que prendra Washington au cours de la prochaine décennie vont potentiellement tracer sa voie pour le XXIᵉ siècle, sinon pour plus longtemps.

Le rythme effréné des transformations technologiques et économiques complique la conception d'une carte du monde, mais offre aux États-Unis une influence sans précédent et de nouveaux outils de gestion. Que ce soit pour mener l'Alliance atlantique dans la bataille, lancer des informations sur Internet, gérer le flux international de capitaux ou contrôler l'entrée au sein des principales institutions internationales, l'Amérique est généralement maîtresse du jeu. Ce pouvoir ouvre de grandes possibilités, mais impose de lourdes responsabilités.

Avant de dresser une nouvelle carte du monde, nous allons examiner les différentes propositions faites par d'autres stratèges, auxquels ni le gouvernement des États-Unis ni le public n'ont porté grande attention. Plusieurs stratèges américains ont déjà tenté de dresser cette carte, et l'examen de ces différentes visions offre un bon point de départ à notre recherche.

Des intellectuels américains ont ainsi présenté cinq cartes du monde différentes. Francis Fukuyama, aujourd'hui professeur à la John Hopkins School of Advanced International Studies (hautes études internationales), a ouvert le débat en 1989, au moment même où la guerre froide arrivait à son terme. Dans l'article « The End of History ? » publié dans la revue *The National Interest*, et dont la thèse sera développée dans *la Fin de l'Histoire et le Dernier Homme*[7], Fukuyama affirme que la chute de l'Union soviétique et le triomphe de la démocratie mènent l'Histoire vers sa fin. Selon lui, le monde se dirige vers un état final dans lequel les États démocratiques, qui partagent les mêmes valeurs et ont le même comportement policé, construiront ensemble un ordre mondial stable et pacifié. La principale ligne de fracture court le long de la frontière qui sépare les États démocratiques des États non démocratiques. Fukuyama suggère aux États-Unis de centrer leur politique étrangère sur l'extension de la démocratie à travers le monde, tout en évitant les conflits le long de cette fracture.

John Mearsheimer, professeur à l'université de Chicago, a été le deuxième à prendre position face à l'ordre qui devait naître après la fin de la guerre froide. À l'été de 1990, dans les articles « Why We Will Soon Miss the Cold War » publié dans la revue *Atlantic Monthly* et « Back to the Future : Instability in Europe After the Cold War » publié dans la revue *International Security*[8], il propose une vision de l'avenir nettement plus sombre que celle de Fukuyama. Il regrette la fin du conflit Est-Ouest dans la mesure où, à ses yeux, la bipolarité de la puissance avait, pendant des décennies, joué un rôle fondamental dans le maintien de la paix. Le retrait des troupes soviétiques de l'Europe de l'Est, la fin du pacte de Varsovie et la réduction, en conséquence, du rôle stratégique de l'Amérique en Europe, aboutiront à une nouvelle rivalité sur le continent. Avec le retour de la multipolarité, l'avenir de l'Europe finira par ressembler à son passé malheureux. Le meilleur espoir de stabilité repose sur le renforcement de la dissuasion au moyen d'une prolifération contrôlée d'armes nucléaires. Le pronostic de Mearsheimer pour l'Asie orientale est tout aussi pessimiste.

Dans « The Clash of Civilisations ? », un article publié dans *Foreign Affairs* en 1993 et qui eut un fort retentissement, puis dans le livre qui a suivi, *le Choc des civilisations*[9], Samuel Huntington, professeur à Harvard, affirme que les principales fractures de l'avenir apparaîtront à l'intersection des grandes civilisations du monde. Les différentes cultures ont des conceptions antagonistes de l'ordre intérieur comme de l'ordre international et sont ainsi destinées à s'affronter. Sur la carte du monde de Huntington, quatre blocs (judéo-chrétien, orthodoxe oriental, islamique et confucéen) lutteront pour la suprématie. Il suggère que l'Amérique et l'Europe s'unissent pour remporter la lutte contre les autres cultures.

Paul Kennedy et Robert Kaplan, bien que travaillant séparément, ont proposé une quatrième option sur les grandes lignes de fracture de l'avenir. Kennedy a très succinctement présenté sa thèse dans son article « Must It Be the Rest Against the West ? » écrit en collaboration avec Matthew Connelly et publié en 1994[10]. Kaplan a lui aussi fait part de ses premières réflexions sur la question dans un article publié dans *Atlantic Monthly* en 1994, « The Coming Anarchy », puis dans un livre qui porte le même titre[11]. Pour ces deux auteurs, la planète sera divisée selon des lignes socio-économiques : les nations riches et industriellement prospères, d'un côté, et les nations pauvres et en voie de développement, de l'autre. La ligne de fracture se situera entre ces deux blocs. Les nations prospères du Nord ne pourront, en dépit de tous leurs efforts, se protéger des désordres du Sud, car les réfugiés, les désastres écologiques, la transmission des épidémies, la criminalité, la corruption et la chute des États finiront même par menacer les pays les plus avancés. Les nations riches doivent essayer de tout mettre en œuvre pour éviter un tel cauchemar, ou elles disparaîtront dans le chaos général.

Journaliste au *New York Times*, Thomas Friedman a soutenu dans ses articles et dans son livre publié en 1999, *The Lexus and the Olive Tree*[12], que la mondialisation était le trait géopolitique dominant du nouveau siècle. L'expansion d'un marché mondial de marchandises, de capitaux et de capacités de production a transformé le monde, en obligeant tous les États à appliquer les mêmes règles du jeu. Le marché récompensera les pays qui libéraliseront leur économie et qui se démocratiseront. Il traitera durement, en revanche, ceux qui cherchent à maintenir un contrôle centralisé de leur vie économique et politique, en sanctionnant leurs marchés financiers, leurs monnaies et leurs sociétés. Sur la carte de Friedman, la principale ligne de fracture du futur sépare les pays qui auront adopté les règles d'une économie numérique et mondialisée et ceux qui lui résisteront. C'est le nombre d'ordinateurs par foyer, et non le nombre de tanks ou d'avions composant l'arsenal d'une nation, qui nous dira où se situeront les pays dans le nouveau système géopolitique.

Examinons à présent de plus près ces différentes cartes du monde.

Selon Francis Fukuyama, l'Histoire poursuit une marche en avant régulière. Il y a eu quelques retours en arrière, des hésitations ou des revirements ici ou là, mais chaque nouvelle ère a tendance à se construire sur les réalisations de celle qui l'a précédée en améliorant ainsi la qualité de la vie. La science et les découvertes technologiques sont les principales sources de croissance économique et de progrès social. La machine à vapeur, la pénicilline, le semi-conducteur, Internet..., toutes ces innovations ont introduit des progrès considérables dans le bien-être matériel de l'humanité.

Toutefois, les hommes ne recherchent pas simplement le bien-être matériel, ils veulent également le bien-être psychologique. Ce dernier suppose la reconnaissance de la dignité et de la valeur de l'individu, ce qu'Aristote nomme le « *thymos* ». Même quand le progrès scientifique lui procure toujours davantage de richesses et de bien-être, l'homme continue à se battre pour la reconnaissance de sa dignité et de sa valeur. Cette aspiration au *thymos* est, selon Fukuyama, la cause majeure du cours sanguinaire de l'Histoire. La recherche du prestige et du statut a sans cesse dressé les États les uns contre les autres, dans de terribles luttes pour la suprématie. À l'intérieur des États eux-mêmes, les esclaves et les serfs se sont battus pendant des siècles contre des hiérarchies sociales rigides qui niaient leur dignité et leur liberté.

La démocratie libérale représente un état politique final pour Fukuyama, parce qu'elle accorde d'emblée à l'individu la dignité qu'il a recherché à travers l'Histoire. Le droit de vote, l'égalité devant la loi, les libertés réglementées – telles sont les caractéristiques de la démocratie qui font d'elle « le stade ultime de l'évolution idéologique de l'humanité [et] la forme finale du gouvernement des hommes[13] ». L'homme n'a plus besoin de lutter pour sa dignité puisqu'une reconnaissance réciproque est au cœur de l'ordre démocratique et libéral. En déclarant que l'effondrement du communisme soviétique et le triomphe de la démocratie signifient la fin de l'Histoire, Fukuyama se fonde sur les textes de Friedrich Hegel, qui avait vu la fin de l'Histoire dans les révolutions américaine et française. Avec ces révolutions jumelles et les nouveaux systèmes politiques qu'elles introduisent, «Hegel affirme que l'Histoire arrive à son terme parce que l'aspiration qui en avait été le moteur – la lutte pour la reconnaissance – n'a plus de raison d'être dans une société caractérisée par la reconnaissance universelle et réciproque. Aucune autre organisation des institutions sociales ne peut mieux satisfaire cette aspiration, et aucun autre changement historique progressiste n'est donc possible[14]», écrit Fukuyama. Si les révolutions américaine et française ont constitué le commencement de la fin de l'Histoire, l'ère contemporaine met un terme à ce processus. Les principaux rivaux de la démocratie libérale (le fascisme, le socialisme et le communisme) ont tous été vaincus. Une poignée d'États sont encore immergés dans l'Histoire et agrippés au passé. Mais ils finiront par y renoncer et adopteront l'économie de marché et la démocratie libérale.

Pour passer de la fin de l'Histoire à cette nouvelle carte du monde, Fukuyama s'appuie encore une fois sur les théories d'un célèbre philosophe allemand, Emmanuel Kant, qui pensait que l'avènement du gouvernement républicain s'accompagne de la promesse d'une paix durable entre les nations. La démocratie parlementaire et l'opposition du peuple à la guerre agiraient comme des garde-fous contre les comportements agressifs. Kant pensait également que les démocraties, comme les membres d'une même famille, seraient amenées à développer des affinités entre elles.

Un certain nombre d'intellectuels contemporains, dont Fukuyama, ont repris l'idée que les démocraties peuvent coexister en paix. La logique de ce qu'il est convenu d'appeler la «paix démocratique[15]» est semblable à celle de la fin de l'Histoire. De même qu'un État démocratique libéral satisfait naturellement l'aspiration de ses citoyens à la dignité, les États démocratiques libéraux s'accordent mutuellement respect et reconnaissance, qui sont les fondements d'une paix durable. Les guerres menées pour le prestige et le statut seront reléguées aux livres d'histoire. Fukuyama écrit : « La démocratie libérale remplace le désir irrationnel d'être reconnu comme plus grand que les autres par le désir rationnel d'être reconnu comme un égal. Un monde constitué de démocraties libérales devrait donc avoir beaucoup moins de raisons de faire la guerre, puisque toutes les nations reconnaîtraient mutuellement leur légitimité[16]. »

Fukuyama divise ainsi le monde en deux groupes d'États. D'un côté, les démocraties libérales, c'est-à-dire les États qui sont parvenus au stade ultime de l'Histoire et qui ne s'engagent plus dans des compétitions stratégiques entre eux. Dans cette partie du monde post-historique, « l'axe principal d'interaction entre les États serait économique, et les anciennes règles de la *Realpolitik* perdraient de leur pertinence. [...] Le monde post-historique serait toujours divisé entre États-nations, mais ses différents nationalismes auraient fait la paix avec le libéralisme et s'exprimeraient de plus en plus dans la seule sphère privée[17] ». Dans cette famille de démocraties, la géopolitique traditionnelle de rivalité et de concurrence a définitivement disparu.

De l'autre côté se situeront les États non démocratiques. Dans leurs relations entre eux et avec les démocraties libérales, ces États resteront englués dans le passé, encore à la recherche du prestige et d'un statut, et donc toujours méchants, désagréables et enfermés dans les règles de la bonne vieille politique de la puissance. Fukuyama affirme que la nouvelle ligne de fracture du monde se situe ainsi à l'intersection des mondes post-historiques (les démocraties) et historiques (les États non démocratiques). Le fait que la démocratie libérale et la zone de paix démocratique s'élargissent « ne signifie absolument pas la fin des conflits internationaux *en soi*. Car le monde, à ce stade-là, serait divisé entre un bloc historique et un bloc post-historique. Les conflits entre États qui sont restés dans le groupe historique, ainsi que ceux entre ces États et ceux qui vivent la fin de l'Histoire, seraient toujours possibles[18] ».

La priorité de la stratégie globale des États-Unis, toujours d'après Fukuyama, doit être l'élargissement de la zone des démocraties, afin d'effacer la seule ligne de fracture restante dans le monde et de parachever le processus de la fin de l'Histoire. L'expansion des marchés mondiaux et la libéralisation de l'économie offrent les meilleures perspectives pour mener à bien cette tâche. En attendant, les États-Unis et leurs camarades les démocraties, même s'ils peuvent couler des jours heureux dans l'âge post-historique, doivent rester vigilants face aux menaces potentielles issues des États qui sont restés dans l'Histoire.

Pour Fukuyama, deux évolutions sont susceptibles de venir modifier cette carte du monde et relancer la marche de l'Histoire. Les citoyens des démocraties libérales finiront peut-être par trouver la fin de l'Histoire ennuyeuse et monotone, ce qui les pousserait alors à trouver de nouveaux défis. La recherche de la dignité et de la reconnaissance est peut-être sans fin et constitue un trait fondamental de l'expérience humaine. Malgré la satisfaction d'avoir mis un terme à l'Histoire, la vie sans lutte peut tout simplement devenir insipide. Par ailleurs, les progrès de la science et le développement des moyens biotechnologiques capables de modifier les codes génétiques changeraient l'homme et les pulsions qui déterminent son comportement[19]. Si la science parvient à changer la nature humaine, rien ne va plus ! En dehors de ces hypothèses extrêmes, Fukuyama pense que la démocratie continuera de gagner du terrain, que la fin de l'Histoire se rapproche, et que toutes les cartes géopolitiques du monde appartiendront à un passé révolu.

Mearsheimer est un réaliste pur et dur. Il affirme clairement que « la distribution et la nature de la puissance militaire sont les causes fondamentales de la guerre et de la paix[20] ». La distribution de la puissance provoquée par la fin de la guerre froide finira, dit-il, par provoquer le retour à un monde multipolaire. Sans la présence d'un adversaire majeur capable de l'inciter à s'engager sur le plan international, l'Amérique finira par se retirer de l'Europe et de l'Asie orientale, et créera par là même des rivalités dans les deux régions[21]. L'Allemagne redeviendra l'État dominant en Europe et troublera la paix de ses voisins en cherchant à combler le vide provoqué à l'est par le retrait de la Russie. Des conflits de frontières et entre minorités apparaîtront en Europe centrale, et les États qui y seront impliqués feront appel à une aide extérieure et auront donc « de bonnes raisons d'attirer les grandes puissances dans leurs conflits locaux[22] ». Selon Mearsheimer, les passions nationalistes ont toutes les chances de se réveiller, et feront vite retomber l'Europe dans un « système d'États qui a, dans le passé, produit de sérieuses causes d'agression[23] ». Il prévoit de la même manière le retour des rivalités nationales en Asie orientale.

Il regrette la fin de la guerre froide dans la mesure où la bipolarité produite par l'opposition Est-Ouest était, par nature, plus stable que le monde multipolaire qui va lui succéder. Trois raisons expliquent sa préférence pour la bipolarité : un monde où il n'y a que deux blocs ne présente qu'une seule ligne de fracture au lieu de plusieurs ; la bipolarité a tendance à créer un certain équilibre des forces entre des alliances fixes au lieu de déséquilibres au sein d'alliances changeantes ; enfin, les systèmes bipolaires sont moins compliqués et moins imprévisibles que les systèmes multipolaires, ce qui réduit les chances de conflits et de mauvais calculs.

Sa carte de l'avenir ressemble à s'y méprendre à celle de l'époque antérieure à la guerre froide avec des lignes de fracture entre les principaux États-nations du monde et un système international de plus en plus conflictuel.

Mearsheimer reproche à Fukuyama et à d'autres, « qui estiment que les conflits armés au sein des États européens sont à présent impensables », de « projeter sur l'avenir un optimisme injustifié[24] ». Selon lui, il n'y a pas suffisamment de preuves historiques pour affirmer que les démocraties n'entreront pas en guerre les unes contre les autres, et il récuse la théorie du lien que certains ont établi entre le gouvernement représentatif et un comportement pacifique : « Les masses, qu'elles appartiennent à un pays démocratique ou non, peuvent être profondément gagnées par une ferveur nationaliste ou religieuse qui les prédispose à soutenir une agression, et être totalement indifférentes au prix à payer[25]. »

Il rejette également l'idée selon laquelle l'UE maintiendra l'entente entre les principaux États-nations en Europe, puisque l'intégration a été rendue possible grâce à la menace de l'Union soviétique et à l'influence pacificatrice des États-Unis sur l'Europe occidentale. « Sans une menace soviétique commune ou un veilleur de nuit américain, les États d'Europe occidentale continueront de se considérer mutuellement avec une méfiance constante, comme ils l'ont fait pendant des siècles avant la guerre froide[26]. » Loin de se rapprocher les uns des autres pour répondre à l'intérêt déclinant des États-Unis à l'égard de l'Europe, l'UE se déchirera et « l'Allemagne, la France, la Grande-Bretagne, et peut-être l'Italie, assumeront à nouveau le statut de grande puissance[27] ».

Face à cette perspective peu engageante, Mearsheimer presse les États-Unis d'entretenir la confrontation de la guerre froide – même à un niveau d'antagonisme réduit – comme moyen d'étendre la bipolarité. Conscient qu'une telle proposition ne recueillerait guère les faveurs des hommes politiques, il défend l'idée d'une prolifération contrôlée des armes nucléaires afin de stabiliser la multipolarité en augmentant la force de la dissuasion. « La prolifération devrait, dans l'idéal, s'arrêter avec l'Allemagne », recommande Mearsheimer, parce que « l'Allemagne aurait certainement un sentiment d'insécurité sans armes nucléaires, et si tel était le cas, ses impressionnantes forces conventionnelles lui donneraient certainement les moyens de perturber la tranquillité de l'Europe[28] ». S'ils étaient toutefois incapables de limiter la prolifération, les États-Unis et les autres puissances nucléaires devraient fournir une assistance technique aux pays qui cherchent à développer une force nucléaire en toute sécurité. Mearsheimer presse également les États-Unis et la Grande-Bretagne de maintenir des forces conventionnelles prêtes à intervenir sur le continent européen « pour contrer activement et efficacement tout agresseur éventuel[29] ».

Si Samuel Huntington ne prévoit pas le retour des rivalités chez les États-nations traditionnels, il partage néanmoins le pessimisme de Mearsheimer quant à l'avenir. Comme Fukuyama, Huntington est un champion de la démocratie libérale à l'américaine qui a, selon lui, un bel avenir devant elle. Mais, à la différence de Fukuyama, il ne pense pas que les autres pays soient attirés par les valeurs et la politique de l'Occident. Au lieu de considérer l'attrait de la démocratie libérale comme universel, Huntington croit que les cultures non occidentales feront leur propre chemin et apprécieront de moins en moins les efforts de l'Amérique visant à recréer le monde à son image. Faute d'adopter avec enthousiasme le modèle de démocratie libérale et d'élargir la zone de paix démocratique, ces États s'uniront contre l'Occident, et les divisions culturelles deviendront des fractures géopolitiques. C'est le « choc des civilisations », et non « la fin de l'Histoire », qui nous attend.

Une civilisation, selon Huntington, est « la forme la plus élevée de regroupement culturel et la notion la plus large d'identité culturelle dont disposent les hommes pour se distinguer des autres espèces animales[30] ». La civilisation et la culture renvoient toutes deux aux habitudes de vie d'un peuple. Les individus qui font partie de la même civilisation partagent des valeurs, des normes et des modes de penser. Bien qu'elles changent avec le temps, les civilisations font preuve d'une endurance impressionnante et sont les « formes les plus pérennes d'association humaine[31] ». Aujourd'hui, les peuples du monde se répartissent entre huit groupes culturels principaux : le groupe occidental, le groupe confucéen, le groupe japonais, le groupe islamique, le groupe hindou, le groupe slave orthodoxe, le groupe latino-américain et, enfin, le groupe africain. « Les conflits les plus importants de l'avenir, avertit Huntington, se produiront le long des lignes de fractures qui séparent ces civilisations[32]. »

Huntington soutient que les civilisations sont d'une importance géopolitique croissante pour deux raisons. Tout d'abord, il montre que les divergences idéologiques de la guerre froide sont loin d'avoir disparu et ont fait apparaître des différences culturelles plus fondamentales jusqu'alors masquées par la division du monde en deux blocs rivaux. Selon lui, « le rideau de velours de la culture » est en train de remplacer le « rideau de fer de l'idéologie »[33]. Alors que la rigidité idéologique de la guerre froide s'estompe, les États et leurs peuples sont guidés par les valeurs et les modes de pensée inscrits dans leurs cultures propres. Et ces modèles culturels varient considérablement d'une civilisation à l'autre. Les valeurs phares de l'Occident (liberté, individualisme, protections constitutionnelles, droits de l'homme) ne trouvent guère de terrain fertile dans la plupart des autres civilisations du monde. Les peuples des autres cultures sont tout simplement différents.

Ensuite, il avance que les tendances mondiales dressent les civilisations les unes contre les autres, sans les rassembler. La modernisation économique, Internet et le marché mondial peuvent améliorer le niveau de vie dans de nombreuses parties du monde. Mais la mondialisation et le rythme du changement qui s'ensuit sont également perturbants et déconcertants. Pour retrouver leurs repères, les hommes se tournent vers des traditions plus proches et provoquent un retour vers la religion et leurs racines. L'attrait du fondamentalisme islamique dans le monde musulman, la découverte de la « voie asiatique » dans l'Asie du Sud-Est et la culture de l'identité «eura-sienne» de la Russie sont les signes de ce renouveau du lien entre la culture et la politique. La mondialisation promet d'intensifier ce retour à la culture et à la religion dans les années à venir, et rend ce constat inévitable: «Le choc des civilisations dominera la politique[34].» Sur la carte du monde de Huntington, «les lignes de fracture entre les civilisations seront les batailles de demain[35]».

Le pessimisme sous-jacent de Huntington est renforcé par sa conviction que les civilisations ne sont pas seule-ment vouées à entrer en conflit entre elles mais qu'elles sont vouées à entrer en conflit avec l'Occident en parti-culier. En plus d'être la plus puissante, la civilisation occidentale est aussi celle qui cherche à imposer sa culture et ses valeurs au reste du monde. «Les efforts de l'Occident pour promouvoir la démocratie et le libé-ralisme au rang de valeurs universelles, pour maintenir sa suprématie militaire et pour promouvoir ses intérêts économiques provoquent des réponses alternatives de la part d'autres civilisations[36].» Huntington s'inquiète tout particulièrement d'un lien entre les sociétés confucéennes et islamiques. Une Chine en plein essor, alliée aux régi-mes du monde islamique hostiles à l'Occident, donne-rait naissance à un cocktail explosif. «Un lieu de conflit majeur dans un avenir proche, dit-il, se trouvera entre l'Occident et plusieurs États islamico-confucéens[37].»

Selon Huntington, les États-Unis devraient développer une stratégie globale visant à protéger l'Occident de tous ses adversaires, tout en cherchant à prévenir les conflits le long des principales lignes de fracture. «La survie de l'Occident dépend de la réaffirmation par les Américains de leur identité occidentale, de l'acceptation par les Occi-dentaux du fait que leur civilisation est unique plutôt qu'universelle, et de leur union pour la renouveler et la renforcer face aux défis posés par les sociétés non occidentales[38]. » Pour contrer le lien naissant entre le monde confucéen et le monde islamique, il invite les États-Unis à limiter la puissance militaire de la Chine et des États islamiques et à chercher à profiter des occasions qui se présenteront pour exploiter les différences culturelles et politiques entre ces deux civilisations. En même temps, les États-Unis devront faire l'effort de mieux comprendre les autres cultures, « qui devront chacune apprendre à coexister avec les autres[39] ». Dans le meilleur des cas, ils peuvent espérer – mais le chemin est encore long – une tolérance mutuelle et une coexistence pacifique.

Paul Kennedy et Robert Kaplan ont, *a priori*, peu de choses en commun. Kennedy, éminent universitaire à Yale, est un expert mondialement reconnu de l'histoire militaire et diplomatique de l'Empire britannique. Il est l'auteur de nombreux ouvrages de recherche, dont le best-seller *Naissance et Déclin des grandes puissances*[40]. Alors que Kennedy fréquente les séminaires des meilleurs collèges de Yale, Robert Kaplan se promène dans les bidonvilles les plus sinistres de la planète. Depuis l'Afrique, le Moyen-Orient ou l'Asie, il envoie ses reportages sur le malheur des déshérités, des malades et des désespérés. Ses célèbres récits de voyage – *Balkan Ghosts* et *The Ends of the Earth*[41] – ont connu un très grand succès.

En dépit de leurs différences, Kennedy et Kaplan ont présenté des idées concordantes sur ce que pourrait être la carte du monde de l'Amérique. Tous deux ont identifié la même ligne de fracture entre les pays riches du Nord et les pays pauvres du Sud. Selon Kennedy (et son coauteur Matthew Connelly), nous nous dirigeons vers « un monde de deux "camps", le Nord et le Sud, séparés et inégaux[42]». D'un côté de la ligne de fracture, il y aura «un nombre relativement restreint de sociétés, riches, satisfaites, et démographiquement stagnantes». De l'autre, il y aura «un grand nombre de nations accablées par la pauvreté, aux ressources vidées, dont les populations doublent tous les vingt-cinq mois ou moins. [...] La question de savoir quels rapports existeront entre ceux qui se trouvent de chaque côté de ces lignes de partage régionales ou intercontinentales... éclipse toutes les autres questions de relations internationales[43]». Et sur cette question primordiale, Kennedy est tout sauf optimiste. «Une explosion démographique d'un côté et une explosion technologique de l'autre, prévient-il, ne sont pas les ingrédients d'un ordre international stable[44].»

Kaplan prévoit également une fracture «entre le Nord et le Sud, [...] et un monde à deux têtes, divisé entre des sociétés comme les nôtres, produisant des biens et des services dont le reste du monde a besoin, et celles qui sont embourbées dans diverses formes de chaos[45]». Pour l'aider à dresser sa nouvelle carte du monde, il cite le spécialiste de sciences politiques Thomas Fraser Homer Dixon: «Pensez à une longue limousine dans les rues défoncées de New York où vivent les mendiants sans abri. À l'intérieur de la limousine se trouvent les régions postindustrielles et climatisées de l'Amérique du Nord, de l'Europe, et des pays émergents du Pacifique et de quelques autres endroits isolés, avec leurs sommets chroniques pour le libre-échange et leurs autoroutes de l'information. À l'extérieur, le reste de l'humanité va dans une direction complètement opposée[46].»

Au lieu de disparaître de la carte géopolitique dans une spirale où la famine, la maladie et la criminalité les entraînent vers l'abîme, les États du Sud vont faire peser la menace stratégique la plus sérieuse sur le monde industrialisé. Kennedy et Kaplan développent plusieurs arguments qui démontrent que la fracture socio-économique actuelle va vite devenir une fracture géopolitique.

Kennedy, dans ses premiers textes du moins, s'inquiète surtout des migrations massives. Les populations vont continuer d'augmenter rapidement, en portant atteinte à l'environnement et en atteignant rapidement les limites des ressources locales. Alors que les conditions de vie se détériorent dans de nombreux pays d'Afrique, les habitants vont ramasser leurs affaires pour partir vers le Nord, où ils trouveront de la nourriture, de l'eau, et, pensent-ils, la perspective d'une maison et d'une voiture. En radeau, en autocar, au fond des cales de cargos ou à pied, ils viendront, et par millions. Les pays industrialisés auront alors le choix entre deux solutions : être submergés ou utiliser la force pour repousser les vagues d'immigrants. Selon Kennedy, « les riches devront se battre, et les pauvres devront mourir pour que la migration de masse ne nous écrase pas[47] ».

Dans un texte postérieur, Kennedy (et ses coauteurs Robert Chase et Emily Hill) semble moins alarmiste sur la perspective d'un raz de marée formé par des hordes de réfugiés. Son attention se porte plutôt sur des ondes d'instabilité successives qui accompagneraient l'effondrement des puissances régionales – appelées « États pivots ». Un État pivot est un grand pays au centre d'une région qui, s'il devenait le théâtre de désordres intérieurs, serait un « point chaud qui pourrait non seulement déterminer le destin de sa région, mais aussi affecter la stabilité internationale[48] ». Les causes possibles de désordres intérieurs sont toujours les mêmes : surpopulation, migration, dégradation de l'environnement, épidémies, criminalité. Les pays qui peuvent jouer ce rôle d'État pivot sont le Mexique, le Brésil, l'Algérie, l'Égypte, l'Afrique du Sud, la Turquie, l'Inde, le Pakistan et l'Indonésie. Les États-Unis et les autres nations industrialisées ne pourraient pas se permettre de laisser un ou plusieurs de ces pays s'effondrer, car les conséquences stratégiques seraient trop graves. D'où le choix de la frontière Nord-Sud comme ligne de fracture géopolitique de l'avenir.

Pour Kaplan, l'anarchie arrivera de la même manière – à travers une migration massive et une instabilité contagieuse provoquée par l'effondrement de certains États. Pour lui, les premiers coupables sont la criminalité rampante et la misère environnementale (le manque d'eau sera particulièrement sévère). Selon ses termes, « l'anarchie criminelle » pointe à l'horizon, et l'environnement est « *la* question de sécurité nationale du début du XXIe siècle[49] ». Si l'on ajoute à cela le développement récent et violent de l'extrémisme religieux et ethnique, on voit apparaître un tiers monde à la fois chaotique, haineux et animé d'un esprit de vengeance. Ainsi, l'anarchie de Kaplan a des accents huntingtoniens, des accents antioccidentaux – que l'on pourrait qualifier d'« anarchie avec un programme ».

Sur la question des remèdes politiques, Kennedy pense qu'une action conjointe et rapide des États-Unis et de leurs principaux partenaires pourrait empêcher le Sud de sombrer dans le chaos. Les citoyens qui ont la chance de vivre dans le Nord doivent persuader leurs dirigeants de « reconnaître la nature colossale du problème mondial [du Sud], et de mettre en œuvre toute l'ingéniosité humaine, toutes les ressources et toute l'énergie dont ils disposent pour ralentir, et si possible inverser, l'accumulation des pressions que font peser sur le monde la démographie et l'environnement[50] ». Les États-Unis devraient prendre l'initiative d'élaborer un nouveau contrat Nord-Sud. Ses principaux objectifs seraient d'accroître l'aide économique au Sud, de développer la recherche consacrée aux nouvelles sources d'énergie et à l'agriculture, d'améliorer le contrôle des naissances et l'accès aux soins dans l'ensemble du tiers monde, et faire des Nations unies un meilleur outil pour prévenir et arrêter les conflits.

Kaplan est plus sceptique sur les bienfaits de l'aide économique. Et il insiste : « L'aide au développement change rarement l'histoire de manière spectaculaire. Penser que l'aide peut apporter des changements fondamentaux à l'Afrique subsaharienne, c'est adopter une position que peu de gens accepteront, en dehors d'une toute petite élite intellectuelle[51]. » Kaplan croit cependant que l'aide peut occasionnellement être décisive, et que, même quand elle ne l'est pas, elle peut « nous aider à nous réinventer en tant que nation dans le contexte d'un monde plus interdépendant[52] ». Il soutient également que les États-Unis devraient davantage s'attacher à développer les mécanismes d'alerte précoce dans le tiers monde, car le meilleur moment pour traiter une crise, c'est avant qu'elle n'éclate. Cependant, quand les mesures préventives ont échoué, l'Amérique ne devrait pas intervenir directement sans manifester une grande prudence. Seules des circonstances d'une extrême gravité, quand les enjeux stratégiques sont élevés et les risques prévisibles d'une intervention, faibles, doivent permettre aux États-Unis d'envisager une intervention militaire. « Il nous faut rester engagés, conseille Kaplan, mais dans des limites bien définies[53]. »

Thomas Friedman est le prophète de la mondialisation en Amérique. Il a utilisé sa position d'éditorialiste de politique étrangère au *New York Times* pour faire passer un seul et unique message à ses lecteurs : l'âge numérique, associé à l'élargissement des marchés, est en train de transformer le système international.

Comme Fukuyama, Friedman a une vision optimiste de l'avenir et de la capacité de la mondialisation à répandre la prospérité, la démocratie et la paix : « Le symbole du système de la guerre froide était un mur qui séparait tout le monde. Le symbole du système de la mondialisation est une toile qui réunit tout le monde[54]. » Selon lui, la mondialisation façonne « la politique intérieure et extérieure de pratiquement tous les pays » en forçant les États à jouer selon les mêmes règles s'ils veulent prospérer. Les pays qui ouvriront leurs marchés et feront le ménage dans leur système politique prospéreront, tandis que les autres seront les laissés-pour-compte de l'économie mondiale.

Pour Friedman, la mondialisation constitue « l'inexorable intégration des marchés, des États-nations et des technologies à un degré jamais encore constaté[55] ». Le marché global et les technologies numériques qui forment son infrastructure (la *Lexus* en est la métaphore) ne sont pas les seules forces à l'œuvre dans le système international : les conflits traditionnels entre les peuples et les États (l'olivier) continuent de compter. Mais, en fin de parcours, la mondialisation sera la « seule grande chose », le trait caractéristique de l'ère nouvelle. Selon les termes de Friedman, « la mondialisation n'est pas seule à avoir une influence sur les événements du monde d'aujourd'hui, mais s'il existe une étoile Polaire et une force qui anime le monde, c'est elle[56] ».

Les financiers internationaux et les dirigeants des entreprises – le «troupeau électronique» dans le jargon de Friedman – sont les principaux agents grâce auxquels le marché mondial des biens et des capitaux est en train de transformer les États et la manière dont ces derniers agissent les uns envers les autres. Le mécanisme est simple. Les États ont besoin d'attirer les capitaux internationaux pour prospérer. Avant de décider d'investir dans un pays donné, tout ce dont le troupeau électronique se préoccupe vraiment est de savoir «si le pays en question est bien câblé, si son système informatique est opérationnel et si le gouvernement peut protéger la propriété privée[57]». Si le pays réussit ce test, le troupeau électronique n'a plus qu'à appuyer sur une touche pour lui distribuer le capital nécessaire à sa croissance. S'il échoue, il ferait mieux d'être sur ses gardes. Si la Malaisie peut devenir l'enfant chéri des fonds communs de placement investis dans les marchés émergents, en revanche, sa monnaie peut partir en chute libre du jour au lendemain si les investisseurs décident de se ruer vers la sortie. Le troupeau électronique va vite et il est sans pitié.

Friedman soutient que la mondialisation enferme, en fait, tous les États dans un «corset d'or» et les encourage à adhérer à des pratiques commerciales ouvertes, à adopter des procédures comptables normalisées, à combattre la corruption et à s'engager sur la voie de la démocratie libérale. Le troupeau électronique sourit avec bienveillance aux États qui revêtent leur corset et s'attachent à l'ajuster avec soin, mais il punit sans pitié ceux qui résistent. On ne peut échapper à la logique inexorable de la mondialisation et du corset d'or qui va avec. «Si votre pays n'a pas encore ajusté le sien, avertit Friedman, on s'en chargera bientôt[58].»

La vision de Friedman sur la mondialisation s'apparente à celle de toute une littérature qui examine la capacité des institutions internationales à développer la convergence et la coopération. Là où Friedman attribue au marché le rôle principal d'impulsion derrière l'intégration économique, les institutionnalistes préfèrent se concentrer sur le pouvoir d'organisations comme l'Otan, les Nations unies et l'OMC pour inciter les États à poursuivre des politiques convergentes. Certains chercheurs se concentrent sur le pouvoir qu'ont les institutions de conclure des accords internationaux et de sanctionner les États qui ne tiennent pas leurs promesses[59]. D'autres défendent l'idée qu'une participation aux travaux des organisations internationales finit, avec le temps, par produire des normes communes et développer des coalitions entre pays[60]. D'autres encore voient les institutions comme des instruments de « pouvoir doux[61] » – c'est-à-dire comme un moyen d'élargir leur influence culturelle. Cette perspective sur les sources de la coopération et de la paix met davantage l'accent sur la mondialisation des institutions que sur celle des marchés. Mais, comme sur la carte du monde de Friedman, l'idée principale est que les réseaux mondiaux sont capables d'influencer les États et de leur imposer de fortes incitations pour adhérer aux règles communes.

L'impact de la mondialisation ne s'arrête pas à sa capacité à uniformiser les positions et le comportement de tous les États. Le corset d'or a également de puissantes implications géopolitiques. C'est ici qu'intervient la théorie de Friedman « des arches dorées de la prévention des conflits ». Une fois que le troupeau électronique aura eu raison d'un pays, cet État aura peu d'intérêt à entrer en guerre avec les autres. « Quand un pays a atteint un niveau de développement économique suffisant pour lui permettre d'avoir une classe moyenne capable de faire vivre une chaîne de McDonald's, écrit Friedman, il devient un pays McDonald's. Et les habitants des pays McDonald's n'aiment plus se battre dans des guerres, ils préfèrent faire la queue pour des hamburgers. » Alors que Fukuyama prévoit une paix démocratique, Friedman parie sur une paix capitaliste en faisant l'hypothèse que la mondialisation « accroît les incitations à ne pas faire la guerre et augmente les coûts d'une guerre à un niveau encore jamais atteint dans l'histoire »[62].

Friedman reconnaît que tous les États ne suivront pas cette règle du jeu. En dépit de la perspective de se voir sanctionner par le troupeau électronique, une poignée d'États résisteront à la mondialisation. Certains trouveront qu'elle fait peser trop de menaces sur la culture traditionnelle et se replieront. D'autres refuseront tout simplement de mettre en œuvre les réformes politiques et économiques nécessaires parce qu'elles saperont l'autorité des hommes politiques corrompus et des copains sur lesquels ils s'appuient pour gouverner. Une nouvelle fracture géopolitique, peut-être temporaire, apparaîtra entre les pays qui tirent profit des marchés mondiaux et ceux qui les combattent en refusant la libéralisation. « Aujourd'hui, il n'y a plus de premier, de deuxième ou de tiers monde, explique Friedman. Il y a simplement le "monde rapide" – le monde de la grande étendue de la plaine – et le "monde lent" – le monde de ceux qui tombent sur le bord de la route ou qui choisissent de poursuivre leur vie loin de la plaine, dans une vallée à eux, artificiellement fortifiée, car ils trouvent le monde rapide trop rapide, trop effrayant, trop uniformisant ou trop exigeant[63]. »

Toutefois, Friedman est certain que ces escargots finiront par devenir « des victimes statistiques » de l'autoroute de l'information. « Le marché est devenu la seule alternative idéologique qui reste. Une seule route. Des vitesses différentes. Mais une seule route[64]. » En fin de compte, la mondialisation produira un monde peuplé d'États capitalistes, démocratiques, experts de la Toile et poursuivant tous les mêmes intérêts.

Il reconnaît également que la mondialisation peut engendrer une seconde fracture, à l'intérieur même des États cette fois. L'intégration dans l'économie mondiale produit des gagnants et des perdants, ceux qui naviguent vers le succès avec la Toile, et ceux qui se contentent de regarder, et nourrissent de plus en plus de ressentiment. Cette situation pourrait donner lieu à des « guerres civiles entre mondialistes et antimondialistes, [...] entre les mondialistes de chaque société et les "localistes" de ces mêmes sociétés, entre ceux qui bénéficient du changement et du nouveau système et ceux qui se sentent laissés-pour-compte[65] ». De plus, « le révolté aux pleins pouvoirs » pourrait bien tirer avantage de ce même système, qu'il déteste, et le détruire en utilisant Internet pour propager des virus informatiques destructeurs. Les attentats terroristes de septembre 2001 ont confirmé les pires craintes de Friedman. « Des hommes révoltés aux pouvoirs importants [...] ont transformé nos avions civils les plus perfectionnés en missiles de croisière guidés avec la précision d'un humain – mélange diabolique de leur fanatisme et de notre technologie[66]. »

Friedman est cependant optimiste, car il considère qu'une bonne politique peut venir à bout de ces menaces. En trouvant un équilibre confortable entre la « Lexus » et l'« Olivier » – en créant des systèmes de protection sociale, en protégeant l'environnement et en permettant aux États de préserver leurs cultures à mesure qu'ils intègrent l'économie mondialisée –, la communauté internationale devrait pouvoir récolter les bénéfices de la mondialisation sans en subir ses coûts éventuels.

La fin du moment unipolaire de l'Amérique – Une nouvelle carte du monde

Fukuyama, Mearsheimer, Huntington, Kennedy, Kaplan et Friedman ont sérieusement réfléchi, et ont pris les grandes questions du jour à bras-le-corps, pour aider l'Amérique à s'orienter vers une nouvelle ère incertaine. Pourtant, leurs cartes du monde sont trompeuses – ou du moins trop éphémères pour être fiables. Bien que chacune d'entre elles rende compte d'un élément important du système international actuel, aucune ne parvient à identifier la ligne de fracture essentielle de l'avenir. Mearsheimer ne parvient pas à se libérer du passé, et offre une vision qui néglige les profonds changements de la politique mondiale. Les autres n'arrivent pas à se libérer du présent, et proposent des visions qui ne sont que des aperçus d'un moment qui n'aura qu'un temps, parce qu'ils n'ont pas compris que leurs cartes sont le reflet d'une caractéristique unique et fondamentale du monde d'aujourd'hui : la prépondérance de la puissance de l'Amérique.

Pour la carte du monde que nous proposons ici, la prédominance de l'Amérique constitue la caractéristique fondamentale de l'environnement géopolitique actuel. La nature même du système international est façonnée par la distribution du pouvoir et le nombre de pôles qui s'y affrontent. Les grandes nations luttent, par nature, pour la suprématie. L'étendue et la portée de la force des États-Unis signifient qu'il n'existe plus aujourd'hui qu'un seul pôle dans le monde. Par conséquent, il n'existe pas de lutte pour la suprématie. C'est précisément pour cette raison que l'unipolarité est plus stable et moins susceptible de provoquer des guerres que tous les autres systèmes. Et si elle ne crée pas un monde particulièrement égalitaire, comme de nombreux pays le rappellent, parfois violemment, aux États-Unis, elle prévient les rivalités entre grandes puissances, et c'est un bienfait pour tout le monde.

Après tout, les guerres les plus destructrices de l'Histoire ont eu lieu quand les grandes nations ont investi le champ de bataille pour exercer leur suprématie. Il suffit d'examiner le bilan sanglant du siècle dernier. La Première Guerre mondiale a été le fruit de la tentative de l'Allemagne de devenir la première puissance d'une Europe multipolaire. La Seconde Guerre mondiale est issue de la même dynamique avec, en plus, l'essor du Japon qui a étendu le conflit à l'Asie. La guerre froide a vu deux blocs puissants s'affronter pour la première place. Aucun autre défi n'a plus régulièrement tourmenté les hommes d'État à travers l'Histoire que celui du maintien de la paix parmi des puissances rivales.

Les moments unipolaires de l'Histoire, en revanche, correspondent aux périodes les plus pacifiques. La supériorité de Rome a fait vivre de longs siècles de paix à l'Europe et au bassin méditerranéen. Les légions romaines ont indiscutablement fait couler beaucoup de sang lorsqu'elles élargissaient les frontières de l'Empire, mais l'étendue de cette domination décourageait tout rival potentiel. Cette paix permit à l'économie et à la vie culturelle de l'Europe de s'épanouir. L'hégémonie britannique a, de la même manière, amené une période de paix et de prospérité au XIXᵉ siècle. Les rivalités internationales étaient pour la plupart contrôlées, l'économie mondiale devint plus ouverte et plus forte, la science et l'industrie allèrent de l'avant.

Nous vivons aujourd'hui dans le moment unipolaire de l'Amérique. Les États-Unis consacrent à la Défense un budget supérieur à celui de toutes les autres grandes puissances réunies. Celui qu'ils consacrent à la recherche et au développement dans le domaine de la défense dépasse celui de tous les autres pays du monde réunis. L'économie des États-Unis est plus de deux fois plus grande que celle de la deuxième économie du monde (le Japon). La capitalisation boursière d'entreprises comme Microsoft et General Electric est plus grande que l'économie de nombreux pays. La position dominante d'Hollywood est telle que les Français se trouvent contraints de légiférer pour dresser des barrières protectionnistes contre les films et les programmes de télévision américains par crainte de voir l'attraction culturelle de l'Amérique anéantir une industrie du divertissement qui a du mal à survivre. Ces asymétries rendent possible une compétition faible entre grandes puissances et assurent la paix dans la plupart des régions du monde. Les conflits frontaliers, religieux et ethniques perdurent, mais tendent à demeurer localisés. L'économie mondiale a connu une période de croissance remarquable. La biotechnologie et les systèmes d'information font continuellement l'objet d'avancées très importantes.

La stabilité relative de l'ère actuelle ne provient pas seulement des ressources dont disposent les États-Unis, mais également de leur volonté de les utiliser. Ils sont les gardiens du monde et envoient leurs soldats éteindre des incendies dans tous les recoins de la terre. Les forces américaines préservent une paix délicate en Asie orientale, en défendant la Corée du Sud contre le régime du Nord, en essayant de réduire les tensions entre la Chine et le Japon, et en tentant de soutenir l'indépendance de fait de Taiwan sans provoquer Pékin. L'Amérique maintient encore des forces importantes en Europe pour assurer la stabilité du continent. Lorsque les Balkans furent en proie à des conflits ethniques dans les années 1990, c'est l'Amérique qui est finalement venue à la rescousse. Elle a été le principal garant du contrôle de l'Irak au cours de la dernière décennie. Elle a été à la tête de la lutte contre les réseaux terroristes et leurs commanditaires en Afghanistan en 2001. Au Moyen-Orient, en Irlande du Nord, à Chypre, en Erythrée, et dans de nombreux autres points chauds du globe, Washington a joué un rôle capital pour la recherche de la paix.

Lorsqu'elle ne dirige pas ouvertement les opérations, l'Amérique fixe les règles du jeu dans la coulisse. L'Otan, le Fonds monétaire international (FMI), la Banque mondiale, le Forum de coopération économique Asie-Pacifique (Apec) et l'OMC sont toutes des organisations complexes, composées de nombreux membres et comportant des procédures de décision sophistiquées. Mais les États-Unis exercent sur elles une influence discrète tout aussi prépondérante. L'administration Clinton pensait que l'Otan devait élargir ses membres à d'autres pays et, quelques années plus tard, Washington célébrait l'entrée de la Pologne, de la Hongrie et de la Tchécoslovaquie. La Chine demandait à être membre de l'OMC, un organisme où siègent plus d'une centaine de pays, tous censés avoir une voix égale. Alors que les chances de la

Chine dépendaient principalement de la réponse à une seule question – la Chambre des représentants et le Sénat des États-Unis allaient-ils lui accorder des droits permanents en matière d'échanges commerciaux ? –, les deux Chambres les lui accordèrent en 2000. Lors de la crise financière asiatique de 1997-1998, le Japon proposa la création d'une banque asiatique spéciale pour contribuer à l'établissement d'une stabilité monétaire. Au grand regret de Tokyo, Washington lui fit savoir que c'est le FMI – où l'avis des États-Unis compte plus que celui de toute autre nation – qui se chargerait de cette question.

La suprématie américaine a aussi été un facteur de stabilité, dans la mesure où elle a permis d'identifier les effets pacificateurs d'autres grandes tendances mondiales. L'unipolarité constitue la superstructure et détermine les principales forces qui façonnent le système international. Quand la structure elle-même encourage la stabilité et calme la compétition, les forces secondaires le font également.

Il suffit de regarder la mondialisation. L'économie mondiale, en dépit de ses hauts et de ses bas, s'est considérablement développée depuis la fin de la guerre froide, et a rendu plus prospères les nombreux pays qui ont puisé dans le flux mondial des capitaux et des échanges. L'intégration dans les marchés mondiaux a encouragé la libéralisation économique et politique. Mais les effets positifs de la mondialisation sont inséparables de la puissance américaine. Le fait que les États-Unis aient conçu, gèrent et garantissent l'économie mondiale joue un rôle central dans l'attrait de la mondialisation. Le dollar est la principale monnaie de réserve. Plus de la moitié des cent premières entreprises mondiales sont américaines[67]. Le Trésor américain a un impact beaucoup plus important sur les économies nationales de nombreux pays que leurs propres ministres des Finances. Pratiquement tous les États qui peuvent participer à l'économie dirigée par l'Amérique le font – car c'est le seul jeu en vigueur. La mondialisation, *c'est* l'américanisation.

Il en va de même pour la démocratie. La démocratie est certainement préférable aux autres formes de gouvernement et elle a ses avantages propres. Mais si elle connaît un tel succès dans le monde c'est, en partie du moins, parce que la seule superpuissance est une démocratie, et, qui plus est, un prosélyte fanatique. Les États-Unis récompensent les pays qui aspirent à la démocratie en leur accordant des prêts et l'accès convoité à différentes organisations internationales. Lorsqu'elle était secrétaire d'État, Madeleine Albright déclara que la démocratie était son « étoile Polaire[68] » et invita toutes les démocraties du monde à se rassembler à Varsovie en juin 2000. Les pays qui refusent ou qui sont incapables de franchir le pas pour rejoindre la démocratie encourent sanctions et isolement et, parfois même, comme l'Irak, la Serbie et l'Afghanistan, les bombes américaines. La démocratie est donc également indissociable de l'américanisation.

L'intervention humanitaire est un autre effet indirect de l'unipolarité. Les États-Unis et leurs partenaires ont laissé passer de nombreuses occasions d'arrêter les effusions de sang et les souffrances de pays lointains. L'inaction face au génocide du Rwanda en 1994 est sans doute l'échec le plus poignant. Mais, même si c'est triste à dire, il n'y a là rien d'exceptionnel. À l'exception des pays nordiques, qui ont fait de la paix et de l'aide humanitaire une cause nationale, la plupart des gouvernements ne s'engagent que lorsque leur propre sécurité est menacée.

C'est pour cette raison que le nombre d'interventions au cours de la dernière décennie est assez remarquable. Dans un assez grand nombre de cas – en Somalie, en Haïti, en Bosnie, au Kosovo, au Timor-Oriental –, la communauté internationale est intervenue pour faire cesser le conflit et apporter une aide humanitaire. Bien que ces efforts aient souvent été tardifs et aient produit des résultats mitigés, ils ont au moins eu le mérite d'exister. L'administration Clinton a également fait tout son possible pour placer la crise du Sida en Afrique en tête des priorités de la politique étrangère de l'Amérique.

Cette générosité était un signe des temps, le produit du surplus de puissance de l'Amérique et de la stabilité qu'elle assurait dans le monde. N'ayant plus à se soucier de leur préoccupation habituelle – la lutte avec les autres États –, les grandes nations du monde ont pu se payer le luxe de se concentrer sur d'autres questions. Et même quand la menace la plus importante sur la sécurité provient de la Corée du Nord, un État au bord de l'effondrement, pourquoi ne s'attacherait-on pas à instaurer la paix au Timor-Oriental ou à endiguer le développement du Sida en Afrique ?

Les attentats terroristes contre New York et Washington ont clairement montré que la prépondérance de l'Amérique ne pouvait certainement pas assurer son invulnérabilité. Mais ces attentats ont en réalité confirmé l'étendue de l'influence des États-Unis. Al-Qaïda a dirigé sa colère contre l'Amérique précisément parce que la richesse et l'hégémonie de celle-ci en font le bouc émissaire de tous les maux du monde islamique. Parce qu'elle est présente en Arabie Saoudite, l'Amérique est une infidèle qui viole la Terre sainte. C'est l'omniprésence de sa culture corruptrice qui empêche les valeurs et la pratique de l'islam de se renforcer. Elle est également responsable des malheurs des Palestiniens et de la terrible pauvreté qui prévaut dans le monde islamique. Le moment unipolaire de l'Amérique en fait la cible principale de l'idéologie vengeresse issue d'un mélange de fanatisme religieux et de désaffection sociale. Les agressions qui en résultent répandent la destruction et l'horreur. Mais elles n'altèrent pas la structure sous-jacente du système international.

Aussi l'Amérique continue-t-elle à définir le paysage de la mondialisation. La carte géopolitique du monde d'aujourd'hui ne présente, par conséquent, aucune ligne de fracture majeure. Le terrorisme demeurera une menace même si les tentatives d'attentats sont déjouées, leurs auteurs tués, arrêtés, ou privés des ressources nécessaires à leurs opérations. Mais la lutte entre grandes puissances, qui est une menace autrement plus dangereuse, est aujourd'hui tombée en désuétude. Les États-Unis tirent de cette situation mondiale des bénéfices considérables, comme le font d'ailleurs de nombreux autres pays. C'est une bonne nouvelle. Mais il y a aussi de mauvaises nouvelles.

L'unipolarité de l'Amérique existe encore, mais pas pour longtemps. Les chiffres sont trompeurs. Sa puissance économique et militaire la placent dans une classe à part. Son influence culturelle est extraordinaire : à la fin des années 1990, *Amour, gloire et beauté* et *Alerte à Malibu* étaient les séries télévisées les plus regardées au monde, et la popularité de Michael Jordan en Chine dépassait celle de Mao. L'Amérique continuera également d'être à la tête de la révolution *high-tech* grâce à l'innovation que permet un mélange sain de capital-risque et d'esprit d'entreprise.

Néanmoins, ceux qui se penchent vers l'avenir font régulièrement la même erreur dans leurs prédictions – ils sont trop dépendants du présent. À la fin des années 1980, l'Amérique était sur le déclin. Le Japon était le numéro un, et son économie centralisée laissait loin derrière elle le consumérisme indiscipliné des États-Unis. Le siècle asiatique était sur le point de s'ouvrir. Or, à la fin des années 1990, le modèle américain n'était plus seulement accepté mais béatifié. Les marchés du laisser-faire anglo-saxon avaient triomphé de tout le reste. Ce nouveau siècle, comme le siècle dernier, serait américain.

Le problème est que les instantanés du présent donnent peu d'informations sur l'avenir. Les schémas historiques et les tendances à long terme sont beaucoup plus utiles, car ils révèlent que la prédominance économique passe au cours du temps d'une zone géographique à une autre. L'économie mondiale fera, à n'en pas douter, l'expérience de nombreux changements dans les années à venir : un jour, les États-Unis paraîtront invincibles, le lendemain, ils seront dépassés. Et peu à peu, la domination économique de l'Amérique disparaîtra.

Deux tendances irréversibles font que le moment unipolaire de l'Amérique a peu de chances de durer jusqu'à la fin de la décennie. La première est la diffusion de la puissance. Aucun pays dominant n'a jamais été capable de conserver indéfiniment son hégémonie. Au fil du temps, d'autres États les rattrapent. Cette diffusion de la force économique sera plus rapide aujourd'hui que dans le passé. Le rival de l'Amérique à court terme n'est pas un pays isolé qui essaie de la rattraper – ce qui prend du temps –, mais une Union européenne en train d'unir les ressources économiques impressionnantes dont disposent ses membres. Prises individuellement, la Grande-Breta-

gne, la France ou l'Allemagne ne pourraient probablement jamais rattraper les États-Unis, car elles n'ont ni
la population ni les ressources suffisantes. En revanche,
une fois leurs richesses réunies, auxquelles il faut ajouter les ressources de plus d'une douzaine d'autres pays
européens – et peut-être bientôt d'une Russie rétablie –,
un géant économique se profile à l'horizon.

L'UE n'est certes pas, et ne sera peut-être jamais, un
État fédéral avec un gouvernement central fort. Elle n'a
pas non plus une capacité militaire égale à ses ressources
économiques. Mais, après cinquante ans d'efforts pour
parvenir à l'intégration économique et politique, l'Europe entre sur la scène mondiale. Depuis que son marché unique s'est doté d'une monnaie unique, elle exerce
un poids collectif sur les questions de commerce international et financières comparable à celui des États-Unis.
L'euro est parti relativement bas, mais il a déjà rebondi
par rapport au dollar et a de fortes chances de devenir
l'une des principales monnaies de réserve. L'Europe est,
par ailleurs, en train de se forger une politique de défense
commune et commence à acquérir les ressources militaires nécessaires pour mener des opérations de son propre chef.

L'augmentation des ressources de l'UE et l'extension
de l'autorité de ses institutions à Bruxelles équilibreront
peu à peu l'influence des deux puissances de chaque côté
de l'Atlantique. L'Europe et l'Amérique partagent peut-
être des traditions démocratiques, mais, en devenant
plus forte et plus intégrée, l'Europe aspirera à un rôle à
la mesure de sa nouvelle stature. Que cela plaise ou non
aux États-Unis, l'Europe est en train de devenir une nouvelle puissance mondiale. L'influence de l'Amérique s'en
trouvera réduite.

Les nations de l'Asie orientale sont encore bien loin de s'engager dans le processus historique d'intégration qui a apporté la paix et la prospérité à l'Europe. Cependant, la région possède un grand potentiel économique. Le Japon a déjà une main-d'œuvre très bien formée, une base industrielle et technologique avancée, et un réseau de marchés bien développé. Une fois les réformes nécessaires accomplies, on assistera à une impressionnante croissance. Au cours de la dernière décennie, la Chine a connu un taux de croissance économique d'environ 10 % par an. La Banque mondiale estime qu'en 2020 « la Chine pourrait être le deuxième exportateur et importateur de la planète. Ses consommateurs auront peut-être un pouvoir d'achat plus élevé que ceux de l'ensemble de l'Europe. L'implication de la Chine dans les marchés financiers du monde en tant qu'utilisateur et fournisseur de capital rivalisera avec celle de la plupart des pays industrialisés[69] ». En avançant dans le siècle, l'Asie orientale, tout comme l'Europe, émergera en faisant contrepoids à l'Amérique.

La seconde tendance qui mettra un terme au moment unipolaire de l'Amérique viendra plus rapidement que l'on ne pourrait le croire. C'est l'évolution de la nature de l'internationalisme aux États-Unis. L'unipolarité repose sur l'existence d'un État qui non seulement apprécie sa prépondérance, mais est aussi disposé à user de sa position dominante pour gagner la confiance des autres et soutenir un ordre mondial consensuel. Si les États-Unis devaient se lasser d'être le protecteur en dernier ressort de la planète, ou usaient de leur puissance pour provoquer des coalitions opposées, l'unipolarité n'en disparaîtrait pas moins, quand bien même les ressources américaines demeureraient inégalées.

Le goût de moins en moins prononcé de l'Amérique pour l'engagement international – et en particulier sous une forme multilatérale – est la conséquence directe du changement de l'environnement international. Pendant la plus grande partie de son histoire, l'Amérique a évité de s'impliquer directement dans les rivalités à l'extérieur de son hémisphère. Ses dirigeants ont cru qu'elle pouvait développer son commerce sans se compromettre dans des pays lointains. La Seconde Guerre mondiale a été un moment décisif. Quand il est apparu que l'Allemagne et le Japon pouvaient devenir des agresseurs avec des visées hégémoniques, il a fallu adopter une nouvelle conception de l'internationalisme, et l'Amérique a dû s'engager directement pour instaurer un équilibre des puissances à la fois en Europe et en Asie orientale. La menace soviétique obligea par la suite les États-Unis à maintenir d'importantes forces outre-mer et de nombreux engagements institutionnels pendant tout le XXᵉ siècle.

La guerre froide est maintenant terminée et la ligne de fracture entre les deux blocs a disparu. Dans un monde sans adversaire majeur, l'Amérique ne va plus se sentir obligée de jouer le rôle du gendarme. Elle a la chance d'être naturellement protégée à l'est et à l'ouest par de vastes océans, et par des voisins bienveillants au nord et au sud. Dans ces conditions, la plupart des considérations stratégiques et politiques qui incitaient le pays à la réserve en matière d'engagement international depuis sa fondation au XVIIIᵉ siècle jusqu'à l'attaque de Pearl Harbor en 1941 sont de retour sur le devant de la scène.

Les signes du repli de l'Amérique sur elle-même apparaissent peu à peu. Les leaders des deux grands partis politiques prétendent continuer comme avant, et chacun essaie de l'emporter sur l'autre en soutenant le *leader-*

ship de leur pays et les dépenses de la Défense. Les attentats du 11 septembre ont également suspendu le retrait progressif de l'Amérique de ses positions hégémoniques. Néanmoins, son centre de gravité politique se dirige tranquillement, mais régulièrement, vers un internationalisme plus limité.

La présence stratégique américaine en Europe a été, pendant les cinq dernières décennies, le dispositif central de la politique de sécurité des États-Unis. Ceux-ci sont intervenus en Bosnie, au Kosovo, et ont ainsi donné l'impression de vouloir continuer à être les pacificateurs de l'Europe. Mais sous cette surface, une image bien différente se fait jour. Les Américains et leurs élus prennent conscience qu'une Europe riche et pacifiée devrait être capable de se prendre en charge. C'est pourquoi la principale réaction du Sénat américain face à la guerre du Kosovo a été de voter à l'unanimité une résolution déplorant « les graves insuffisances » de la capacité de défense européenne et pressant l'UE de rectifier « le déséquilibre général » à l'intérieur de l'Alliance atlantique[70]. C'est également la raison pour laquelle l'ancien secrétaire d'État Henry Kissinger, que l'on ne saurait qualifier d'isolationniste, a déclaré avant que ne commence la campagne de bombardements au Kosovo : « Le déploiement [de troupes américaines] au Kosovo ne répond pas à la moindre menace envers les États-Unis au sens traditionnel du terme. [...] Si le Kosovo présente un problème de sécurité, c'est pour l'Europe, essentiellement en raison de l'afflux de réfugiés provoqué par le conflit. Le Kosovo n'est pas plus une menace pour l'Amérique qu'Haïti ne l'est pour l'Europe[71]. » La campagne ambivalente, limitée aux opérations aériennes, conduite par Clinton au Kosovo, ainsi que le désir de l'administration Bush de rappeler les forces américaines des Balkans annoncent clairement la fin du rôle de principal protecteur qu'assume l'Amérique en Europe.

L'internationalisme décroissant de l'Amérique n'est pas le produit d'un déclin politique ni le signe d'un retour à un isolationnisme illusoire et sombre qui a si douloureusement égaré la nation par le passé. C'est la conséquence logique de l'époque, de sa situation géographique, et d'un environnement stratégique dans lequel les attentats terroristes contre la patrie, et non les guerres hégémoniques en Europe ou en Asie, représentent la menace la plus immédiate pour le pays. La politique de la nation est en train de s'adapter aux réalités géopolitiques.

Dans le même temps, un internationalisme sur le déclin risque de verser dans un isolationnisme dangereux. C'est en particulier à cause de la sécurité que lui procure sa situation géographique que la tentation est grande pour l'Amérique de vouloir protéger sa sécurité en abandonnant des engagements susceptibles de la menacer. Cette tentation et celle d'un isolationnisme qui a toujours influencé la politique étrangère des États-Unis depuis la fondation de la république risque de pousser le pays trop loin dans la réduction de son rôle international. Réduire les engagements internationaux de l'Amérique est une chose inévitable, et cela peut être accompli progressivement et avec une préparation adaptée pour minimiser les risques encourus. Mais un retrait américain des affaires du monde est tout autre chose. Les conséquences seraient redoutables dans la mesure où la stabilité mondiale dépend précisément aujourd'hui de la puissance et des objectifs de ce pays.

L'unilatéralisme croissant de l'Amérique est également préoccupant. Si l'engagement des États-Unis dans la gestion de l'ordre international sera vraisemblablement réduit, il sera également de plus en plus unilatéral. Il suffit d'observer le sort réservé au protocole de Kyoto sur le réchauffement de la planète ou au traité ABM sur les missiles antibalistiques. Au cours de ses cinq premiers mois de présidence, George W. Bush, sans même consulter au préalable les parties concernées, a annoncé le retrait des États-Unis des deux traités. À propos du protocole de Kyoto, Bush n'a même pas cherché à cacher son égoïsme : « Nous ne ferons rien qui puisse nuire à notre économie, parce que la première de nos priorités, ce sont les gens qui vivent en Amérique[72]. » Quant au sort du traité ABM, l'administration a entrepris des consultations avec de nombreux pays mais seulement après avoir fait connaître son intention d'abandonner le traité sur le contrôle des armes. En août 2001, Bush déclara alors : « Nous nous retirerons du traité ABM à une date et selon un calendrier qui sera le plus approprié pour l'Amérique[73]. » En décembre, Bush tint sa promesse.

Les Européens réagirent à ces décisions avec un mélange d'inquiétude et de dépit, et n'hésitèrent pas à en faire part au Président lors de sa première visite en Europe au cours de l'été de 2001. Un sondage effectué cet été-là, en Allemagne, en Italie et en Grande-Bretagne, révéla l'existence d'une forte opposition à la politique extérieure de Bush. Près de 85 % des réponses désapprouvaient sa décision de se retirer du protocole de Kyoto, alors que 70 % étaient contre son intention de résilier le traité ABM et de développer un système de missiles de défense. 78 % des personnes interrogées pensaient que Bush prenait ses décisions « uniquement en fonction des intérêts des États-Unis » sans prendre en considération ceux de l'Europe[74]. L'UE est en passe de devenir non seulement un contrepoids à l'Amérique, mais un contrepoids en colère.

Comme dans le passé, le penchant unilatéraliste de l'Amérique provient de la crainte de voir les institutions internationales empiéter sur la souveraineté de la nation et réduire ses marges de manœuvre. Ce réflexe s'est développé, en partie parce que les contraintes imposées par la guerre froide ont disparu. La politique électorale joue également son rôle dans la mesure où les républicains conservateurs, en particulier ceux du centre du pays qui constituent l'électorat principal de Bush, sont parmi les plus ardents partisans d'une politique extérieure unilatéraliste. L'Amérique va également se tourner vers l'unilatéralisme à cause du dépit qu'elle éprouve de ne plus pouvoir imposer sa vision aussi souvent que par le passé. Habituée à mener le jeu, elle fera certainement cavalier seul lorsque les autres États refuseront de suivre Washington – ce que les Européens et d'autres n'hésiteront pas à faire de plus en plus souvent.

Au lendemain des attentats du 11 septembre, l'Amérique semblait avoir redécouvert le multilatéralisme et l'internationalisme. Toutefois, la lutte contre le terrorisme ne façonne pas des alliances durables. L'Amérique a réuni une coalition impressionnante, mais elle a été pratiquement la seule à mener la campagne militaire contre les talibans et Al-Qaïda. Quelques jours après le début de la campagne militaire, cinquante-six nations islamiques se réunirent au Qatar et déclarèrent, dans un communiqué, que « la conférence [rejetait] toute attaque contre tout État arabe ou islamique sous prétexte de lutte contre le terrorisme[75] ». Les questions qui avant le 11 septembre divisaient l'Amérique, l'Europe, la Russie et la Chine n'ont pas disparu, elles ont simplement été masquées par une solidarité temporaire, comme l'a illustré la guerre solitaire de l'Amérique en Irak. Et même si la longue lutte contre la terreur continue, les menaces dissymétriques que font peser les États voyous et les cellules terroristes vont pousser les États-Unis à se protéger de ces lointains dangers en faisant appel à des missiles de défense, des patrouilles de garde-côtes, au renforcement des contrôles aux frontières et à une sécurité intérieure renforcée. La défense du territoire étant devenue la première priorité, l'Amérique risque beaucoup plus de se désengager d'autres missions, de chercher à réduire le poids de ses obligations extérieures et de demander une participation accrue aux autres pays.

La combinaison de l'unilatéralisme et de l'isolationnisme vers laquelle semble se diriger l'Amérique promet d'être un mélange dangereux. Par sa manière hautaine de faire cavalier seul, elle risque un jour de s'aliéner ses partenaires. Si elle devait en plus les livrer à leur propre sort en se retirant d'un système international qu'elle ne parvient plus à contrôler, elle risquerait de se retrouver bien isolée le jour où il lui faudrait demander l'aide d'autres pays pour faire face à de nouveaux défis.

C'est précisément parce que ce scénario peut se réaliser que les États-Unis doivent se préparer, tout comme le reste du monde, à une nouvelle forme d'internationalisme américain, beaucoup plus sélectif. Il est préférable pour Washington de concevoir un internationalisme mesuré et solide qui rassemble le soutien du peuple américain que de louvoyer sans cesse entre l'unilatéralisme et l'isolationnisme. Si les États-Unis doivent trouver une nouvelle forme d'internationalisme libéral, rassembler le soutien nécessaire de l'opinion, renforcer les institutions internationales indispensables au maintien de la stabilité et se préparer avec leurs alliés à un partenariat plus équitable, c'est à Washington de poser les premières pierres de ce chantier.

Ajoutez à l'essor de l'Europe et de l'Asie un internationalisme désabusé et sur le déclin aux États-Unis, et il devient clair que le moment unipolaire de l'Amérique touche à sa fin. La domination de l'Amérique et son inclination pour un internationalisme libéral ont atteint leur apogée et tous deux seront amenés à disparaître au cours de la décennie à venir. À mesure que l'unipolarité cède le terrain à la multipolarité, la concurrence stratégique, actuellement tenue en sommeil par l'hégémonie américaine, reprendra de plus belle si l'Amérique laisse libre cours à ses réflexes unilatéralistes. Déstabilisés par la fin de l'hégémonie américaine, les processus de mondialisation et de démocratisation auront alors toutes les chances de vaciller, tout comme les institutions internationales dont le bon fonctionnement dépend aujourd'hui de Washington. Les lignes de fracture géopolitiques réapparaîtront entre les puissances de l'Amérique du Nord, de l'Europe et de l'Asie orientale. La stratégie globale des États-Unis fera face à un nouveau défi, celui de gérer et d'apaiser les menaces créées par les nouvelles lignes de fracture.

Les chapitres qui suivent élaborent cette carte du monde et montrent en quoi elle pourra constituer un meilleur guide pour l'avenir que les autres cartes. On peut toutefois restreindre le champ de la réflexion en laissant de côté dès le départ trois des cartes mentionnées : celle de Huntington, celle de Kennedy et Kaplan et, enfin, celle de Mearsheimer.

La carte du monde dressée par Huntington comporte plusieurs faiblesses. L'idée d'un affrontement entre l'Occident et les autres cultures ne s'appuie pas sur des preuves suffisantes, même si, au cours de la dernière décennie, les conditions favorables à la formation de groupes antiaméricains ont été souvent réunies. Les États-Unis sont au faîte de leur puissance, et les démocraties avancées profitent beaucoup plus nettement de la mondialisation que les autres parties du monde. Le ressentiment à l'égard de l'Occident devrait susciter la formation de coalitions entre les civilisations non occidentales. Le fait qu'aucune coalition de ce type ne soit apparue porte un coup sévère à sa thèse.

Observons les événements de 1999 du point de vue d'un orthodoxe, d'un confucéen ou d'un musulman. L'Amérique déployait sa force militaire pratiquement partout. Elle élargissait l'Alliance atlantique en dépit des fortes objections de Moscou, et enfonçait ainsi une épine dans la Russie orthodoxe qui venait de perdre son empire. Les États-Unis entraînèrent l'Alliance dans la guerre contre la Serbie, ce qui constituait un nouvel affront pour les orthodoxes slaves. L'Otan a, de plus, agi sans l'accord des Nations unies, contrevenant ainsi à la lettre de la loi, sinon à son esprit. Au milieu du conflit, des bombes à guidage de haute précision lâchées par les bombardiers américains vinrent pulvériser une aile de l'ambassade de Chine à Belgrade, tandis que Washington continuait de réprimander Pékin pour ses mesures répressives et ses menaces à l'encontre de Taiwan. De l'autre côté de la planète, l'aviation américaine poursuivait ses frappes contre les cibles irakiennes, commencées presque dix ans auparavant. Et Washington soutenait, sans grand enthousiasme il est vrai, le gouvernement de droite israélien de Benjamin Netanyahou qui mettait à mal le processus de paix avec les Palestiniens. Tous les ingrédients étaient réunis pour déclencher la colère collective des orthodoxes, des confucéens et des musulmans.

Ces civilisations blessées se sont-elles pour autant rassemblées dans une alliance antiaméricaine en colère ? Le reste du monde a-t-il fourbi ses armes pour la bataille contre l'Occident ? Rien de tout cela. Les Russes ne levèrent même pas le petit doigt pour leurs frères serbes et finirent même par aider les Américains, en faisant pression sur Milosevic pour qu'il retire son armée du Kosovo. Quelques mois plus tard, après la fin du conflit, Moscou et Pékin s'efforçaient de normaliser leurs relations avec Washington. Et la plupart des pays arabes, loin d'organiser le djihad contre l'Amérique, ont maintenu leurs distances avec Saddam Hussein et n'ont pas fait grand-chose pour venir en aide à leurs frères palestiniens.

Si la carte du monde de Huntington avait été la bonne, des coalitions culturelles seraient également en train de se former contre l'Amérique pour une autre raison : les régions en voie de développement ne font plus l'objet de rivalités entre l'Est et l'Ouest. Pendant la guerre froide, les États-Unis et l'Union soviétique jouaient les États régionaux les uns contre les autres. L'Arabie Saoudite contre la Syrie, l'Irak contre l'Iran, la Corée du Nord contre la Corée du Sud, le Japon contre la Chine, l'Éthiopie contre la Somalie. La guerre froide, très souvent, ne laissait guère de chances à une entente entre pays voisins de cultures similaires. Washington et Moscou suivaient le même principe : diviser pour mieux régner.

Avec la chute de l'Union soviétique, les États-Unis ont utilisé leurs bons offices pour résoudre les conflits régionaux plutôt que pour les attiser. Sous Clinton, en particulier, les diplomates américains étaient impliqués dans la médiation de conflits dans presque tous les coins du monde. Pourtant, de nombreux conflits régionaux continuent de couver, et les affinités culturelles ne jouent guère de rôle pacificateur ou unificateur. La péninsule coréenne demeure divisée. Les rivalités politiques et les tensions ethniques continuent de déchirer l'Afrique. Le monde islamique ne montre guère de signes de cohésion plus importants, et les États du Moyen-Orient sont fréquemment en mauvais termes les uns avec les autres.

Les attentats terroristes contre New York et Washington, souvent présentés comme le signe de l'affrontement croissant entre l'Ouest et le monde islamique, ne font que confirmer ce simple constat. Au lieu de fermer les yeux sur le terrorisme, la plupart des pays du Moyen-Orient ont rapidement condamné les attentats – y compris les vieux adversaires des États-Unis, comme l'Iran et la Libye. La conférence islamique qui soulevait la question de la légitimité de la campagne de représailles contre l'Afghanistan condamna en même temps les attentats, et souligna qu'ils allaient à l'encontre des enseignements de l'Islam. Un groupe de religieux musulmans, qui comprenait une autorité respectée par les militants, prononça une *fatwa* dénonçant les attentats terroristes et précisa qu'il était du « devoir » des musulmans d'aider à appréhender leurs auteurs[76]. En dépit des risques que prennent pratiquement tous les États islamiques en coopérant ouvertement avec les États-Unis, de nombreux pays du Moyen-Orient et de l'Asie du Sud-Ouest leur offrirent l'accès à leurs bases, à leurs installations militaires et à leur espace aérien. Un tel soutien contribua à dissiper l'idée que, en menant une action de représailles,

les États-Unis s'attaquaient à la civilisation islamique. L'engagement des forces américaines à trois reprises au cours des années 1990 pour défendre des peuples musulmans – au Koweït, en Bosnie et au Kosovo – est venu contrer ce mythe. Nonobstant les discours d'Oussama ben Laden et de ses compagnons de route, le conflit permanent entre les États-Unis et les islamistes radicaux ne représente pas un choc des civilisations. Au contraire, le clivage fondamental qui nourrit le terrorisme du Moyen-Orient se trouve à l'intérieur même du monde islamique. Les gouvernants de régimes illégitimes, les rivalités de clans et de factions rivales, les énormes inégalités de revenus, la pauvreté générale, le sentiment d'être des laissés-pour-compte de l'Histoire, sont les racines profondes du mécontentement qui affecte la société islamique. Les groupes extrémistes et les fanatiques religieux font de ce mécontentement leur fonds de commerce et le transforment en haine des États-Unis et de l'Occident. Mais la source profonde de cette aliénation se trouve en leur sein – la stagnation économique et politique et les fractures sociales qu'elle engendre.

Que le monde islamique n'ait pas le monopole du sentiment antiaméricain ne fait que confirmer la force de cette interprétation. Le ressentiment à l'encontre des États-Unis est peut-être plus profond au Moyen-Orient qu'ailleurs, mais des manifestations antiaméricaines ont lieu en France, en Russie, en Chine, et dans de nombreux pays d'Amérique latine. Le vrai problème n'est pas la culture américaine, mais la puissance américaine. Les puissances hégémoniques ont de tout temps été des cibles privilégiées du mécontentement, en particulier dans des pays pauvres ou dans des pays où cette

puissance hégémonique exerce un pouvoir particulièrement fort. Ce ressentiment s'avère pourtant rarement
assez fort pour dépasser les clivages internes autrement
plus vifs que ceux qui mettent aux prises les civilisations
entre elles.

L'absence remarquable de réconciliation et de cohésion
à l'intérieur des civilisations est due essentiellement aux
dissensions portant sur les questions de puissance et de
sécurité, qui l'emportent souvent sur les affinités culturelles et idéologiques pourtant susceptibles de jouer un
rôle fédérateur. La plupart des conflits dans le monde
ont fréquemment lieu entre États voisins. Car, en vertu
de leur proximité, ils menacent généralement la prospérité de l'autre, et annihilent ainsi le sentiment d'affinité
que leur culture ou leur ethnie auraient pu voir germer.
La menace est une caractéristique déterminante beaucoup plus forte de la manière dont une nation identifie
ses ennemis et choisit ses alliés que ne peuvent l'être la
culture ou l'idéologie[77].

Des partenariats possibles entre pays de cultures similaires ont de tout temps buté sur des questions de rivalités concernant la sécurité. Des aspirations panarabes
ont conduit la Syrie et l'Égypte à former la République
arabe unie en 1958. Le gouvernement syrien se retira en
1961, supportant difficilement l'influence croissante du
président égyptien Gamal Abdel Nasser. L'unité islamique n'a pareillement pu venir à bout de la rivalité stratégique entre l'Iran et l'Irak. Le sentiment de parenté
n'a guère empêché Saddam Hussein de vouloir piller
les richesses du Koweït. Le Pakistan a soutenu pendant
des années le régime des talibans en Afghanistan, mais
a complètement changé de politique en s'engageant aux
côtés de l'Amérique dans sa guerre contre le terrorisme –

et récolta les bénéfices économiques et stratégiques d'un tel soutien.

La même logique s'applique à d'autres régions. Le Japon et la Chine ont des liens culturels qui remontent à plusieurs siècles. Mais ces liens sont trop ténus pour calmer les tensions entre les deux principales nations de l'Est asiatique. De la même manière, si la géopolitique l'emporte sur les affinités culturelles, une Europe en plein essor a toutes les chances de s'engager dans une rivalité stratégique avec l'Amérique. Huntington a raison lorsqu'il prévoit de nombreux affrontements, mais ils auront lieu entre des blocs de puissance et non entre des civilisations.

La carte de Kennedy et de Kaplan souffre également de nombreux défauts. Il ne fait pas de doute que les régions du monde en développement, et l'Afrique en particulier, sont au bord d'une crise dramatique. Le Sida, la famine, la dégradation de l'environnement et la criminalité menacent réellement de transformer des régions entières en déserts.

Les nations industrialisées du Nord ont une capacité presque illimitée à se tenir à l'écart des souffrances et des conflits qui secouent le monde en voie de développement. Les États-Unis consacrent une somme dérisoire à l'aide étrangère – environ un dixième de seulement 1 % de son PIB. Et pourtant, faire voter ce budget de misère par le Congrès est chaque année une véritable prouesse qui nécessite d'infinis marchandages.

L'explication d'une situation aussi déplorable est très simple. La plupart des pays en voie de développement ont des ressources financières et industrielles minimes. Leurs capacités militaires sont par conséquent rudimentaires. C'est précisément parce qu'ils représentent une faible valeur économique et stratégique que les États-Unis et les autres pays industrialisés ignorent leur situation désespérée. En 2000, 36 % de la population du Botswana âgée de quinze à quarante-neuf ans a contracté le Sida, condamnant le pays à disparaître. Il n'y aura donc pas de ligne de fracture entre le Botswana et l'Occident.

La disparition de certains grands États en voie d'effondrement risque de provoquer des souffrances et une instabilité économique dans leur région. Comme ils l'ont fait dans le passé, les pays industrialisés leur tourneront probablement le dos. Des vagues de réfugiés se dirigeront vers le Nord, mais les nations riches fermeront les frontières et les renverront chez eux. Le mur entre le Nord et le Sud sera juste un peu plus haut.

Il est vrai que la dégradation sociale et économique du monde en développement nourrit le mécontentement des groupes qui souhaitent le malheur du Nord. Les terroristes possèdent déjà les techniques capables de franchir les barrières protectrices de l'Occident. La prolifération des armes de destruction massive rend la perspective de futurs attentats encore plus sérieuse. Mais, en dépit de tous les efforts du monde pour éliminer cette menace, les terroristes ont toutes les chances de se manifester d'une manière ou d'une autre.

Le Sud fait donc peser une menace stratégique que le Nord ne peut ignorer. Cette menace provient de groupes isolés, ou d'États voyous, et non du monde en voie de développement dans son ensemble. En conséquence, les États-Unis pourront, à l'occasion, monter une opération contre des groupes terroristes ou des États qui les hébergent – l'Afghanistan en est un exemple parfait. Il s'agira donc d'attaques isolées contre des groupes mar-

ginaux ou des régimes extrémistes, et non d'un affrontement général entre le Nord et le Sud. Et alors même que
la lutte contre le terrorisme commence à porter ses fruits,
la nature incertaine et imprévisible de la menace signi-
fiera que les barrières protectrices continueront de s'éle-
ver entre le Nord et le Sud. Des frontières renforcées, des
politiques d'immigration plus restrictives, des patrouilles
de surveillance côtière chargées de renvoyer ou de couler
des bateaux non identifiés n'annoncent pas une nouvelle
ligne de fracture géopolitique, mais seulement les efforts
renouvelés du Nord pour se protéger des périls du Sud.

Par ailleurs, si les relations Nord-Sud devaient se résu-
mer à la lutte contre le terrorisme, une contradiction ne
manquerait pas d'apparaître très rapidement. En com-
battant la terreur, l'Amérique aura en effet tendance à
s'appuyer sur des régimes conservateurs disposés à nouer
des alliances avec l'Occident. Mais nombreux sont ces
régimes – l'Arabie Saoudite est un bon exemple – qui
sont par ailleurs activement responsables du retard économique et politique de leur région. Réduire l'engagement de l'Amérique dans le Sud à une guerre contre le
terrorisme risque donc, dans un premier temps, de renforcer les gouvernements intolérants et les inégalités économiques, qui sont la source du mécontentement et de
l'extrémisme.

Mais si empêcher des groupes marginaux de porter
atteinte à l'Amérique doit être une priorité nationale,
cela ne saurait constituer le fondement d'une nouvelle
stratégie globale. Oussama ben Laden voulait transformer l'Amérique en État garnison et forcer le pays à
compromettre les libertés publiques. Il souhaitait provoquer des représailles militaires contre le monde islamique, afin de transformer un acte criminel en une nouvelle

fracture susceptible de provoquer un choc des civilisations. Il espérait dépiter l'Amérique et la contraindre à la retraite en la confrontant à un ennemi contre lequel son écrasante supériorité militaire serait sans effet. L'Amérique ne doit pas jouer le jeu des terroristes. La lutte contre la terreur exige de la patience et de la vigilance, pas de tracer une nouvelle carte du monde.

La crise imminente du Sud réclame sans aucun doute toute l'attention et les ressources de l'Occident. Mais, dans son ensemble, le Sud pose à l'Occident un problème d'aide humanitaire urgent, il ne représente pas une menace stratégique. Pour obtenir l'engagement de l'Occident dans ce combat, il vaut mieux plaider cette cause en faisant appel à la morale plutôt que de rechercher des motifs géopolitiques erronés. Le Nord devra très certainement chercher à anéantir les cellules terroristes où qu'elles se trouvent, et à tout moment. Mais la frontière Nord-Sud ne deviendra une ligne de fracture géopolitique que si l'Occident décide d'en faire une, en considérant que les pays en développement sont des zones propices au terrorisme plutôt que des lieux de souffrance qu'il convient d'aider. Aussi le Nord devra-t-il faire son possible pour venir en aide aux pays du Sud pour des raisons principalement humanitaires et non pas stratégiques.

Notre carte du monde partage de nombreux points avec celle de Mearsheimer, le réalisme étant à l'origine de nos démarches intellectuelles communes. Cela explique pourquoi les deux cartes prévoient, à terme, le retour d'une compétition géopolitique entre les grandes puissances. Mais le réalisme de Mearsheimer comporte quelques failles, ce qui nous permettra à la fois de montrer à quel endroit nos analyses divergent et de clarifier les fondements intellectuels de notre ouvrage.

La faille essentielle de l'analyse de Mearsheimer réside dans le fait qu'il ne reconnaît pas à la décision politique la capacité d'améliorer, sinon de surmonter, la logique compétitive du réalisme. Les seuls facteurs qui dessinent sa carte du monde sont la distribution et la nature de la puissance militaire. Il soutient ainsi que les États-Unis doivent chercher à maintenir la bipolarité de la guerre froide et, s'ils n'y parviennent pas, encourager la prolifération des armes nucléaires. Dans le sombre univers de Mearsheimer, la meilleure situation que l'on puisse espérer, c'est de voir les grandes puissances se retirer derrière leurs barricades, pointer leurs armes nucléaires les unes sur les autres, et espérer que la menace de destruction mutuelle soit suffisamment dissuasive.

Bien que séduisant par sa simplicité, le réalisme de Mearsheimer est trop limité, et présente donc une image de la politique internationale très vite éloignée de la réalité. Le réalisme auquel nous faisons appel est plus adapté et considère que la lutte entre les pôles constitue l'état de nature, l'équilibre vers lequel tend le système international quand il est livré à lui-même. Mais l'Histoire nous apporte des preuves irréfutables qu'il est possible de faire beaucoup mieux que de laisser l'arène internationale dériver vers cet état de nature. L'initiative et une vision à long terme permettent de pousser le système vers des solutions plus bienveillantes et contrebalancer les dynamiques de conflit qui, dans le monde de Mearsheimer, sont inévitables.

Quelques exemples suffisent pour s'en convaincre. D'après le réalisme d'un Mearsheimer, la naissance des États-Unis aurait dû entraîner une rivalité et un conflit avec la puissance hégémonique du moment, la Grande-Bretagne. Au lieu de cela, les États-Unis et la Grande-

Bretagne ont échangé des concessions et accepté de soumettre leurs différends à l'arbitrage en nouant des liens politiques très étroits. L'absence de guerre entre le rival ascendant et l'État hégémonique sur le déclin n'avait absolument rien à voir avec une dissuasion mutuelle. De la même manière, selon le réalisme de Mearsheimer, l'UE aurait déjà dû se désintégrer, victime de la rivalité géopolitique qui aurait dû envahir l'Europe après la fin de la guerre froide. Or, c'est exactement le contraire qui est arrivé. L'UE est prospère et son unité, même avec l'élargissement à l'est, devient de plus en plus forte. Au lieu de retourner à des conflits belliqueux entre intérêts particuliers, l'Allemagne a pris la tête de la construction d'une Europe qui a presque totalement éliminé les rivalités entre grandes puissances.

Mearsheimer ne parvient pas à reconnaître de tels exemples de transformation géopolitique parce que son approche intellectuelle ne lui permet précisément pas de le faire. Les États-Unis et la Grande-Bretagne ont engagé, au tournant du siècle dernier, une période de rapprochement qui a fondamentalement changé la conception que les deux pays se faisaient de leurs identités respectives et a rendu toute guerre pratiquement inimaginable. L'UE a su résister à la logique du réalisme grâce au caractère collectif des États européens, au rôle modérateur de l'intégration et des institutions, et à la culture d'une identité européenne commune. Toutes ces forces n'entrent pas dans le champ conceptuel étroit de Mearsheimer. Dénuée de toute trace d'idéalisme, sa conception du réalisme est trop sombre pour saisir ces sources profondes de l'évolution du monde.

Ses erreurs d'analyse le conduisent à faire des recommandations politiques qui négligent les opportunités qui se présentent aujourd'hui. Le défi à venir n'est pas de savoir comment ériger des barrières pour se protéger des puissances émergentes, mais de savoir comment prévenir une dérive vers la compétition qui ne manquera pas de se produire avec le déclin de l'unipolarité. Mearsheimer a raison de dire que le retour d'un monde multipolaire présente de graves dangers. Mais il a tort de jeter l'éponge dès le départ et de lancer un appel aux armes nucléaires. La perspective d'un retour à la multipolarité devrait plutôt servir à lancer un appel aux armes conceptuelles et à susciter une prise de conscience pour entreprendre les efforts urgents qui permettront de maîtriser les instincts de compétition que ce nouveau paysage viendra réveiller. Le fait que la logique du réalisme soit omniprésente, mais qu'elle peut néanmoins être surmontée, est l'idée centrale qui limite la pertinence de la carte de Mearsheimer et qui sert de fondement intellectuel et d'ambition à cet ouvrage.

L'argumentation de Fukuyama et de Friedman est plus compliquée. Leurs conceptions de la démocratie et de la mondialisation s'opposent à la thèse centrale de cet ouvrage qui affirme que le retour de la multipolarité impliquera la réapparition de lignes de fractures géopolitiques et le retour de rivalités mondiales. Fukuyama dit qu'il n'y a pas de quoi s'inquiéter, car un monde de démocraties, même si elles sont multipolaires, sera un monde stable et paisible. Les démocraties, après tout, ne s'engagent pas dans des conflits géopolitiques entre elles. Friedman est d'accord pour dire que dans le monde globalisé d'aujourd'hui, la multipolarité ne jouera pas le même rôle que par le passé. Les grandes puissances seront trop interdépendantes, trop semblables et trop occupées à surfer sur Internet pour s'embarrasser de compétition géopolitique.

Alors que les universitaires et les hommes politiques continuent d'avoir confiance dans les effets bienfaiteurs de la démocratisation et de la mondialisation, il convient d'examiner avec soin ces arguments qui font autorité pour s'assurer que notre carte du monde et la stratégie globale qui en découle sont pertinentes. C'est le propos du chapitre qui suit.

La fausse promesse de la mondialisation et de la démocratie

La grande dépression des années 1930 a été un événement déterminant pour l'Amérique et le monde. La mondialisation de l'économie propagea rapidement à l'Europe et à l'Asie l'onde de choc de l'effondrement de Wall Street, provoquant la chute en chaîne des économies nationales. Le commerce international tomba au point mort et les monnaies plongèrent. Le chaos social qui s'ensuivit nourrit la montée du militarisme et du nationalisme en Allemagne et au Japon, qui, par leur soif d'agression, allaient entraîner le monde dans la guerre.

L'Amérique ne connaîtra peut-être jamais plus un tel effondrement de la Bourse. Néanmoins, la grande dépression éclaire le présent. Elle montre à quel point la rapidité du changement économique peut avoir des conséquences politiques imprévisibles. Elle démontre que la mondialisation ne saurait être une panacée, mais qu'elle peut, au contraire, être l'instrument d'une crise économique rapide et étendue. Ainsi nous voyons que la démocratie est non seulement fragile, mais que des périls redoutables sont à craindre lorsque démocratie et nationalisme sont détournés.

Mondialisation : panacée ou danger ?

Thomas L. Friedman nous dit dans le premier chapitre de *The Lexus and the Olive Tree* qu'il est un « touriste engagé[1] ». Touriste, car il voyage beaucoup et rapporte ce qu'il voit et engagé, car il voit tout à travers une idéologie, celle de la mondialisation. Après avoir passé la seconde moitié des années 1990 à parcourir le globe, allant des salles de conseil d'administration aux villages les plus reculés, Friedman conclut que la mondialisation est « la clé de voûte du système international qui commande la politique intérieure et les relations internationales de pratiquement tous les pays ».

En plaidant la cause de la mondialisation, il accuse ceux qui ont cherché à définir le nouveau système mondial d'avoir été induits en erreur en essayant de « prédire l'avenir en se référant au passé, et au seul passé ». Mais en essayant de prédire l'avenir en se référant au présent, et au seul présent, il commet la même erreur, et présente un instantané d'un moment en cours, plutôt qu'un modèle susceptible de résister à l'épreuve du temps.

Pour lui, la mondialisation est un phénomène nouveau et cette nouveauté justifie que l'on cherche à évaluer les implications géopolitiques qui en découlent, et il a raison. Les flux internationaux du commerce et des capitaux ont atteint des niveaux sans précédent et l'économie mondiale est plus que jamais interdépendante. Les investissements directs des États-Unis à l'étranger ont augmenté de plus de 500 % entre 1985 et la fin du siècle et les exportations américaines de biens et de services, de plus de 200 % au cours des deux dernières décennies. La mondialisation a également changé en termes qualitatifs. Le commerce et la finance connaissent depuis des siècles un marché mondial. À son tour, la production s'est mondialisée. Toyota construit des voitures aux États-Unis, Ford au Mexique et Volkswagen au Brésil. Quand les informaticiens américains dorment à Seattle, leurs collègues de Bangalore, en Inde, prennent le relais et renvoient leur travail à Seattle par courrier électronique, en fin de journée. La mondialisation des sites de production et du capital intellectuel augmente les enjeux de l'interdépendance. Un fonds de pension qui a des milliards de dollars investis en Indonésie peut les perdre en une nuit, alors qu'une société américaine qui y a deux usines de production, un laboratoire de recherche et de développement et des milliers d'employés sera beaucoup plus concernée par la bonne santé économique à long terme du pays.

Internet et la révolution informatique ont également changé le caractère de la mondialisation et l'ont rendue omniprésente. Le marché mondial était autrefois un simple réseau de places financières et commerciales qui étaient devenues dans chaque pays le centre commercial et financier. Les banquiers, les affréteurs et les hommes d'affaires de New York, Londres, Francfort, Tokyo et Hong Kong faisaient partie d'un réseau mondial. Mais la plupart de leurs concitoyens qui ne travaillaient pas dans ces capitales des affaires et de la finance avaient peu de contacts directs avec les marchés étrangers ou leurs émissaires locaux.

Ce n'est plus le cas à l'ère de CNN, du téléphone mobile et d'Internet. Comme le note justement Fried-

man, les nouvelles technologies permettent «aux individus, aux sociétés et aux États-nations d'aller n'importe
où dans le monde, plus loin, plus vite, et pour beaucoup
moins cher qu'auparavant[2]». N'importe quel citoyen,
et plus seulement l'homme d'affaires, peut maintenant
investir sur les marchés mondiaux. La révolution de la
technologie de l'information pénètre même les sociétés
qui préféreraient lui résister. Shanghai est inondé de téléphones mobiles, de publicités pour Internet et de tours
de radio et de télédiffusion. Ce port ressemble plus à un
décor de film futuriste qu'à une ville toujours sous le
contrôle, officiellement du moins, du Parti communiste
chinois. À Belgrade, c'est parce qu'elle a utilisé le téléphone mobile et Internet pour organiser et préparer la
mobilisation avant les élections de septembre 2000 que
l'opposition a provoqué la chute de Slobodan Milosevic.
Désarmé par la libre circulation des idées, son régime ne
tarda pas à s'effondrer.

Si les nouvelles technologies font entrer plus d'informations dans un pays, elles font aussi sortir plus d'informations sur ce pays. Ce n'est donc pas un hasard si
des scandales éclatent presque quotidiennement dans un
pays ou un autre. L'attention constante des médias et
des innombrables lettres d'information publiées par des
sociétés privées ne laissent plus de place au secret. L'importance et la rapidité des flux financiers internationaux
exposent par ailleurs aujourd'hui la plupart des États
à la critique de l'analyste des marchés internationaux,
et invitent les pays à jouer le jeu, faute de quoi ceux-ci
verraient leurs obligations chuter et leurs taux d'intérêt
flamber. L'image du «corset d'or» de Friedman est une
métaphore appropriée qui rend compte de la capacité
de la mondialisation à faire pression sur les États pour

qu'ils adoptent des pratiques commerciales transparentes et de bonnes pratiques de gouvernement.

L'erreur fondamentale de Friedman ne réside pas dans sa description de la mondialisation, mais dans son hypothèse que le « système international dominant » qu'il décrit constitue le nouveau monde du futur plutôt qu'une simple phase momentanée et transitoire menant vers un autre monde encore mal défini. Friedman est journaliste et il écrit donc naturellement sur ce qu'il voit et entend. Mais si nous regardons au-delà de la surface de son reportage et si nous replaçons sa vision de la mondialisation dans une perspective historique plus large, sa carte du monde perd tout son sens.

Il n'est pas d'ailleurs le premier à confondre une période de prospérité temporaire et ses effets pacificateurs avec une paix plus durable. En 1792, l'essayiste Thomas Paine écrivait, dans un article sur les droits de l'homme : « Si le commerce était autorisé à se développer et à atteindre son potentiel universel, il éradiquerait le système de la guerre[3]. » John Stuart Mill, en 1848, notait dans ses *Principles of Political Economy* que « l'élargissement et le développement rapide du commerce international [sont] la principale garantie de la paix dans le monde[4] ». En 1910, Norman Angell fut certainement le plus optimiste des trois (ne serait-ce qu'à cause de la date à laquelle il écrit), en défendant dans *la Grande Illusion* l'idée que la guerre entre les grandes puissances était devenue complètement irrationnelle à cause de « l'inutilité économique totale de la conquête[5] ». Il affirme que, « plus que jamais auparavant dans le cours de l'Histoire », l'interdépendance économique joue son rôle, facilité par « la rapidité de la poste, la communication instantanée des informations économiques et financières grâce au télégraphe et, de manière générale, à l'incroyable développement de la communication[6] ». Or, dès l'été de 1914, l'Europe était plongée dans les affres de la Première Guerre mondiale.

Le poids de l'Histoire n'est pas la seule raison qui permette de penser que l'optimisme de Friedman s'avérera aussi illusoire que celui de Paine, de Mill et d'Angell. Une série d'événements montre déjà que la mondialisation de l'économie n'est pas aussi stable qu'elle peut en avoir l'air. La Bourse de New York a sans aucun doute fait preuve d'une force impressionnante dans les années 1990 – une performance sans précédent, même si l'on prend en compte le ralentissement qui a débuté à la fin de l'année 2000. Mais cette surchauffe traduit plus le déséquilibre et le manque de modération que la bonne santé économique, et ne prouve nullement la justesse des analyses des hommes politiques ou des investisseurs. Malgré les preuves convaincantes qui tendent à montrer que le prix des actions a atteint un niveau bien supérieur à leur valeur réelle, l'argent a continué à se déverser sur le marché. En dépit des leçons de 1929, les achats d'actions à crédit ont une nouvelle fois été autorisés à créer une bulle spéculative.

Grâce au président de la Réserve fédérale, Alan Greenspan, et à la force de l'économie américaine, cette envolée périlleuse n'a été suivie que d'un ralentissement maîtrisé. Même les ventes massives qui ont été faites après les attaques terroristes du 11 septembre 2001 s'effectuèrent en bon ordre. Néanmoins, les jours radieux des années 1990 ont placé l'économie américaine dans une position de vulnérabilité qui l'expose, une fois encore, au risque d'un crash boursier. Le fait, par ailleurs, que la crise financière asiatique de 1997-1998 ait affecté l'ensemble du monde montre clairement que la mondialisation, tout en pouvant être une source de prospérité partagée, peut également agir comme courroie de transmission pour des crises économiques. Véhiculée par l'économie internationale, une crise monétaire qui a commencé en Malaisie, en Thaïlande et en Indonésie – trois pays qui jouent un rôle relativement mineur à des milliers de kilomètres des principaux marchés mondiaux – s'est étendue au monde entier et a failli provoquer l'explosion du système financier international.

Même si l'Amérique évite une récession prolongée et si une bonne gestion de l'économie internationale empêche les secousses financières d'aller frapper les autres pays, la mondialisation ne saurait être une panacée. L'interdépendance qu'elle crée n'est pas seulement une garantie de paix et de prospérité, elle peut de surcroît être source de vulnérabilité et de rivalité stratégique. Le Japon, par exemple, a visé l'hégémonie régionale au cours des années 1930, en grande partie pour assurer ses propres besoins et ne plus dépendre des importations d'acier et de pétrole. Si la mondialisation apporte aujourd'hui de nouvelles richesses à de nombreux pays, elle creuse aussi une inégalité économique, à l'intérieur même des pays, mais également entre eux – un effet pervers qui a contribué à développer l'antiaméricanisme et joué un rôle certain dans la décision des groupes extrémistes de s'en prendre avec violence aux citoyens américains et à l'Amérique. L'essor de l'Europe en tant que nouvelle puissance économique pourrait également changer spectaculairement le caractère de la mondialisation. L'Amérique continue de façonner et de gérer l'économie mondiale comme bon lui semble. Mais alors que ses hommes politiques à Washington découvrent peu à peu que leur influence est en train de leur échapper au bénéfice de leurs homologues en Europe et en Asie, l'économie globale risque de perdre le cap que lui imposait jusqu'alors son unique capitaine.

Pour une évaluation réaliste de la mondialisation, il faut donc envisager deux scénarios, qui rendraient obsolète la carte du monde proposée par Friedman. Le premier scénario serait une crise qui viendrait frapper l'économie mondiale et se propagerait d'un pays à l'autre à travers les mêmes fibres optiques, satellites et places boursières qui ont précisément permis le dynamisme exceptionnel de l'économie mondiale pendant les années 1990. Dans le second, on verrait les marchés mondiaux faire preuve d'un remarquable dynamisme et d'une grande capacité de résistance, alors que la croissance qui en découlerait se traduirait par des conséquences politiques qui remettraient en cause les conditions qui ont fait de la mondialisation un phénomène salutaire.

Les crises contagieuses

Après les excès des années 1990, le ralentissement de la Bourse et de l'économie a été accueilli avec soulagement. Dès le printemps de 2001, le ratio moyen prix/résultats de l'index S&P s'était stabilisé dans des zones moins dangereuses. Mais, comme le montre clairement le passé, toute une série d'événements imprévus auraient très bien pu plonger un environnement relativement stable dans la tourmente. Les effets d'une crise de l'économie américaine auraient été indéniablement ressentis dans toute l'économie mondiale. Les caractéristiques de la mondialisation que Friedman trouve si attrayantes – rapidité, étendue et importance de son influence, coûts réduits – laissent présager que toute crise en Amérique se transmettra au reste du monde avec une efficacité impressionnante.

C'est là un point essentiel. La mondialisation est un phénomène neutre, rendu possible par l'extension de l'infrastructure – le câblage – de l'économie mondiale. Dans les jours heureux, cette infrastructure favorise rapidement la prospérité et la stabilité, mais, dans les temps difficiles, elle propage aussi rapidement l'appauvrissement et l'instabilité. Les effets de la mondialisation dépendent entièrement de ce qui s'écoule dans ses gros câbles.

La crise financière de l'Asie du Sud-Est illustre bien ce point. En Thaïlande, au milieu de l'année 1997, quand les inquiétudes concernant une possible surchauffe de l'économie thaïlandaise entraînèrent la fuite des capitaux, le baht thaïlandais chuta rapidement d'environ 20 %. Le peso philippin fut la deuxième victime. En l'espace de quelques semaines, le ringgit malaisien et la roupie indonésienne chutaient à leur tour. En deux mois, celle-ci perdit 30 % de sa valeur. La crise s'étendit à l'Asie du Nord-Est à l'automne. Taiwan dévalua sa monnaie en octobre, entraînant des spéculations sur le dollar de Hong Kong. De fortes réserves monétaires et une bonne gestion permirent aux autorités financières de maintenir la valeur de la monnaie. Mais cela impliqua une augmentation de 300 % des taux interbancaires, ce qui entraîna une chute de la Bourse de Hong Kong de 25 % en quatre jours. La victime suivante fut la Corée du Sud dont le won tomba de 850 à plus de 1000 wons pour un dollar à la mi-novembre.

Bien que les experts ne soient pas d'accord sur les causes premières de la crise, tous s'accordent pour constater qu'elle s'est étendue avec une telle rapidité précisément parce qu'elle était reliée au câblage efficace de l'économie mondialisée. Voici comment Stephan Haggard, professeur à l'université de Californie à San Diego et éminent spécialiste des économies asiatiques, décrit la contagion : « Le processus d'intégration financière avancée a constitué une condition nécessaire à l'apparition de la crise. [...] Lorsque de telles crises commencent dans un pays, il existe tout un réseau de transmissions par lequel elles peuvent se propager à d'autres, y compris les craintes de dévaluation concurrentielle et les liens financiers de plusieurs sortes. [...] La Thaïlande a provoqué l'effondrement du marché de l'Indonésie et de la Malaisie, la dévaluation de Taiwan a provoqué l'effondrement du marché de Hong Kong à la fin octobre ; et cet effondrement a provoqué celui de la Corée du Sud, qui s'est lui-même propagé sur les marchés asiatiques à la fin de l'année 1997[7]. »

La crise dépassa rapidement les frontières du Sud-Est asiatique. Dès le mois de mai suivant, les investisseurs mondiaux commencèrent à se retirer de Russie, provoquant une forte chute des marchés des actions et des obligations du pays. La Banque centrale remonta ses taux d'intérêt de 150 % et le FMI accorda des prêts d'urgence qui permirent de soutenir le rouble et les marchés. Mais pas pour longtemps. En août, la Bourse russe continua de baisser et, le 17, le Kremlin annonçait qu'il dévaluait le rouble et suspendait le remboursement de sa dette extérieure. La nouvelle de la défaillance russe fit chanceler les Bourses mondiales. La monnaie russe passa de 6 à 18 roubles pour un dollar. L'impact sur la vie quotidienne du citoyen russe fut dévastateur. Le pourcentage de Russes vivant sous le seuil de pauvreté a presque doublé entre 1997 et 1999. Les retraités, avec leur revenu fixe, sont particulièrement touchés, et nombre d'entre eux aspirent au retour de la relative prospérité de l'ère communiste.

La défaillance de la Russie fit naître des craintes d'un éventuel effondrement des marchés émergents à travers le monde, et a poussé les investisseurs à se retirer d'Amérique latine. La Banque centrale brésilienne releva ses taux d'intérêt à 50 % pour empêcher la fuite des capitaux, mais les investisseurs continuèrent à retirer leurs fonds. Une mesure de sauvetage international va offrir un court répit. La déroute des marchés brésiliens se poursuit jusqu'en décembre, et incite le gouvernement à faire flotter le real en janvier. Au cours du mois suivant, la monnaie passe de 1,25 à 2,15 reals pour un dollar.

Même les États-Unis ne furent pas épargnés. À la fin du mois d'octobre 1997, quand il devient clair que les désordres du Sud-Est asiatique ne sont pas simplement des «pépins de route» (pour reprendre l'expression du président Clinton), le Dow Jones, en perdant 554 points, établit un nouveau record de la plus forte baisse en un jour. D'autres baisses se produisent au mois d'août 1998, en réponse à la crise qui s'aggrave en Russie. Les malheurs du Brésil inquiètent Wall Street et font sévèrement rechuter le Dow Jones. L'annonce que le plus important fonds de capital-risque des États-Unis, le Long-Term Capital Management (LTCM), est sur le point de s'effondrer a un effet catastrophique sur le marché. Le calme ne reviendra qu'une fois que la Réserve fédérale de New York aura poussé un consortium des principales banques et sociétés d'investissements américaines à accorder une caution de trois milliards et demi de dollars à LTCM. Les autorités de la Réserve fédérale et les compagnies privées se sont accordées pour dire que, à cause de ses dettes envers les grandes banques mondiales, l'effondrement de LTCM risquait de mettre en danger le système bancaire international. Les responsables américains admettent aujourd'hui qu'à la fin du mois de septembre 1998 le système financier mondial a été à deux doigts de connaître une crise de liquidités et s'est retrouvé au bord du gouffre.

Cette histoire révèle les vulnérabilités réciproques et inéluctables du marché mondial. Une petite crise dans l'Asie du Sud-Est a touché l'ensemble de l'économie mondiale. Elle a transformé le miracle asiatique en cauchemar, ravagé les monnaies de la Russie et du Brésil et failli mettre l'Amérique à terre. Le fait qu'elle se soit déroulée pendant une période prospère la rend d'autant plus inquiétante.

Avec une économie internationale aussi vulnérable en période de croissance, il est facile d'imaginer ce qui pourrait arriver dans des temps difficiles. Imaginons, par exemple, les conséquences éventuelles d'une crise qui naîtrait aux États-Unis. Le dollar américain et Wall Street commenceraient à glisser. Les ventes s'accéléreraient au fur et à mesure que les investisseurs chercheraient à limiter les pertes en se débarrassant de leurs avoirs en dollars. Nous connaissons déjà les effets que cela produirait sur les marchés des capitaux étrangers. Avec des marchés financiers américains détenant 40 % des marchés mondiaux, les Bourses étrangères emboîtent le pas de Wall Street. Lorsque le Dow Jones et le Nasdaq plongent, les Bourses de Londres, Francfort, Tokyo, Singapour et les autres font de même. Et elles le font presque instantanément. Au moment où les *traders* de New York rentrent chez eux après une journée éprouvante à

Wall Street, les ventes ont déjà commencé à Tokyo. Pendant que les investisseurs à Tokyo sont encore en train d'évaluer les pertes, les marchés européens sont déjà en train de baisser.

Une crise financière qui commencerait au cœur même du système serait également difficile à maîtriser. L'économie mondiale a connu une grande stabilité au cours des années 1990, en grande partie du fait de la gouvernance américaine. Washington a plus ou moins fixé les règles et a, de fait, dirigé les institutions chargées de les faire appliquer et de répondre aux urgences qui se présentaient. Lorsque l'économie mexicaine a manifesté des signes de faiblesse en 1994, ce sont les États-Unis qui sont intervenus pour stabiliser le peso. Lorsque la crise asiatique a commencé à s'étendre, c'est le gouvernement des États-Unis qui a pris les choses en main et qui a refusé catégoriquement que Tokyo règle l'affaire, comme le proposaient les Japonais. C'est la Réserve fédérale de New York qui a organisé l'octroi d'une caution à LTCM quand elle a vu que l'effondrement qui aurait entraîné dans son sillage celui des marchés des capitaux mondiaux était proche. Le jugement avisé d'hommes comme Robert Rubin et Lawrence Summers, du département du Trésor, et les richesses produites par le boom américain ont repoussé les menaces qui pesaient sur l'économie mondiale.

Mais Rubin et Summers ne sont plus là, et le temps des jours heureux a disparu. Quand George W. Bush nomme Paul O'Neill à la tête du Trésor, il montre clairement qu'il a une approche tout à fait différente de la gestion de l'économie internationale, une stratégie du laisser-faire qui implique de ne pas intervenir dans les marchés. La crise économique, pour O'Neill, « n'a rien à voir avec l'échec du capitalisme, [elle a à voir] avec l'absence de capitalisme[8] ». « Pourquoi devons-nous intervenir ? Pourquoi, plus précisément, devons-nous intervenir dans une crise[9] ? », demandait O'Neill peu de temps après sa nomination. Il fit taire ses réserves de principe et approuva l'aide du FMI à la Turquie, au Brésil et à l'Argentine en 2001. Mais si O'Neill avait été en poste en 1998, la crise asiatique aurait certainement été plus étendue et plus profonde encore.

Une Amérique plongée dans une phase économique descendante change spectaculairement la politique (et pas seulement la philosophie) de la gestion de l'économie internationale. En l'absence d'une Bourse en plein essor et d'un excédent budgétaire sans précédent, le gouvernement américain aurait été nettement moins enclin à débloquer des ressources pour soutenir les monnaies thaïlandaises ou philippines. En fait, l'Amérique a, dans un premier temps, refusé d'accorder une aide à l'Asie en 1997. Elle n'a changé de cap que lorsque la gravité de la crise est devenue évidente.

Si une telle frilosité a inspiré la politique américaine pendant un boom économique, on peut s'interroger sur sa réaction dans des conditions plus difficiles. Comme elle l'a fait au cours des crises économiques précédentes, elle pourrait fort bien se tourner vers une politique commerciale protectionniste et une politique monétaire individualiste. L'Amérique a beaucoup profité de la mondialisation et en a donc été son principal adepte et son premier gestionnaire. Mais son ouverture aux marchés mondiaux a été directement proportionnelle aux bénéfices qu'elle en tirait. En période de croissance, les ouvriers américains qui perdaient leur emploi lorsque leurs usines étaient délocalisées au Mexique retrouvaient facilement un autre travail, souvent mieux rémunéré. Mais avec une économie américaine ralentie, et des ouvriers licenciés, au chômage, l'enthousiasme du pays pour la mondialisation a toutes les chances de diminuer. Un fort ralentissement économique allié à un esprit de *sauve-qui-peut** pourrait, dans de très brefs délais, entraîner l'économie mondiale dans la tourmente. C'est exactement ce qui s'est passé au cours des années noires.

Les optimistes jugent ce scénario alarmiste. Ils affirment que nous connaissons aujourd'hui suffisamment bien les mécanismes de l'économie mondiale et que nous avons érigé assez de garde-fous pour empêcher une réédition des années 1930. Les marchés financiers sont certainement mieux régulés qu'auparavant. La loi de 1940 qui gouverne les fonds d'investissements rend les fonds de pension d'aujourd'hui beaucoup plus sûrs que les fonds des années 1920. Les coupe-circuits et les mesures de suspension automatique de la cote en cas de volatilité excessive parviennent aujourd'hui à limiter les écarts des marchés. La Réserve fédérale et l'autorité américaine de régulation des marchés financiers, la SEC (Securities and Exchange Commission), ont introduit des mesures qui limitent les achats à crédit, même si elles sont insuffisantes.

Si certaines mesures ont été les bienvenues, elles n'ont pas immunisé le marché contre les excès connus et les points faibles inconnus qui pourraient conduire à une situation malheureuse. Pendant les beaux jours du marché, même Alan Greenspan, le président de la Réserve fédérale, et Robert Rubin, le secrétaire au Trésor, ont avoué qu'ils craignaient que les actions eussent atteint des niveaux dangereusement élevés. En décembre 1996,

---

* Les termes suivis d'un astérisque sont en français dans le texte (*NdT*).

Greenspan demanda prudemment : « Comment connaissons-nous le moment où une exubérance irrationnelle a fait monter indûment les valeurs, qui deviennent alors sujettes à des contractions inattendues et prolongées comme ce fut le cas au Japon au cours de la dernière décennie[10] ? » Rubin était plus circonspect quand il était en fonction, mais il exprima ses inquiétudes par la suite : « Nos marchés financiers sont peut-être, pour autant que je le sache, sous-évalués, dit-il prudemment au journaliste de télévision Charlie Rose en juin 2000, mais, d'après les critères traditionnels, il semble qu'ils soient certainement élevés[11]. » Il poursuivit en expliquant que la bonne santé des marchés américains pourrait être le produit d'une « série d'excès se confortant les uns les autres, [et que] des risques sérieux et réels [...] sont sous-estimés par la plupart de ceux qui réfléchissent aux décisions financières à prendre ». Les règles et les contrôles de la SEC qui s'appliquent aux *traders* peuvent calmer la volatilité et les pires excès spéculatifs. Mais elles n'ont rien fait pour dompter un marché qui avait perdu de vue l'importance de conserver un rapport entre le prix d'une action et sa valeur réelle.

La révolution numérique a considérablement accru la rapidité et l'étendue des flux financiers, ce qui a certainement rendu la gestion des marchés plus difficile. Internet et la « nouvelle économie » ont sans aucun doute contribué à la mondialisation et à l'interdépendance des marchés. Mais la nouveauté de la mondialisation et le fait qu'elle évolue rapidement font courir aux meilleurs modèles économiques le risque de devenir périmés avant même de voir le jour. Le fonds de capital-risque LTCM était géré par deux économistes de renom (Robert Merton et Myrom Scholes, tous deux prix Nobel), utilisant quelques-unes des techniques d'analyse financière les plus sophistiquées. Les meilleurs esprits du pays ont produit des modèles qui ont mené leur entreprise au bord du gouffre.

Les économistes comme les responsables politiques sont tout aussi démunis devant quelques-unes des questions fondamentales que posent ces crises. Il n'existe aucun consensus sur les causes de la crise financière du Sud-Est asiatique. Certains analystes accusent une mauvaise gestion, en particulier sur les taux de change. D'autres pensent que la spéculation et la contagion auraient été la cause initiale de la spirale. Personne n'est à même de dire si l'intervention du FMI a calmé ou aggravé la crise. Certains affirment que sa politique fiscale et monétaire restrictive a stabilisé la situation, d'autres qu'elle a accéléré la crise[12]. La confusion règne également quant à l'origine de la crise de l'économie russe et l'échec de ses réformes économiques. Pour certains économistes, la Russie s'est lancée trop vite dans la voie de la privatisation et de la libéralisation, alors que pour d'autres elle n'est pas allée assez vite. Des divergences d'opinion aussi radicales n'ont rien d'exceptionnel.

Avec tant de confusion sur les principes fondamentaux, il n'est guère surprenant que les États-Unis et leurs principaux partenaires aient peu progressé dans la réforme de l'architecture financière mondiale. Les experts du gouvernement, les économistes et les investisseurs s'accordent pour dire que l'économie mondialisée est extrêmement vulnérable et qu'elle peut constituer une courroie de transmission pour l'instabilité. Mais personne ne sait quoi faire. Greenspan, une fois de plus, n'a pas pris de circonlocutions pour exprimer ses inquiétudes sur les faiblesses de l'actuelle architecture financière.

En juillet 2000, il regrettait que « l'expansion de plus en plus rapide de la finance mondiale [...] semble toujours exiger de nouvelles formes et de nouvelles couches d'intermédiaires qui soulèvent des questions sur la propre stabilité de ce nouveau système[13] ». En encourageant la création de nouveaux mécanismes financiers pour prévenir une instabilité future, Greenspan demandait des « institutions flexibles capables de s'adapter aux besoins imprévisibles de la crise à venir, et non pas des lignes Maginot pour empêcher le retour des crises du passé qui ne se reproduiront pas ». Mais il ne présenta aucune proposition concrète.

Les ministres des Finances et les dirigeants des banques centrales du monde se réunirent à Prague à l'automne de 2000, déterminés à aller de l'avant dans la gestion et la prévention des crises. Mais après de longues journées de débat, ils rentrèrent les mains vides. Un conseiller américain admit qu'il n'y avait pas grand-chose à dire, sinon qu'ils avaient « amélioré la plomberie ». Sur la question de savoir si les délégués avaient envisagé de nouveaux mécanismes destinés à la gestion des futures crises économiques, le professeur Barry Eichengreen de Berkeley répondit : « On ne peut même pas leur donner la moyenne[14]. » Le professeur Robert Gilpin de Princeton, l'un des meilleurs analystes de l'économie internationale, admet de son côté que « les efforts pour créer des règles efficaces s'appliquant aux flux de capitaux internationaux et les affaires financières n'ont presque pas progressé[15] ».

Il est bien sûr possible que nous n'ayons jamais besoin d'une architecture financière rénovée et plus réactive, mais c'est peu probable. Même si personne ne sait comment s'y préparer, bien peu doutent que le prochain choc économique soit très éloigné de nous. L'Amérique s'est montrée à la hauteur de l'événement et a accompli un remarquable travail pour limiter les crises financières des années 1990. Mais si une période de grande instabilité se présente à un moment où elle est moins disposée à être le gardien des marchés mondiaux, l'issue pourrait être totalement différente. Dans l'économie mondialisée d'aujourd'hui, l'adversité peut survenir sans crier garde et s'étendre avec une incroyable rapidité.

Si la mondialisation devait se dérégler, les implications géopolitiques pourraient bien ressembler à celles des années 1930. Les régimes fragiles de la Russie et de la Chine, sous la pression du choc économique, pourraient donner le jour à des alternatives militaristes et nationalistes. Les deux pays ont une certaine ressemblance avec les démocraties naissantes qui sont devenues la proie du fascisme après avoir été frappées par la grande dépression. Les grandes nations du monde – les États-Unis, le Royaume-Uni, la France, l'Allemagne et le Japon – connaissent depuis des décennies des régimes démocratiques stables qui les préservent probablement d'un retour vers des politiques nationalistes. Toutefois, elles sont toutes capables de se replier sur elles-mêmes pour se protéger des ennuis, exactement comme les démocraties atlantiques le firent lorsqu'elles se trouvèrent confrontées à l'Allemagne et au Japon dans les années 1930.

La colère de l'inégalité

Le fait que seul un très faible pourcentage de la population mondiale ait réellement accès aux technologies de communication modernes diminue considérablement les conséquences géopolitiques bénéfiques de la révolution de l'information. L'ère numérique a pu donner naissance à un village planétaire. Mais il s'agit d'un petit village, exclusivement peuplé de ceux qui ont la chance de vivre dans un pays relié aux marchés internationaux. Actuellement, seulement 6 % de la population mondiale a accès à Internet, essentiellement en Amérique du Nord et en Europe de l'Ouest. Le fossé qui sépare ceux qui y ont accès du reste du monde se creuse un peu plus chaque jour. L'écart de revenus entre le cinquième de la population vivant dans les pays les plus riches et le cinquième vivant dans les pays les plus pauvres est passé de 30 pour 1 en 1960 à 74 pour 1 en 1997. Les quatre-cinquièmes de la population de la planète vivent dans des pays qui ne possèdent qu'un cinquième du revenu mondial.

Les pays les plus riches du monde ne sont que trop prêts à s'accommoder confortablement des énormes inégalités entre le Nord et le Sud. Cela ne gêne pas grand monde aux États-Unis, en Europe et au Japon de savoir que des pans entiers de la planète sont exclus de la révolution numérique. De plus, cette révolution commence à avoir de nombreux effets pervers : la diffusion progressive de la technologie dans le monde en voie de développement lui procure la capacité d'infliger des dommages au monde développé ; le contrôle d'une grande partie des réserves mondiales de pétrole a été, dans le passé, la principale marge de manœuvre du Sud sur le Nord, mais c'est la connaissance qui se révélera être une arme bien plus puissante que les ressources matérielles.

Internet et l'accès croissant à l'information permettent d'obtenir, pour ceux qui le désirent, les spécifications techniques des armes de destruction massive, avec leur système de guidage. Internet lui-même pourrait également être utilisé contre le pays qui l'a inventé et exploité. En pénétrant les réseaux du Pentagone, en piratant les derniers programmes de logiciels de Microsoft ou en propageant des virus qui dévastent l'infrastructure informatique de la planète, un pirate informatique, seul, pourrait causer de sérieux dommages à l'Amérique. En mai 2000, deux programmateurs philippins ont propagé le virus « Love Bug » qui, en vingt-quatre heures, a infesté dix millions d'ordinateurs dans le monde et détruit des données d'une valeur estimée à dix milliards de dollars.

Les inégalités croissantes à l'intérieur même des États sont au moins tout aussi inquiétantes que celles qui existent entre eux. De nombreux pays ont à présent deux économies séparées – une économie rapide et dynamique pour une élite, et une autre lente et atone pour les autres. Shanghai est peut-être envahi de portables et de publicités pour Internet, mais une bonne partie de la population chinoise vit à l'intérieur du pays sans avoir accès aux services publics les plus élémentaires. L'avenue Tverskaya, l'une des principales avenues de Moscou, est bordée de boutiques de luxe, mais seuls s'y rendent les étrangers et les Moscovites ultra-riches, pendant qu'une grande partie de la population de la ville ne parvient pas à boucler les fins de mois.

Même en Israël, un pays relativement riche en termes de revenu par tête, est confronté à une inégalité sociale grandissante. Herzliya, une banlieue au nord de Tel-Aviv, est en train de devenir une petite Silicon Valley. Ceux qui travaillent dans ce secteur *high-tech* utilisent Internet et en tirent bénéfice, mais la grande majorité de la population de la région n'a pas accès à cette partie de l'économie d'Israël. La plupart des Juifs orthodoxes refusent de s'engager dans la mondialisation et dans la sécularisation qui l'accompagne et les Juifs émigrés d'Afrique du Nord n'ont pas, bien souvent, le niveau de formation requis pour pouvoir travailler dans les secteurs des technologies avancées. Les Palestiniens qui, dans les bons jours, sont autorisés à entrer dans Israël comme travailleurs payés au salaire minimum ne peuvent observer tout ceci que de loin avec un sentiment partagé d'envie et de haine.

De telles inégalités sont susceptibles d'engendrer toute une série de problèmes. La Chine doit déjà faire face à une opposition dangereuse entre ses villes côtières et l'intérieur agraire. Les routes et les lignes de chemin de fer qui les relient sont mauvaises, et les différences sociales et culturelles ne cessent de croître. Si l'intérieur du pays se maintient à un simple niveau de subsistance alors que la côte connaît une croissance explosive, l'unité du pays pourrait être en jeu. Ce souci de préserver l'unité du pays apparaît déjà dans le peu d'empressement mis par Pékin pour libéraliser le système politique, avec pour corollaire le risque de mécontenter la population urbaine, plus cosmopolite.

En Russie, le niveau de vie a non seulement baissé depuis la chute du communisme, mais la population a vu une nouvelle élite s'enfuir avec de larges portions de la richesse du pays. De plus, l'argent n'a pas été la seule richesse à quitter la Russie. Les esprits les plus brillants émigrent vers des pays où leurs talents sont davantage sollicités. La mondialisation du marché du travail empêche ainsi la formation d'une classe moyenne dont la Russie a cruellement besoin pour fonder sa stabilité politique. En Israël, l'inégalité économique croissante rejoint souvent les différences ethniques, divisant l'ashkénaze

(Juif européen) du séfarade (Juif méditerranéen), le religieux du laïc, et l'Arabe du Juif. En plus de ses difficultés à faire progresser le processus de paix, la société israélienne se polarise chaque jour davantage.

Les mécontents sont en colère non seulement contre les nantis, mais aussi contre la mondialisation elle-même. Le Premier ministre malaisien Mahathir Mohammed a exprimé un sentiment largement partagé quand il a reproché aux financiers internationaux d'être responsables des inégalités et des restrictions imposées par le marché mondial. Pour de nombreux Russes, le capitalisme est aujourd'hui synonyme de corruption. Quand ils voient les nouveaux oligarches filer dans les rues de Moscou dans leurs limousines rutilantes, protégés par des gardes armés, ils ont de bonnes raisons de penser que les riches gagnent leur argent aux dépens des pauvres. Des millions de Moscovites ne bénéficient pas des effets de la mondialisation, et n'entrevoient ses bienfaits qu'en passant devant des magasins où ils n'osent pas entrer. Les exclus sont en colère, et dans la mesure où ils associent la mondialisation à l'Amérique, une grande part de cette colère est dirigée contre cette dernière.

Oussama ben Laden et ses associés illustrent bien ce ressentiment et ne cachent pas leurs nombreux griefs : la présence militaire des États-Unis en Arabie Saoudite, l'influence culturelle de l'Ouest, le conflit israélo-arabe, l'appauvrissement du peuple de l'Islam. Les inégalités à l'intérieur des pays du Moyen-Orient et entre ces pays et l'Occident fournissent un terreau fertile pour un tel mécontentement. Au début du XXIe siècle, le revenu moyen dans les pays avancés s'élevait à vingt-sept mille quatre cent cinquante dollars, alors qu'il atteignait seulement trois mille sept cents dollars à l'intérieur de la zone musulmane allant du Maroc au Bangladesh[16]. Le mécontentement de Ben Laden provient du sentiment très répandu que la société musulmane a été la laissée-pour-compte de l'Histoire, et se retrouve ainsi avec un peuple et des valeurs affaiblis. Sa mission était donc de s'attaquer aux prétendues causes de cet affaiblissement : la puissance militaire et économique de l'Amérique. D'où la résonance symbolique d'une attaque contre le World Trade Center et le Pentagone. D'où l'étendue, dans les pays en voie de développement, du sentiment antiaméricain provoqué par ces attentats, pourtant universellement condamnés.

Oussama ben Laden ne se contente pas de combattre la mondialisation, il l'exploite. Un bon nombre de terroristes qui mirent en œuvre les attentats de septembre 2001 ont été formés en Europe, et plusieurs de ceux qui pilotaient les avions ont été formés dans des écoles de pilotage américaines. Pour préparer les attentats, ils communiquaient souvent entre eux par courriers électroniques envoyés à partir d'ordinateurs de bibliothèques publiques. Les terroristes ont admirablement exploité les frontières poreuses de l'Amérique, sa politique d'immigration laxiste, son infrastructure de communications moderne et son système de transport aérien qui privilégiait l'efficacité aux dépens de la sécurité.

Thomas Friedman n'oublie pas ce côté plus sombre de la mondialisation. Il reconnaît qu'un homme a qui l'on a donné beaucoup de pouvoir et qui est en colère est à la fois un produit de l'ère de la mondialisation et l'une de ses principales menaces. Mais il va trop loin quand il dit que la bataille contre le terrorisme est « l'équivalent d'une troisième guerre mondiale », et que ses conséquences géopolitiques à long terme produiront « des ordres et des schismes nouveaux[17] ». Les attentats terroristes provoquent la peur, scandalisent et horrifient, et imposent des mesures exceptionnelles pour les prévenir. Toutefois, la lutte contre le terrorisme s'apparente plutôt à la guerre contre la drogue ou à la lutte contre la grande criminalité – certainement pas à la guerre contre l'Allemagne nazie ou à la lutte contre l'Union soviétique. Le terrorisme est à la géopolitique ce qu'un vent fort est à la géographie : un élément puissant, spectaculaire et destructif. Mais ce phénomène affecte la surface des choses, et non les forces tectoniques sous-jacentes et la disposition des grandes failles.

Le fait que les auteurs d'actes terroristes soient des gangs criminels et non des États organisés contribue à limiter leurs conséquences géopolitiques. Si la mondialisation devait conduire des États surpuissants – et non plus de simples groupes d'individus surarmés – vers la révolte, les conséquences géopolitiques seraient alors d'une tout autre importance. Cette perspective ne peut malheureusement pas être complètement écartée.

Les États et leurs citoyens n'aiment pas être balayés par les forces invisibles du marché mondial. Il s'agit là, toutefois, d'une conséquence logique d'une économie où près d'un milliard et demi de dollars s'échangent chaque jour sur les marchés monétaires de la planète – un montant qui représente quarante-huit fois la valeur quotidienne des échanges mondiaux, et qui est à peu près équivalent au PIB de la France[18]. Les États et leurs citoyens sont mécontents quand leur prospérité est entre les mains d'étrangers vivant à des milliers de kilomètres. C'est cependant la conséquence directe d'une économie internationale dans laquelle un Américain moyen peut, de chez lui, en cliquant sur sa souris, retirer de l'argent d'un fonds commun de placement investi à l'étranger. Il est difficile de nier les effets antidémocratiques de la mondialisation lorsque les Américains ont, par exemple, plus de poids dans l'économie de la Malaisie que les contribuables et les électeurs malaisiens.

Sur ce point, le danger réside dans le fait que les États et leurs peuples ne supporteront pas éternellement de se faire bousculer par la mondialisation sans offrir un jour de résistance. Même si l'économie d'un pays gagne dans l'ensemble à être reliée au marché monétaire planétaire, les autorités locales pourraient très bien tirer sur la prise si elles sentent qu'elles perdent le contrôle de la situation et voient leur popularité baisser auprès de leurs concitoyens. Pire encore, elles pourraient chercher à centraliser des institutions publiques et à gouverner d'une main de fer, prenant ainsi le risque de faire renaître une nouvelle génération d'États autoritaires. Karl Polanyi, dans *la Grande Transformation*[19], analyse la montée du fascisme au cours du XXe siècle et fait remonter les racines du gouvernement totalitaire à l'étalon-or et à la manière dont celui-ci exposait les États aux forces imprévisibles et implacables de l'économie mondiale. Il défend de manière convaincante l'idée que la dislocation sociale qui l'accompagnait a entraîné une politique vengeresse sous la forme de régimes fascistes en Allemagne, en Italie et au Japon.

L'économie mondiale d'aujourd'hui, par le corset d'or qu'elle impose à ses sujets, est au moins aussi imposante que le marché du début du XXe siècle. C'est précisément son caractère inévitable qui donne à la mondialisation le pouvoir d'inciter à des réformes libérales et d'encourager tous les pays à adopter des économies du *laisser-faire** souples et dégraissées. Mais ce corset d'or peut avoir l'effet inverse et donner naissance à des régimes populistes et étatiques qui s'inspireront largement du nationalisme économique et des rivalités stratégiques. Le succès de la mondialisation pourrait bien semer les graines de sa propre perdition.

La mondialisation sans l'américanisation

Pour finir, il y a le problème du lien entre la mondialisation et l'américanisation. De nombreux critiques de la mondialisation soutiennent que la possibilité de voir encore se développer une réaction contre la mondialisation provient du sentiment que la mondialisation est inséparable de l'américanisation. Pour réagir contre l'économie mondialisée qui sape la culture française traditionnelle, les paysans français ont choisi de jeter des briques sur des McDonald's. Quand les altermondialistes se regroupent à Davos pour harceler l'élite économique rassemblée au Forum économique mondial, eux aussi s'en prennent aux McDonald's. Lorsque Mahathir Mohammed s'est déchaîné contre les financiers mondiaux, il a pointé du doigt George Soros, basé à New York, et non les nombreux autres gérants de fonds d'investissements basés à Londres. Enfin, les frappes d'Oussama ben Laden choisirent en premier des cibles américaines. Tant que l'économie mondialisée poursuivra son imperturbable progression, le pouvoir économique et culturel de l'Amérique continuera de rallier tous ceux qui ont intérêt à barrer la route à la mondialisation.

Cette question pose un problème épineux, mais c'est le contraire de celui sur lequel les gens s'accordent habituellement. L'américanisation n'est pas un frein à la mondialisation. Au contraire, l'économie internationale se développe avec vigueur, précisément parce qu'elle est inséparable de l'américanisation. La force et la stabilité du marché planétaire sont à attribuer à la volonté de l'Amérique. De nombreux pays du monde ont adopté toute une série de pratiques des affaires et d'idéologies économiques convergentes, non pas à cause de leur attrait propre, mais parce que ces pratiques et ces idéologies se sont propagées depuis la seule superpuissance du monde. Les États-Unis fixent les règles et utilisent sans aucune honte la mondialisation pour refaire le monde à leur image. Parce qu'ils n'ont pas le choix, la plupart des pays jouent le jeu. Friedman a raison de dire qu'à présent les États peuvent soit porter leur corset d'or (qui se trouve avoir été confectionné aux États-Unis), soit devenir des victimes de l'autoroute de l'information.

Aussi, la plus lourde menace à long terme ne provient-elle pas du lien entre la mondialisation et l'américanisation, mais de la perspective que les deux se sépareront bientôt. La menace du terrorisme fournit une nouvelle raison de se sentir concerné par le sentiment antiaméricain engendré par la réaction contre la mondialisation. Mais une menace bien plus sérieuse plane sur l'ordre international : le modèle américain devrait perdre de son attrait à mesure que la mondialisation nourrit l'essor de l'Europe et de l'Asie. En effet, ces deux régions ne pratiquent pas le même capitalisme que les États-Unis. La finance, l'industrie et l'État sont plus étroitement associés en Europe et au Japon qu'ils ne le sont aux États-Unis, et la concentration de l'Asie sur l'investissement et l'épargne se démarque fortement de l'obsession des États-Unis pour la consommation. Lorsque l'Europe et l'Asie en auront la possibilité, ils contesteront la logique et la domination du modèle américain. Comme l'affirme finement Martin Wolf dans le *Financial Times*: «En dépit de tous leurs succès, il est peu probable que les États-Unis offrent la seule voie possible pour organiser une économie avancée[20].»

Lorsque le pouvoir sera plus également réparti sur le globe, il y aura davantage de désaccords sur les principes fondamentaux de la gestion du système monétaire international, des transactions financières, et du flux des biens et des services. Et même en cas d'accord sur le fond, il y aura davantage de compétition pour le *leadership* et le statut. La période de l'entre-deux-guerres, période pendant laquelle aucun pays dominant ne dirigeait l'économie mondiale, est encore une fois riche d'enseignements. À propos des différences de politique entre la Réserve fédérale américaine et la Banque d'Angleterre, Dietmar Rothermund, un historien de la période de l'entre-deux-guerres, souligne: «Derrière de tels désaccords sur les questions politiques, il y avait aussi des problèmes de rivalités politiques. La relation particulière entre le Royaume-Uni et les États-Unis n'a pas toujours été aussi particulière, car les deux nations luttaient pour la domination du réseau financier mondial[21].»

L'économie mondialisée, tout comme le paysage géopolitique, va bientôt souffrir de trop peu d'Amérique, et non pas de trop d'Amérique. L'essor de l'Europe et de l'Asie atténuera sans doute leur ressentiment à l'égard de l'Amérique, mais la stabilité du marché international sera déséquilibrée. La prééminence américaine produit ce qu'il y a de meilleur dans l'économie globale. Le déclin de l'unipolarité entraînera avec lui les effets les plus bienfaisants de la mondialisation.

La longévité de l'ordre économique actuel n'est donc qu'illusoire. L'économie américaine a déjà prouvé qu'elle n'était pas invincible, comme on a pu le penser au cours des années 1990. Et même si les États-Unis étaient capables de conjurer des cycles baissiers prolongés, l'économie internationale transmettra la richesse et l'influence à d'autres pays, réduira aussitôt les inégalités entre et à l'intérieur des pays et réduira la prééminence de l'Amérique et sa capacité à maintenir la mondialisation sur ses rails. Quoi qu'il en soit, la carte du monde de Friedman sera bientôt périmée.

Démocratie et nationalisme

Puisque la mondialisation ne saurait nous garantir un avenir radieux, nous nous tournons vers une dernière série d'arguments souvent présentés comme étant à l'origine de la paix – la thèse de Fukuyama. En soutenant que l'avènement de la démocratie libérale représente un stade ultime de l'Histoire qui débarrassera le monde des guerres entre les États, Fukuyama s'appuie sur un remarquable travail de recherche universitaire. Emmanuel Kant a été le premier à offrir une argumentation sur les raisons pour lesquelles un gouvernement républicain a le pouvoir de promouvoir la « paix perpétuelle[22] ». De nombreux chercheurs contemporains ont repris ses idées et ont formé l'école de la « paix démocratique[23] ». Cette école a eu un impact très important sur la politique des États-Unis sous Bill Clinton, qui justifiait fréquemment l'ambition de l'Amérique d'exporter la démocratie, en affirmant que « les habitudes de la démocratie sont les habitudes de la paix[24] ».

Les adeptes de l'école de la paix démocratique pensent que l'Histoire confirme les effets pacificateurs du gouvernement démocratique. La démocratie a commencé à voir le jour au XVIIIᵉ siècle. Bien qu'il y ait à présent plus de cent vingt démocraties dans le monde et de nombreux épisodes de conflits violents (au cours de la dernière décennie, environ vingt-huit conflits armés importants ont eu lieu chaque année), les États démocratiques ne sont toujours pas entrés en guerre les uns avec les autres. Les chercheurs étayent leur interprétation historique en faisant appel à plusieurs arguments. Un État démocratique devrait être moins empressé de mener une guerre contre un autre étant donné que, d'une part, le peuple n'accepte plus d'en supporter le coût (à la différence des États autoritaires, les soldats d'une démocratie sont aussi ceux qui votent) et que, d'autre part, le débat démocratique a tendance à produire des politiques centristes modérées. De plus, les États qui se conforment à l'état de droit ont toutes les chances d'adopter un comportement similaire en politique extérieure, permettant ainsi aux démocraties d'entretenir un respect mutuel et de développer certaines affinités.

Certaines critiques mettent légitimement en question les interprétations historiques de l'école de la paix démocratique[25]. La démocratie est encore trop récente pour que l'on puisse tirer des conclusions définitives. Jusqu'à la seconde moitié du XXᵉ siècle, les États démocratiques étaient extrêmement rares et il était donc peu probable qu'ils se fassent la guerre. L'absence de guerres entre démocraties à cette époque ne prouve donc pas grand-chose.

Il existe, en outre, quelques cas historiques ambigus. Malgré la jeunesse des institutions démocratiques américaines et britanniques au début du XIXᵉ siècle, ces deux pays entrèrent en guerre en 1812. La guerre de Sécession en Amérique, même si ce fut une guerre civile, réfute l'idée que des ensembles démocratiques ne se battront pas les uns contre les autres. Ces exemples, pris parmi tant d'autres, ne constituent pas une nette réfutation de la théorie de la paix démocratique, mais l'ambiguïté qu'ils présentent permet d'exprimer des réserves à son égard, ou du moins de la considérer avec circonspection. Comme le passé ne nous offre que des exemples peu concluants, la meilleure défense de la thèse des effets pacificateurs de la démocratie repose sur des arguments logiques concernant la tendance des démocraties à poursuivre une politique centriste et à cultiver entre elles un respect et une affinité mutuels.

C'est précisément sur cette question de respect mutuel que le travail de Fukuyama croise l'école de la paix démocratique. Pour lui, « la démocratie libérale remplace le désir irrationnel d'être reconnu comme plus grand que les autres par le désir rationnel d'être reconnu comme un égal. Un monde constitué de démocraties libérales devrait donc avoir moins de raisons de faire la guerre, puisque toutes les nations reconnaîtraient leur légitimité respective[26]. » À mesure que la démocratie devient universelle, les États satisfaits devraient tous s'accorder mutuellement reconnaissance et dignité, éradiquant ainsi définitivement les causes de la guerre.

En reliant le respect mutuel des individus dans une démocratie au respect mutuel des États démocratiques dans le système international, Fukuyama peut alors affirmer que la capacité de la démocratie à pacifier la politique à l'intérieur de l'État s'applique aussi à la politique des États entre eux. C'est une analyse habile qui lui permet d'assurer que la démocratie libérale conduira à la disparition de la compétition géopolitique traditionnelle, et ainsi à la fin de l'Histoire. Mais c'est aussi là que réside la principale erreur de sa thèse.

Le système international, même s'il était entièrement composé de démocraties libérales, n'est pas lui-même démocratique et égalitaire. Les États riches et forts ont beaucoup plus d'emprise sur les affaires internationales que les États faibles et pauvres. Les États-Unis et la Norvège sont tous deux des démocraties, mais leur statut et leur poids dans l'arène internationale n'ont aucune commune mesure. La Chine n'est pas une démocratie, mais sa voix pèse plus que celle de nombreuses démocraties du monde. À la différence des États, le système international n'a pas de Constitution ou de déclaration des droits des États pour garantir un droit de vote à chaque pays, pour codifier l'égalité des droits de tous les États ou pour fonder les principes d'une gouvernance juste et honnête. Au contraire, le système international est indiscipliné et inégalitaire, exactement comme la vie à l'intérieur des États avant les effets pacificateurs de la démocratie.

Comme dans un État féodal, l'ordre, dans le système international, est fondé sur la force et non sur le droit. La vie est dangereuse, compétitive et inégale. Même les Nations unies sont tout, sauf égalitaires. Son Conseil de sécurité est essentiellement un club de grandes puissances qui accorde à ses membres permanents une influence prépondérante par rapport aux autres États. Les fondateurs ont, dès l'origine, reconnu qu'il fallait accorder aux nations fortes les prérogatives qu'elles attendaient. Tout autre système aurait condamné l'institution à perdre son importance. Et même avec leur statut privilégié, les États-Unis traitent rarement d'affaires importantes dans le cadre des Nations unies, car ils ne souhaitent pas que leur liberté d'action soit entravée par ses procédures.

La démocratie libérale peut fort bien satisfaire les aspirations de l'homme en quête de reconnaissance et de statut, mais le système international, parce qu'il n'applique pas les règles de la démocratie libérale, ne satisfait pas l'aspiration de l'État-nation au respect et à l'égalité. Les nations manifestent les mêmes pulsions que celles des individus qui les peuplent et les gouvernent. Indépendamment du simple bien-être matériel, elles désirent et ont besoin de bien-être psychique. Ce désir psychique apparaît sous la forme du nationalisme. En l'absence d'un système démocratique international qui accorde à toutes les nations les droits et les statuts qu'elles recherchent, le nationalisme les pousse à continuer la lutte pour la reconnaissance, et est ainsi une source endémique de compétition.

Fukuyama semble gêné par cette notion de nationalisme, mais il contourne la difficulté en affirmant que, dans les temps à venir, le nationalisme perdra de son dynamisme et de son importance politique. Et même si « le monde post-historique reste divisé en États-nations », il prétend que « les différents nationalismes du monde auront fait la paix avec le libéralisme[27] ». Sur ce point, Fukuyama se repose sur Hegel, sans tenir compte d'autres philosophes allemands de l'époque. S'il avait aussi consulté Johann Gottfried von Herder, Johann Gottlieb Fichte et quelques-uns des autres pères fondateurs du nationalisme moderne, il aurait probablement vu le lien intime qui existe entre l'avènement de la démocratie libérale et l'essor du nationalisme[28]. La même force politique qui, selon Fukayama, conduira à la fin de l'Histoire – la démocratie libérale – est aussi celle qui pousse aux passions nationalistes, et prive ainsi la démocratie libérale de ses effets pacificateurs.

L'émergence de l'idée de nation a logiquement suivi l'apparition d'un système politique consensuel, pour la simple raison que si les gens ordinaires commençaient à participer activement à la vie politique de l'État, ils devaient avoir un lien émotionnel avec celui-ci. Les identités et les allégeances autrefois centrées sur la famille ou le seigneur féodal ont dû être élevées à un autre niveau – celui d'un État-nation incarnant la volonté collective du peuple. En prenant ses racines, l'idée de nation créa une identité et un destin communs, indispensables à la cohésion de l'État démocratique libéral. Elle inculque également un fort sentiment d'appartenance et d'allégeance, point d'autant plus important que l'État national allait bientôt demander à ses citoyens de mourir pour le défendre. La conscription de masse a été possible uniquement parce que les peuples s'identifièrent à la nation. Cette conscription contribua alors à consolider la construction d'une communauté politique au niveau national, en enrôlant les citoyens dans une mission collective qui faisait appel aux passions et au sacrifice personnel.

Mis en avant par la Révolution française et la fondation des États-Unis sous le régime de la république fédérale, le nationalisme se développera de concert avec la démocratie, parfois avec excès. Ils furent les jumeaux du XIXe siècle. Depuis, le nationalisme a été le ciment de la démocratie moderne. Il a fourni la cohésion sociale et l'objectif commun sans lesquels la politique consensuelle aurait chancelé. L'idée de nation s'est également emparée du monde en développement et a donné naissance à l'idée d'autodétermination, qui a rapidement conduit à la fin de l'empire colonial.

Cependant, le nationalisme a eu aussi des effets négatifs. Les États dont le principe de légitimité repose sur la nation et sa primauté tendent à se trouver eux-mêmes en compétition avec d'autres États dont la légitimité est assise sur leur propre identité nationale. La nation de tout citoyen est, après tout, une communauté politique qui fait sens uniquement parce qu'elle est distincte des autres nations. Le nationalisme ne définit donc pas seulement la communauté à laquelle on appartient, mais également celles auxquelles on n'appartient pas. En tant que tel, il trace des frontières et dresse naturellement les unes contre les autres des communautés nationales aux intérêts propres et distincts. Il constitue ainsi la fondation des premières unités politiques du monde, mais également une source de compétition entre eux. Il peut contribuer à pacifier la politique à l'intérieur des États, mais son influence est inverse en ce qui concerne la politique entre États.

Avant l'essor de l'État-nation, bon nombre de grandes guerres ont été tout d'abord des guerres pour le pouvoir et la richesse. Depuis la naissance du nationalisme, les grandes guerres du monde ont également été idéologiques. Les guerres napoléoniennes, la Première et la Seconde Guerre mondiale, la guerre froide, toutes sont nées du nationalisme et ont opposé des conceptions antagonistes de l'ordre de la société interne comme celui de la société internationale. L'éclatement violent de la Yougoslavie est seulement l'exemple le plus récent des conséquences d'un monde où l'idée de la nation a complètement investi la vie politique.

La démocratie libérale ne peut pas fonctionner sans le nationalisme. C'est l'ingrédient essentiel qui donne vie à l'État sans visage en l'assimilant à la nation mythique. L'État-nation qui en est issu peut faire preuve de l'autorité émotionnelle nécessaire pour séduire le citoyen. Mais le nationalisme est également une source persistante de rivalités entre ces mêmes États-nations. Fukuyama voudrait nous faire admettre que « les nationalismes séparés s'exprimeraient de plus en plus dans la seule sphère privée[29] ».

Mais il ne peut en être ainsi. Le nationalisme est, par nature, une affaire publique. Si le nationalisme devait seulement devenir une partie de la vie privée, il priverait la démocratie libérale de son fondement idéologique et supprimerait le sentiment de communauté et d'appartenance qui rend possible le consensus politique. Un nationalisme collectif, public, est au cœur de la démocratie libérale. Fukuyama ne parvient pas à reconnaître que les deux sont inséparables et cela constitue le défaut central de sa carte du monde. Le lien indélébile entre le nationalisme et la démocratie libérale est aussi l'une des principales raisons pour lesquelles l'Histoire n'est pas près de toucher à sa fin.

La démocratie pourrait très bien élargir son emprise dans les années à venir, si bien que les grandes puissances pourraient bientôt se retrouver sans États non démocratiques contre lesquels elles peuvent concentrer leurs ambitions nationales. Mais la logique du nationalisme laisse penser que ces démocraties concentreront alors leurs énergies sur la compétition entre elles, à la grande déception des nombreux chercheurs et hommes politiques qui ont défendu avec tant d'ardeur l'école de la paix démocratique. Dans cette perspective, l'Europe pourrait bien poser un problème particulier. C'est précisément parce qu'elle est en train de construire une nouvelle communauté politique qui englobe toute une région, et pas seulement un État, que l'Europe pourrait trouver commode, sinon nécessaire, de propager un nouveau nationalisme paneuropéen ambitieux. Dans ce cas, nous ne pourrions présumer de l'amitié qui continuerait à lier l'Amérique et l'Europe. La lutte pour la reconnaissance et le statut que Fukuyama place à juste titre au centre de l'expérience humaine pourrait transformer l'Alliance atlantique en un nouvel axe de compétition.

La démocratie paraît cependant pouvoir mettre à son actif quelques effets pacificateurs. L'absence de grande guerre au sein des démocraties libérales, bien qu'elle ne soit pas définitive, nous donne des raisons d'être optimistes, et de penser que la guerre deviendra plus rare à mesure que le système de gouvernement représentatif se généralisera. L'idée d'une paix démocratique présente également un attrait. Les démocraties devraient être plus centristes, plus modérées, plus pondérées que les États contrôlés par un seul individu ou par un groupe autoritaire qui risque de laisser libre cours à ses délires. Il semble logique que les États qui ont un système de gouvernement transparent et ouvert puissent construire des liens plus étroits entre eux que ceux dont le système est opaque et fermé.

Pourtant, les effets pacificateurs de la démocratie pourraient bien être incapables de prévaloir sur les forces qui poussent le système international dans l'autre direction. Le nationalisme pourrait contrer, sinon renverser, une paix démocratique, comme le feraient les changements de structures du système international et les forces tectoniques de la géopolitique engendrées par ces mêmes changements. Le retour de la multipolarité promet de réveiller les instincts de compétition qui mettraient rapidement un terme aux effets bienfaisants de la démocratie. Nous devons rester vigilants pour veiller à ce que le développement du système de gouvernement démocratique puisse servir d'antidote suffisant aux tensions géopolitiques qui ne manqueront pas d'être provoquées par la fin du moment unipolaire de l'histoire de l'Amérique.

L'essor de l'Europe

Dire que l'Europe est un pôle émergent et que son essor viendra hâter la fin du moment unipolaire de l'histoire de l'Amérique repose sur deux affirmations qui vont toutes deux à l'encontre des réflexions courantes.

La première des ces affirmations concerne le parcours des évolutions que nous constatons dans la distribution de la puissance à travers le monde. La plupart des chercheurs considèrent que l'inégalité des taux de croissance économique constitue le principal moteur du changement international. Les centres d'innovation et de productivité passent d'un endroit à un autre, permettant ainsi à un nouvel arrivant dynamique de prendre la place d'une puissance hégémonique sur le déclin[1]. Cette idée, toutefois, ne parvient pas à rendre compte du phénomène principal qui est à l'origine du changement dans le paysage d'aujourd'hui. L'Europe va bientôt rattraper l'Amérique non pas à cause de sa supériorité économique ou de sa technologie, mais parce qu'elle construit l'union en rassemblant les ressources et le capital intellectuel impressionnant que possèdent déjà les États membres. L'union politique de l'Europe est au cœur des transformations du paysage mondial.

La seconde, qui va à l'encontre des réflexions courantes, porte sur les conséquences de l'essor de l'Europe sur ses relations avec l'Amérique. Pour la plupart des responsables politiques comme des chercheurs, la concorde au sein des démocraties atlantiques est un fait qui va de soi, un produit inaltérable de leur histoire et de leurs valeurs communes. À leurs yeux, l'idée que l'Union européenne (UE) et les États-Unis puissent prendre des chemins différents frise l'impensable[2].

Nous proposons une autre approche. Tout au long de la guerre froide, les États-Unis et l'Europe ont effectivement constitué un pôle unique, l'Ouest. Des valeurs communes ont sans aucun doute contribué à la force de cette communauté politique. Mais si l'Europe et les États-Unis ont été des amis très proches pendant ces cinquante dernières années, c'est en partie parce que les Européens avaient besoin des Américains pour aider à contenir l'Union soviétique. Et la prédominance américaine assurait leur ralliement à Washington. Aujourd'hui, alors que l'asymétrie entre les États-Unis et l'Europe est en passe d'arriver à son terme, une telle harmonie n'est plus aussi évidente. Ce pôle unique est peu à peu en train de se scinder en deux. L'Amérique du Nord et l'Europe ont de fortes chances de s'engager dans une compétition pour le statut, la richesse et la puissance, celle qui a été – et demeure – un ressort important de l'expérience humaine.

Avant d'examiner l'émergence de l'UE comme contrepoids à l'Amérique, l'Histoire peut une nouvelle fois être riche d'enseignements. L'unification de l'Allemagne au cours du XIXe siècle est révélatrice des effets profonds qu'un processus d'intégration et d'unification peut exercer sur les équilibres de la puissance. Après que la plupart des États de langue allemande de l'Europe centrale ont été réunis par Bismarck en un seul pays, la nouvelle Allemagne a connu plusieurs décennies de croissance économique impressionnante, qui allaient entraîner un développement régulier de sa puissance militaire et créer de nouvelles ambitions. L'unification de l'Allemagne a irrémédiablement changé la géopolitique de l'Europe, et donné jour à une nouvelle période de rivalités qui allait englober le monde entier. L'Europe est à présent engagée dans un processus d'unification qui peut avoir des conséquences similaires.

Pour éclairer ce qui peut arriver quand un pôle unique se scinde en deux moitiés concurrentes, nous nous tournerons vers l'Empire romain. Au cours du IIIe siècle, l'empereur Dioclétien décide de diviser l'Empire en un royaume d'Occident et un royaume d'Orient afin d'en faciliter l'administration et la défense. Rome restera la capitale de la moitié occidentale, tandis que Constantinople (autrefois Byzance) deviendra sa contrepartie orientale. Bien que cette innovation administrative ait, dans un premier temps, consolidé le gouvernement impérial, Rome et Constantinople s'affronteront rapidement sur des questions de sécurité, de statut et de religion, et ce en dépit de leur culture et de leur histoire communes. La substitution d'un pôle unique par deux pôles distincts a, en fait, remplacé la hiérarchie et l'ordre par une rivalité géopolitique grandissante. Le destin de Rome n'est pas de bon augure pour un Occident unitaire en train de se scinder en deux centres de puissance distincts : l'Amérique du Nord et l'Europe.

Le passé

L'unification de l'Allemagne en 1871 a rassemblé des communautés qui depuis des siècles étaient des fiefs, des principautés et des duchés indépendants. L'Autriche fut le seul État germanophone important à rester en dehors de la nouvelle unification, et cela n'avait rien d'accidentel. La Prusse et l'Autriche avaient été longtemps rivales. De plus, Bismarck, le ministre-président de la Prusse, comptait sur une politique antiautrichienne pour désarmer ses opposants au parlement. « La politique viennoise étant ce qu'elle est, l'Allemagne est trop petite pour nous deux[3] », disait-il sans ambages. Sous la direction de Bismarck, l'unification de l'Allemagne allait signifier l'exclusion de l'Autriche.

L'instauration d'une Allemagne unifiée, même sans l'Autriche, allait changer la carte géopolitique de l'Europe. La Prusse, sous la direction compétente et ambitieuse de Bismarck, avait gagné trois guerres au cours de l'unification de l'Allemagne : contre le Danemark en 1864, contre l'Autriche en 1866 et contre la France en 1870-1871. Avec cette dernière victoire, et avec ses ressources et sa population, le nouvel État confirmait que l'Allemagne avait surpassé tous ses concurrents, y compris la France, pour devenir la nation dominante de l'Europe. Les forces que la Prusse avait engagées sur le champ de bataille en 1870 étaient quasiment deux fois plus importantes que les forces françaises qui furent, d'ailleurs, rapidement vaincues. Une fois l'unification achevée, la population allemande dépassait largement celle de la France (soixante-dix millions d'habitants contre quarante millions en France, en 1915) et son taux de croissance démographique était nettement plus élevé. Si l'on ajoute à cela la discipline allemande et les ressources industrielles puissantes de la Ruhr, il est clair qu'un géant venait de naître.

L'unification de l'Allemagne fit subir à la France le premier choc (la défaite et l'humiliation de se retrouver aux mains de la Prusse), mais elle était également une menace pour la Grande-Bretagne. Une Allemagne unifiée en plein développement sonnait la fin de l'hégémonie britannique, et allait rendre caduque sa grande stratégie qui alliait la maîtrise des mers à l'absence d'engagements militaires importants sur le continent. La Grande-Bretagne n'a jamais dominé l'Europe comme Rome a pu le faire, et c'était là le génie de sa stratégie. Elle intervenait sur le continent uniquement pour maintenir un équilibre stable. Avec des rivaux en puissance qui se contrôlaient mutuellement, la Grande-Bretagne avait toute liberté de se concentrer sur le développement et la sauvegarde de son empire outre-mer.

Il n'en fut pas de même après l'unification de l'Allemagne. Le Reich allemand fédéré fut officiellement proclamé le 18 janvier 1871, au cours d'une cérémonie pompeuse dans la galerie des Glaces à Versailles, sous la présidence de l'empereur Guillaume Ier. Les leaders britanniques perçurent immédiatement les implications d'un tel événement. Trois semaines plus tard à peine, le 9 février 1871, Benjamin Disraeli, le leader conservateur en passe de devenir Premier ministre, déclara à la Chambre des communes : «[L'unification de l'Allemagne] représente la révolution allemande, un événement politique plus important que la Révolution française du siècle dernier. Il n'y a pas une seule tradition diplomatique qui n'ait été balayée. Nous avions des discussions dans cette Chambre sur l'équilibre de la puissance, [...] mais que s'est-il passé en Europe ? L'équilibre de la puissance a été totalement détruit[4]. » Le rassemblement du peuple allemand en un seul État, craignait Disraeli, allait irréversiblement bouleverser l'équilibre de l'Europe, éliminer pour toujours le fondement de la stratégie de la Grande-Bretagne et préparer la scène pour la fin de sa domination mondiale.

Disraeli avait vu juste. Au cours des trois décennies qui suivirent l'unification de l'Allemagne, son économie connut une croissance régulière. Les innovations technologiques donnèrent à l'industrie lourde une impulsion spectaculaire, et l'Allemagne rattrapa rapidement la Grande-Bretagne avant de la surpasser dans des domaines clés de la production industrielle, comme l'acier et la fonte. Une nouvelle élite industrielle et financière émergea qui, en s'alliant avec l'aristocratie terrienne traditionnelle, devait acquérir une influence grandissante. Cette alliance entre le « fer et le seigle » servit de base politique à Bismarck et l'aida à contrer la force de la classe ouvrière montante.

Grâce à l'habile diplomatie de Bismarck, la réussite économique de l'Allemagne ne bouleversa pas immédiatement l'équilibre géopolitique de l'Europe. Il évita tout renforcement rapide de la marine et de l'armée. Avant d'y être contraint par les commerçants allemands, il s'était dans un premier temps opposé à la conquête de colonies, pour ne pas s'aliéner la Grande-Bretagne ou la France. Il mit sur pied un système très élaboré d'accords et d'alliances qui fit de l'Allemagne le pivot diplomatique de l'Europe. Bismarck a manipulé l'équilibre européen, et s'il développa avec intelligence l'influence de l'Allemagne, il s'est toujours bien gardé de le renverser.

Après 1890, l'Allemagne fut gouvernée par des hommes moins compétents. Elle devait également faire face à de grands bouleversements politiques internes. Les sociaux-démocrates gagnaient du terrain alors que l'alliance entre le fer et le seigle se défaisait. L'industrie allemande prospérait et n'avait plus besoin de tarifs protectionnistes, tandis que les fermiers faisaient pression pour obtenir une protection face aux importations de céréales russes et américaines.

Guillaume II, l'impétueux Kaiser, soutenu par son ministre des Affaires étrangères Bernhard von Bülow (qui devait rapidement devenir chancelier) et par l'amiral Alfred von Tirpitz, se tourna vers le nationalisme pour unir le pays. L'Allemagne, proclamèrent-ils, méritait d'exercer une influence internationale digne de sa puissance économique. Le pays ne pourrait remplir sa nouvelle vocation que s'il en avait les moyens nécessaires, et pour cela il lui fallait avoir une marine opérationnelle. En pleine ferveur nationaliste, l'Allemagne, dotée de la première loi navale de 1898, s'embarqua sur une nouvelle voie. Les industriels accueillirent favorablement les commandes lucratives pour leurs aciéries et leurs chantiers navals. La noblesse terrienne se vit accorder des tarifs céréaliers pour soutenir la construction navale. Et la voix montante des sociaux-démocrates fut neutralisée, du moins temporairement.

L'utilisation habile de la politique extérieure comme instrument de politique intérieure se fit toutefois aux dépens de la paix européenne. Après la décision de l'Allemagne de traduire sa capacité économique en puissance militaire, le compte à rebours de la Première Guerre mondiale était engagé. Comme l'avait prédit Disraeli, à l'équilibre stable succéda la rivalité et le réarmement. Porté par de forts courants nationalistes, le renforcement militaire de l'Allemagne s'avéra impossible à arrêter. Pas même une coalition de la Russie, de la France et de la Grande-Bretagne ne parvint à dissuader Berlin de renoncer à ses ambitions hégémoniques en Europe. En dépit des rapports des services secrets indiquant que l'Allemagne n'avait pas les moyens de l'emporter sur cette troïka, le Kaiser et ses conseillers marchaient droit vers la guerre. En 1913, alors que tous les partis s'engageaient dans un réarmement total, le chancelier Theobald von Bethmann-Hollweg mit en garde un Reichstag possédé par la fièvre guerrière : « Malheur à celui qui n'a su préparer sa retraite[5] ! » Lorsqu'il devint clair que l'Allemagne s'était engagée dans la voie de la guerre, Bethmann déclara avec résignation que le pays faisait « un saut dans l'inconnu[6] ».

La défaite allemande après la Première Guerre mondiale restaura, temporairement, l'équilibre européen. Le traité de Versailles imposa de très lourdes réparations de guerre, démilitarisa la Rhénanie et limita l'importance de l'armée allemande. Cependant, après la prise de pouvoir de Hitler en 1933, l'Allemagne fit peu de cas de ses obligations internationales et commença une fois de plus à rechercher une hégémonie continentale. Forte d'un nationalisme plus ardent et plus tortueux, une Allemagne unifiée fut, avec cette seconde tentative de domination de l'Europe, à deux doigts de la victoire sur ses voisins à l'ouest et à l'est. Sans l'ambition excessive de Hitler (sa décision d'ouvrir un second front en Russie en 1941 épuisa les ressources de l'Allemagne), et sans, par la suite, la volonté américaine d'aider à stopper la machine de guerre nazie, l'Allemagne aurait bien pu prendre durablement le contrôle de l'Europe centrale et de l'Ouest.

Marqués par les deux guerres mondiales, les voisins de l'Allemagne n'étaient pas prêts à laisser l'Histoire se répéter. Une fois la paix revenue, les Alliés épuisés mais victorieux occupèrent l'Allemagne et la divisèrent en quatre zones administratives de façon à pouvoir la contrôler. Après le début de la guerre froide, l'Allemagne fut officiellement scindée en deux. L'Allemagne de l'Ouest devint membre de l'Otan, tandis que l'Allemagne de l'Est rejoignit le pacte de Varsovie. Les Alliés autorisèrent rapidement le réarmement et la reconstruction économique de l'Allemagne de l'Ouest pour aider à contrer la menace soviétique. Mais le retour de la puissance allemande fut toléré uniquement dans les limites du cadre de l'Otan et de la Communauté européenne, car l'Amérique et ses Alliés n'autorisèrent, sous aucun prétexte, l'Allemagne à agir seule.

Lorsque la chute du mur de Berlin laissa entrevoir la perspective de la réunification de l'Allemagne, la plupart des pays européens frémirent. En rapportant ses conversations avec le président François Mitterrand, le Premier ministre britannique Margaret Thatcher se souvient du sentiment dominant du moment : « J'ai sorti de mon sac à main une carte montrant les diverses configurations de l'Allemagne dans le passé. Elles n'étaient pas vraiment rassurantes pour l'avenir. Nous avons parlé des mesures que nous pourrions prendre. [Mitterrand] a dit que dans les moments de grand danger, la France avait toujours établi des relations privilégiées avec la Grande-Bretagne, et qu'il pensait que le moment était revenu. Nous devions nous rapprocher et rester en contact. Il me semblait que nous avions tous les deux la volonté de faire barrage au mastodonte allemand, à défaut d'en avoir trouvé les moyens. C'était un début[7]. »

En dépit des réserves unanimes des voisins de l'Allemagne, la réunification finit par être inévitable en raison de la dynamique politique provoquée dans le pays. À l'inverse de ce que l'Europe et le reste du monde pouvaient craindre, les ressources et l'ambition de ce nouvel État-nation se fondirent dans celles de l'Europe et dans le projet d'intégration européenne.

L'intégration des États-nations de l'Europe dans une entité collective a produit un antidote aux rivalités destructrices qui, pendant des siècles, ont été le produit inévitable de la multipolarité en Europe. La France et l'Allemagne, plutôt que de viser la suprématie, ont formé un partenariat étroit et constituent, à présent, le point d'ancrage de l'Europe. Bruxelles est devenue la capitale collective, diminuant ainsi l'autorité des gouvernements nationaux. Les pays européens plus petits se sont disposés autour de ce centre, et les réseaux économiques, politiques et sociaux unifient le centre à sa périphérie. Les nouvelles démocraties européennes veulent toutes rejoindre le club. Grâce à l'UE, l'Europe a finalement trouvé un moyen sûr de régler le problème de l'Allemagne réunifiée.

Cependant, ce qui est bon pour l'Europe ne l'est pas nécessairement pour les autres pays. La volonté collective et l'autorité centralisée favorisent la stabilité intérieure, mais encouragent l'ambition extérieure. Une Europe unifiée et prospère, si elle a sans doute réglé la question allemande, pourrait bien apparaître comme une entité redoutable sur une nouvelle carte géopolitique du monde.

Au XIXe siècle, la géopolitique de l'Europe a subi une profonde révolution. Aujourd'hui, si l'Europe est en voie d'unification, tout comme l'Allemagne il y a plus d'un siècle, elle a peu de chances de devenir un seul État, du moins dans un avenir proche. Mais le poids économique, militaire et géopolitique de ses membres doit être évalué dans son ensemble, et bien que l'Europe soit encore en chantier, elle a déjà commencé à transformer le système international.

L'étude du passé nous offre encore une fois des clés utiles pour examiner comment l'essor de l'Europe risque d'affecter les relations avec les États-Unis. Au cours du IVe siècle, l'Europe a connu une révolution aussi importante que celle du XIXe siècle. Le moteur de cette transformation était non pas l'unification mais la division en deux entités de l'Empire romain unipolaire. Ce partage a eu des conséquences désastreuses pour le pouvoir de Rome. La paix rendue possible par l'unipolarité a rapidement laissé place aux rivalités et a engendré une lutte pour la suprématie chez les deux puissances.

Au Ier siècle, les frontières de l'Empire romain s'étendaient à l'ouest jusqu'en Espagne et aux îles Britanniques, au nord jusqu'en Belgique et en Rhénanie, au sud jusqu'en Afrique du Nord et en Égypte, et à l'est jusqu'à la péninsule arabique. Rome allait contrôler une grande partie de ce territoire durant les trois siècles qui suivirent. Un pouvoir organisé autour d'un réseau de plusieurs pôles décentralisés allait constituer le fondement d'un empire aussi vaste que durable. Les progrès importants des Romains dans la construction des routes, l'art de la guerre et la construction navale ont permis d'accroître la circulation des ressources et de l'influence politique entre le centre impérial et ses territoires éloignés. Ils ont instauré un nouveau système de gouvernance qui encourageait la « romanisation » des nouveaux sujets : des petits groupes de Romains étaient envoyés vivre dans les territoires impériaux afin de participer à l'intégration des peuples conquis. Le but était de cultiver l'allégeance plutôt que le ressentiment envers le pouvoir de Rome : l'intégration était un moyen beaucoup plus efficace et économique que la coercition.

Rome était également économe dans sa stratégie militaire. Les légions bien entraînées étaient tenues en réserve et déployées uniquement quand il fallait mater des soulèvements ou repousser des envahisseurs. Ce système produisait une dissuasion efficace dans la mesure où la seule perspective d'avoir à les affronter était suffisante pour dissuader d'éventuels adversaires[8]. Comme l'Amérique d'aujourd'hui, Rome connaissait une suprématie incontestée qui forçait le respect de ses adversaires.

Au IIIᵉ siècle, Rome commença à ressentir le poids de la charge que représentait le maintien de l'unité d'un empire aussi vaste. Les frontières ne pouvaient plus être garanties contre des adversaires toujours plus puissants numériquement. Les tribus germaniques menaçaient à l'ouest. Les Perses, les nomades de la région de la mer Noire, se pressaient à l'est. Ammien Marcellin, un historien romain de la dernière période, dit clairement que les tribus barbares, en dépit de leurs armes et de leur organisation primitive, posaient un grave problème : « Équipées légèrement et très rapides dans leurs mouvements, elles peuvent délibérément se disperser et galoper à l'aveuglette et infliger d'extraordinaires massacres : leur extrême agilité leur permet de forcer un rempart ou de piller un camp ennemi avant même d'avoir été vues. [...] Vous ne pouvez faire de trêve avec elles, parce qu'elles ne sont pas fiables et toute rumeur qui leur promet un avantage a tout pouvoir sur elles : comme des bêtes sans raison, elles sont entièrement à la merci de leurs impulsions les plus folles. Elles ignorent totalement la distinction entre le vrai et le faux, leur discours est changeant et obscur, et ni la religion ni la superstition ne leur donnent la moindre retenue[9]. »

La fréquence et la violence des attaques barbares ont contraint Rome à changer de stratégie militaire. Les menaces aux frontières imposaient l'envoi des légions. Leur déploiement mit sérieusement à mal les effectifs des troupes et vida les coffres impériaux. Pire encore, les légions avaient perdu leur pouvoir de dissuasion face à leurs adversaires, dans la mesure où, les effectifs devenant insuffisants, elles n'étaient plus tenues en réserve. Des attaques sur l'une des frontières encourageaient d'autres offensives. L'Empire commença aussi à devoir affronter des menaces venues de l'intérieur. Certaines des provinces les plus importantes avaient amassé des richesses considérables et cherchaient à prendre leurs distances avec Rome.

En 284, Dioclétien devient empereur et apporte des solutions novatrices et audacieuses au problème territorial de l'Empire. Selon lui, la gestion de l'Empire était devenue trop lourde pour un seul empereur. Mieux valait diviser le royaume et déléguer la responsabilité des différentes parties à des hommes de confiance. Il éleva donc un de ses généraux, Maximien, au rang de coempereur. Dioclétien et Maximien nommèrent des vice-empereurs, les Césars, pour aider à gouverner l'Empire et pour assurer la succession des Augustes (les empereurs suprêmes). L'Empire fut donc effectivement divisé en deux moitiés, et chaque moitié à nouveau divisée en deux, entre un Auguste et un César. Dioclétien régna sur l'empire d'Orient avec l'aide de son assistant, tandis que Maximien et son César régnaient sur l'empire d'Occident. Dioclétien divisa également les provinces les plus grandes et les plus riches en de plus petites unités, pour désarmer la menace qu'elles faisaient peser sur l'autorité des Augustes. Ces réformes restaurèrent la sécurité et permirent aux deux empires de repousser la menace barbare.

Dioclétien et Maximien quittèrent la scène en 305 et transmirent le pouvoir en douceur à leurs Césars – Constance à l'ouest et Galère à l'est. À la mort de Dioclétien, une rude lutte éclata parmi les Augustes et les Césars en puissance, et leurs partisans prirent les armes les uns contre les autres. Constantin, le fils de Constance, l'emporta en 315 à l'ouest et prit le titre d'Auguste. Licinius, allié de Galère, triompha pendant ce temps à l'est.

Insatisfait de n'avoir à gouverner que l'empire d'Occident, Constantin s'engagea à restaurer l'unification de l'Empire. Il y parvint grâce à sa victoire sur Licinius en 324 à Chrysopolis. Il prit alors deux décisions qui devaient changer le cours de l'Histoire. Tout d'abord, il institua une nouvelle capitale pour l'Empire à Byzance, qu'il nomma Constantinople. Stratégiquement située sur le Bosphore, aux confins de l'Europe et de l'Asie, Constantinople permit à Constantin de renforcer son contrôle et de régler le problème des envahisseurs sur la frontière orientale. Ensuite, il se convertit au christianisme ouvrant la voie à son établissement comme religion officielle de l'Empire. Il s'attacha également à faire respecter une stricte doctrine chrétienne en allant jusqu'à donner l'ordre d'exécuter son fils, Crispin, pour adultère.

La restauration de l'unité impériale fut de courte durée. À la mort de Constantin en 337, l'Empire est à nouveau divisé entre ses fils. La compétition entre les moitiés est et ouest est ravivée, en particulier parce que Rome[10] et Constantinople deviennent des capitales distinctes, cherchant chacune à étendre son influence et à rehausser le prestige de sa cour. Le remplacement d'un centre politique par deux centres distincts était formellement accompli. La papauté à Rome et le patriarcat à Constantinople entreront bientôt en lice, entameront des luttes sur les questions doctrinales et divergeront sur la question de savoir si les autorités religieuses de Constantinople jouissaient du même statut que leurs homologues à Rome. Des querelles sur la langue et la culture suivront : l'empire « romain » d'Occident avait pour langue et pour culture le latin, l'empire « byzantin » d'Orient, le grec. La « nouvelle » et « l'ancienne Rome » rivaliseront également sur la grandeur de leur architecture. Les empires d'Orient et d'Occident allaient devenir deux entités politiques et culturelles distinctes.

À court terme, les réformes de Dioclétien facilitèrent indéniablement la gestion et la défense de l'Empire, mais à propos de sa division, Edward Gibbon note que « cette dangereuse innovation contraria la force et encouragea les vices d'un double règne[11] ». Elle augmenta aussi de manière exorbitante les ressources consacrées aux armées, dans la mesure où chaque empereur, et chaque César, voulait disposer d'une armée loyale. Comme l'écrit Lactance, un érudit religieux de l'époque, Dioclétien « nomma trois hommes pour partager son pouvoir, divisa le pays en quatre parties, et en multiplia les armées, puisque chacun des quatre s'efforçait d'avoir un bien plus grand nombre d'hommes que n'en avaient eu les empereurs précédents quand ils étaient seuls à gouverner[12] ».

L'ordre qui reposait sur l'unipolarité avait disparu pour de bon. L'Empire romain connaissait déjà un rapide déclin avant l'époque de Dioclétien : l'aggravation des affaires de l'État avait inspiré ses réformes. Mais avec l'autorité et les ressources à présent divisées entre l'Est et l'Ouest, le déclin s'accéléra rapidement. L'empire d'Occident maintint son intégrité jusqu'à la mort de Théodose le Grand en 395. Ensuite, la plus grande partie de son territoire fut accaparée par les tribus germaniques et d'autres adversaires. Le sac de Rome par les Goths eut lieu en 410, puis Rome fut prise et pillée par les Vandales en 455. Vingt ans plus tard, le dernier empereur romain, Romulus Augustule, termina son règne et quitta l'Italie prisonnier des chefs de tribus.

Au cours du déclin de l'empire d'Occident, Constantinople chercha à exploiter les faiblesses de Rome. Les empereurs orientaux furent parfois tentés de réunifier l'Empire sous leur seul contrôle, et Justinien, avec son grand général, Bélisaire, y parvint en partie. Mais l'empire d'Orient n'avait ni les ressources ni le désir d'employer ses soldats à cette fin, et préféra observer le déclin de Rome avec une certaine satisfaction. « La cour byzantine, selon Gibbon, contempla avec indifférence, peut-être avec plaisir, la disgrâce de Rome, les infortunes de l'Italie et la perte de l'Occident[13]. » Constantinople considérait également avec mépris la dilution de la culture romaine. Ses dirigeants étaient toutefois, eux aussi, en fin de règne, trop faibles et paralysés par les menaces extérieures et intérieures pour pouvoir aider Rome. Ayant à affronter des armées sur les fronts est et sud, les empereurs orientaux successifs ne pouvaient envoyer les troupes nécessaires pour repousser les envahisseurs qui avaient morcelé l'empire d'Occident. Et les habitants de l'Ouest n'étaient guère prêts à offrir leur allégeance à Constantinople, si ses troupes ne pouvaient leur offrir de protection.

L'Église, censée aider à renforcer l'unité impériale, fit exactement le contraire. Dès le début, les autorités religieuses de Rome et de Constantinople s'opposèrent

tandis que le pape à Rome et le patriarche à Constantinople luttaient sans relâche pour étendre leur influence
religieuse et politique. Les tensions devinrent si vives
en 484, que le pape et le patriarche s'excommuniè-
rent mutuellement. De sérieuses divergences doctrinales contribuèrent à intensifier la rivalité. On débattait,
par exemple, pour savoir si le Saint-Esprit procède du
seul Père ou également du Fils, si le Christ est un être
unique de nature divine ou deux êtres inséparables, l'un
divin et l'autre humain, si les statues et les images religieuses jouent un rôle essentiel dans le culte ou si elles
sont, comme dans le judaïsme et l'islam, des figures de
l'idolâtrie. Mêlées aux animosités personnelles, ces querelles allaient plonger pendant des siècles les deux Églises dans le bourbier des intrigues et de la concurrence
– et se traduisirent même par des assassinats, des enlève-
ments et d'autres types de violences. L'Église resta néanmoins officiellement unie jusqu'en 1054, date à laquelle
elle se divisa pour devenir l'Église catholique romaine et
l'Église grecque orthodoxe.

Tandis que Rome et Constantinople et leurs Églises
respectives devenaient de plus en plus étrangères, la partie byzantine de l'Empire se portait mieux que la moitié
occidentale, et réussit à demeurer intacte jusqu'au début
du VIIᵉ siècle. En 611, les armées persanes conquirent la
Syrie et la Palestine, avant d'annexer l'Égypte en 616.
Les Byzantins regagnèrent une bonne partie de ce territoire avant de le reperdre peu après, face aux armées
arabes. La perte de ces régions aura un effet dévastateur
sur l'Empire byzantin, dans la mesure où elles étaient ses
greniers à céréales. Ce revers fut si grave pour Constantinople que l'empereur Constance II envisagea de réins-
taller la capitale à Rome. Il réussit à gagner le port de

Syracuse en Sicile, mais fut rapidement assassiné. Il ne fut plus question de ramener la capitale à Rome.

À la suite des revers du VIIe siècle, l'Empire byzantin consolida sa position jusqu'au XIIe siècle, après quoi il fut progressivement démantelé par des envahisseurs venus à la fois de l'est et de l'ouest. Constantinople résista jusqu'en 1453. Mais l'Empire byzantin était alors en faillite depuis des décennies. La chute de Constantinople confirma officiellement l'essor du monde islamique et le déclin de l'Europe chrétienne.

L'Empire romain avait fini par être défait. Tous les empires le sont. Ce déclin eut plusieurs causes, particulièrement dans l'empire d'Occident. Les attaques barbares exigèrent un renforcement militaire qui vint affaiblir l'économie en s'accaparant les hommes et les ressources du commerce, de l'industrie et de l'agriculture. Une bureaucratie trop nombreuse et un matérialisme dû à l'abondance contribuèrent à la corruption et à une érosion dans l'esprit public, qui devait finir par priver l'idéal romain de son attrait idéologique. Le développement du christianisme semble également avoir participé au déclin de l'Empire en déplaçant l'allégeance des citoyens vers l'Église plutôt que vers l'État[14].

L'expérience de Dioclétien avait pourtant tout pour réussir : les deux moitiés avaient en commun une religion, une histoire, une tradition et une volonté de bâtir un empire prospère. Néanmoins, le passage de l'unipolarité à la bipolarité transforma ces caractères communs en une compétition. Les ressources qui affluaient autrefois à Rome se tournèrent vers Constantinople. Au lieu de travailler ensemble, les deux empereurs travaillaient l'un contre l'autre. Les disputes doctrinales transformaient une religion commune en deux Églises divisées, et le fossé culturel entre les peuples latins et grecs devint politique. Pour reprendre les mots de Gibbon, « le schisme national des Grecs et des Latins devint plus profond à cause de la différence perpétuelle de la langue et des manières, des intérêts, et même de la religion[15] ». Des siècles d'ordre stable sous le *leadership* de Rome se transformèrent en tourmente politique et l'Europe fut bientôt éclipsée par les civilisations montantes d'Orient.

Ces réflexions historiques constituent une mise en garde sur la fin du moment unipolaire de l'Amérique et sur ses conséquences probables. L'UE est un pôle émergent qui divise l'Ouest entre les moitiés américaine et européenne. L'Amérique et l'Europe sont, sans aucun doute, d'étroits partenaires depuis cinquante ans, et il serait normal de conclure qu'ils sont amis pour toujours. Mais si l'on reprend l'exemple précédent, on s'aperçoit que dès que le pôle unique a été remplacé par deux pôles de pouvoir, la compétition géopolitique a suivi.

L'Amérique et l'Europe partagent un héritage commun, ont de forts liens culturels et ont eu, pendant des décennies, un ennemi commun. Ces conditions ont contribué à former un monde occidental cohérent et uni depuis le début de la guerre froide. Mais, maintenant que l'Occident est en passe de se diviser, il pourrait bien suivre la voie de l'Empire romain. La situation entre Washington et Bruxelles est toutefois différente sur un point important : la division d'aujourd'hui a lieu par défaut et non par dessein, et cela augmente à la fois les enjeux et le potentiel d'animosité.

L'intégration de l'Europe

Selon la plupart des observateurs américains, la suprématie américaine a encore de beaux jours devant elle. Comme le dit William Wohlforth, professeur de sciences politiques à Dartmouth College, en résumant fort bien la réflexion contemporaine, « l'unipolarité actuelle est non seulement un facteur de paix, mais elle durera. [...] Il est probable que pendant des décennies aucun État ne sera en mesure de s'opposer aux États-Unis dans aucun domaine important constitutif de leur puissance[16] ». Il a techniquement raison. Dans les domaines économique, militaire, intellectuel et culturel, l'Amérique est loin devant tous les autres pays, et cette avance n'est pas près de se démentir.

Mais les élites intellectuelles américaines pensent de manière trop traditionnelle. Ainsi, ne voient-elles pas l'importance d'une Europe collective entrée en lice, même si celle-ci se construit devant nos yeux. Les stratèges continuent de ne pas voir une Europe unie, parce qu'il s'agit d'un nouvel ensemble, d'un nouvel animal politique qui n'entre pas dans les catégories habituelles. Si l'UE n'est pas une fédération centralisée comme le sont les États-Unis, elle est certainement beaucoup plus qu'un vague regroupement de nations souveraines. L'Amérique doit comprendre ce que représente cette nouvelle entité – et commencer à la prendre au sérieux – si elle veut que sa nouvelle carte du monde soit juste.

L'intégration de l'Europe est l'un des événements géopolitiques majeurs du XXᵉ siècle. Elle représente un tournant en tout point aussi considérable que la fondation des États-Unis en une union fédérale, et peut-être même davantage encore. L'Europe a pris l'Histoire en main et est en train de former son propre paysage. Après des siècles d'effusions de sang et de rivalités entre ses pôles, les Européens ont eu leur compte. Ils se sont engagés dans un processus révolutionnaire de construction géopolitique qui vise à fondre ces entités rivales dans un ensemble commun, éliminant ainsi une fois pour toutes la guerre entre les États nationaux d'Europe.

Les résultats ont été, jusqu'ici, spectaculaires. Depuis le déclin de l'Empire romain jusqu'à la fin de la Seconde Guerre mondiale, les peuples européens, en dehors de quelques brèves périodes d'accalmie, ont été en guerre les uns contre les autres. Après cinquante années d'intégration européenne, un conflit armé entre le Royaume-Uni, la France, l'Allemagne et leurs voisins est devenu pratiquement impensable. De la Communauté européenne du charbon et de l'acier (Ceca), en passant par la Communauté économique européenne (CEE), l'UE a finalement échappé à son passé.

La plupart des Américains sous-estiment – ou rejettent totalement – la signification géopolitique de l'UE[17]. Une telle erreur de lecture est compréhensible. Les initiatives et les activités majeures de l'UE ont été avant tout de nature économique. La Ceca, fondée en 1951, visait à mettre en commun la production du charbon et de l'acier de la France, de l'Allemagne, de la Belgique, de l'Italie, du Luxembourg et des Pays-Bas. L'étape suivante fut la création de la CEE en 1957, une mesure qui supprimait les tarifs douaniers intérieurs et introduisit un tarif douanier commun avec les pays tiers. Les États membres travaillèrent à la consolidation de ce marché commun au cours des années 1960.

En 1979, le Système monétaire européen (SME) fut institué pour réguler les taux de change entre les membres. L'Acte unique européen (AUE) suivit en 1987, supprimant les barrières protectionnistes. Le but visé était de créer « un espace sans frontières internes dans lequel [serait] assurée la libre circulation des biens, des personnes, des services et du capital[18] ». Le passage à l'UE eut lieu en 1993. Cette étape fut marquée du sceau de l'union monétaire : l'euro fut institué, entraînant la suppression des monnaies nationales. Douze pays ont déjà rejoint l'union monétaire, et d'autres suivront. Les billets et les pièces en euros ont commencé à circuler en janvier 2002. Le franc français et le mark allemand ont disparu pour de bon.

La réussite européenne dans le domaine de l'intégration économique n'a pas eu lieu dans celui de la défense, et donne de l'Europe une image de poids lourd économique et de poids plume géopolitique. Les Européens s'y sont pourtant essayés. Le traité de Bruxelles (1948), la Communauté européenne de défense (1952) et l'Union de l'Europe occidentale (1954) ont tenté de fournir à l'Europe une force de défense collective. Mais ces tentatives sont demeurées lettre morte. Les Européens se tournèrent alors vers les États-Unis et l'Otan. Les ressources américaines étaient nécessaires pour aider à la reconstruction des économies de l'Europe occidentale et pour contrebalancer la puissance militaire de l'Union soviétique. Les principaux États d'Europe occidentale, s'ils étaient prêts à intégrer leurs économies et à instituer une autorité commune pour les questions de politique commerciale, considéraient l'intégration de leurs institutions de défense comme un empiétement intolérable sur leur souveraineté nationale. C'est ainsi qu'une Europe unifiée est très tôt apparue comme un acteur économique majeur sur une carte du monde où, sur le plan géopolitique, elle demeure une quantité négligeable.

Cela dit, l'Europe est beaucoup plus que cela, et il suffit, pour s'en convaincre, de replacer l'intégration européenne dans son contexte historique. Prenons l'exemple de la transition des treize colonies américaines vers une union fédérale d'États. Bien que désignée nominalement comme une Confédération après 1781, puis une Fédération unitaire dès 1789, les États-Unis consacrèrent les premières décennies de leur existence presque exclusivement à des questions d'intégration économique. La suppression des tarifs douaniers entre États, la régulation du commerce, la coordination des politiques de commerce extérieur et l'émission d'une monnaie unique utilisable dans tous les États étaient les questions qui dominaient alors le débat politique. L'intégration militaire était très en retard sur l'intégration économique. Les États individuels ont veillé à ce que les articles de la Confédération conservent à chaque État le droit d'avoir une armée de réserve. Le Congrès fut autorisé à mettre sur pied une petite marine et à faire appel à des ressortissants de chaque État pour constituer une modeste armée nationale. En conséquence, les États, et non le gouvernement fédéral, gardaient la haute main.

Même si la Constitution des États-Unis a renforcé le pouvoir du gouvernement fédéral, les États continuaient de conserver une grande autonomie. Les menaces d'une autorité politique centralisée omniprésente inquiétaient les Américains autant que les menaces extérieures. L'ambition extérieure du pays, et, par voie de conséquence, sa force militaire, restèrent donc limitées pendant toutes les premières décennies de l'Union. Pour l'observateur de l'époque, l'Amérique pouvait bien être un géant économique en puissance, mais elle n'avait rien d'un acteur straté-gique majeur. Nous savons aujourd'hui que l'unification des États-Unis allait rapidement changer la géopolitique de l'Amérique du Nord, et bientôt celle du monde. L'unification de l'Allemagne ne fut pas différente. Elle commença tranquillement et lentement après la fin des guerres napoléoniennes en 1815. Une union douanière – le Zollverein – fut instaurée en 1834. Une structure fédérale – le Bund – vit le jour en 1820 pour exercer une supervision politique. Elle avait pour but principal de résister au changement politique libéral à l'intérieur des États membres. Les États individuels envoyaient des représentants au parlement collectif, mais chaque État avait conservé le droit de passer des alliances et de déclarer la guerre. Le Bund ne signifiait donc pas l'ins-tauration d'un État centralisé et unitaire capable de bou-leverser l'équilibre européen. Néanmoins, un processus historique d'unification était en cours. Quand il fut achevé en 1871, il était devenu clair, du moins pour Dis-raeli, que «l'équilibre de la puissance [en Europe avait] été totalement détruit».

À la différence de l'unification des États-Unis et de l'Al-lemagne, le processus d'intégration de l'Europe pourrait bien ne pas déboucher sur un État unitaire. Dès le départ, l'intégration européenne a tourné autour des questions de guerre et de paix. L'activité économique a fait le plus grand chemin, mais c'était au service d'une ambition géopolitique. Les pères fondateurs de l'Europe savaient trop bien qu'une Europe multipolaire continuerait à être condamnée à la compétition et au conflit. Il fallait donc trouver une solution pour rompre le cycle de la grandeur et de la décadence des grandes puissances européennes, avec leurs rivalités et leurs effusions de sang.

Cette solution fut l'intégration européenne. Si les pôles séparés étaient condamnés à lutter les uns avec les autres avec des conséquences désastreuses pour tous, le seul moyen de s'en sortir consistait à créer un lien entre ces pôles. En mêlant, en fondant et, pour finir, en transcendant les intérêts et les identités distinctes des États nationaux de l'Europe, le processus d'intégration allait produire une nouvelle entité politique : un système politique collectif pour les Européens.

L'un des pères fondateurs de l'intégration européenne, Robert Schuman, ministre français des Affaires étrangères de 1948 à 1953, fut tout à fait explicite sur la question des objectifs géopolitiques de l'intégration européenne et des liens entre l'activité économique et ses conséquences politiques. La première tâche consistait à éliminer l'insoluble ligne de fracture entre l'Allemagne et la France. « L'union des nations de l'Europe nécessite l'élimination de l'antagonisme immémorial de la France et de l'Allemagne. Toute action entreprise doit en premier lieu concerner ces deux pays[19] », déclarait-il en 1950. La Ceca devait être le moyen de parvenir à régler ce problème. « La solidarité dans la production ainsi instaurée [par la Ceca] montrera à l'évidence qu'une guerre entre la France et l'Allemagne est non seulement impensable, mais matériellement impossible. L'instauration de cette puissante unité de production, ouverte à tous les pays volontaires pour y prendre part et destinée, en fin de compte, à fournir à tous les pays membres les éléments de base de la production industrielle aux mêmes conditions, posera une véritable fondation en vue de leur unification économique », poursuivait-il.

L'objectif initial de l'intégration économique était de favoriser les intérêts économiques communs. « La fusion de l'intérêt indispensable à l'instauration d'un système économique commun, déclarait encore Robert Schuman, est le levain qui peut produire une communauté plus large et plus étroitement liée entre des pays qui ont été longtemps marqués par des divisions sanguinaires[20]. » Jean Monnet, maître d'œuvre de la Ceca et premier président de sa Haute Autorité, était encore plus explicite : « Nous ne pourrons jamais assez insister sur le fait que les six pays de la Communauté sont les précurseurs d'une Europe plus large, dont les limites ne sont fixées que par ceux qui ne nous ont pas encore rejoints. Notre Communauté n'est pas une association de producteurs de charbon et d'acier, c'est le commencement de l'Europe[21]. » L'Allemagne, la France et les États qui les entourent allaient finalement former une nouvelle communauté politique qui allait transcender l'État national, comme le stipulait le préambule de la Ceca : « Nous préparons les fondements des institutions qui donneront une direction à un destin désormais commun[22]. » L'impossible instabilité de la multipolarité allait faire place à l'unité et à l'harmonie d'une Europe collective ancrée dans l'union franco-allemande.

L'Europe a ainsi eu, dès ses modestes débuts, des objectifs ambitieux. Pleinement consciente que l'intégration économique seule ne serait pas suffisante pour les atteindre, les architectes de l'Europe se tournèrent vers des outils plus visibles de construction sociale. Ils créèrent un Parlement européen pour montrer que l'Europe collective, et pas seulement ses États membres pris individuellement, était un ensemble politique légitime et représentatif. Ils instaurèrent des échanges culturels et scolaires afin de briser les barrières psychologiques entre des sociétés longtemps hostiles. Ils créèrent, enfin, des symboles – monnaie, drapeau, passeport communs –, indispensables pour faire de l'Europe une réalité concrète pour le citoyen moyen et créer un espace collectif européen. Comme le fit remarquer Wim Duisenberg, premier président de la Banque centrale européenne (BCE), « l'euro est bien plus qu'une simple monnaie. C'est un symbole de l'intégration européenne dans tous les sens du terme[23] ».

Le projet européen a été un succès absolu. Non seulement la guerre entre les nations de l'Europe est devenue inimaginable, mais les frontières ne sont plus défendues et on les passe sans passeport ni contrôle douanier. Aller en voiture de France en Allemagne est aussi facile que d'aller du Maryland en Virginie. Les sondages révèlent que l'opinion publique européenne est favorable à une accélération de l'intégration. Presque la moitié des personnes interrogées se pensent indéniablement européennes. Plus de 70 % d'entre elles sont pour une défense commune et une politique de sécurité propre à l'UE[24]. L'expérience européenne de construction géopolitique fonctionne bien.

L'économie européenne a suivi. Environ 75 % de l'ensemble du commerce européen s'effectuent à l'intérieur de l'Europe. Les grandes économies deviennent plus compétitives au fur et à mesure de leur dérégulation et des distances que prennent les partis sociaux-démocrates à l'égard de leur traditionnelle base laborieuse. Le gouvernement allemand a fait voter en 2000 d'importantes réformes fiscales destinées à stimuler la croissance. Les Français ont fait de même, mais de manière moins ambitieuse. L'adhésion plus ou moins stricte aux critères imposés par l'union monétaire et la montée des partis politiques de centre-droit accélèrent également l'émergence d'une économie européenne moins anémique.

Le PIB de l'Europe est aujourd'hui proche de huit mille milliards de dollars, comparé aux dix mille milliards de celui des États-Unis, et la perspective des taux de croissance pour l'UE est similaire à ceux prévus pour les États-Unis. À la suite du net déclin du secteur des hautes technologies aux États-Unis, les fonds de capital-risque qui alimentaient jusqu'alors la révolution des *dot-com* américaines ont commencé à affluer surtout en Europe, où ils ont permis d'envisager un accroissement important de la productivité semblable à celui qu'a connu l'Amérique pendant les années 1990[25]. Avec l'arrivée des nouveaux membres (la Pologne, la Hongrie, la République tchèque, l'Estonie, la Slovénie, Chypre, Malte, la Slovaquie, la Lituanie et la Lettonie), la richesse de l'UE pourrait bientôt devenir égale à celle des États-Unis.

Airbus (un consortium français, allemand, anglais, italien et espagnol) a déjà dépassé Boeing, devenant ainsi le numéro un de l'aéronautique civile. Le plus grand fabriquant de téléphones mobiles du monde est Nokia (Finlande), loin devant Motorola (USA). Après des années d'acquisition d'entreprises étrangères par les entreprises américaines, la situation est en train de changer. En 2000, les entreprises britanniques et françaises arrivaient devant les compagnies américaines en termes de valeur collective de leurs acquisitions internationales[26]. L'Allemagne fait également preuve d'une belle réussite : Bertelsmann est la plus grande maison d'édition du monde, après le rachat de Random House et d'autres maisons américaines importantes. Daimler-Benz a acquis Chrysler en 1998 et Deutsche Telekom a acheté

VoiceStream en mai 2001. L'euro s'est renforcé et deviendra, selon toute probabilité, une des monnaies de réserve majeures[27].

Les institutions qui gouvernent l'Europe – la Commission, le Parlement et le Conseil – ont mûri au fur et à mesure de l'intégration. La Commission, issue de la Haute Autorité de la Ceca, est la principale administration de l'Union, composée de fonctionnaires multinationaux et d'individus délégués par les États membres. Bien que ses pouvoirs décisionnels soient limités, elle élabore l'ordre du jour européen, formule des propositions spécifiques et assure la mise en œuvre des décisions. Sa taille et sa juridiction se sont considérablement développées, dans la mesure où l'autorité de l'UE s'exerce sur un domaine politique élargi.

L'ordre du jour politique est divisé en trois secteurs : affaires intracommunautaires (questions relevant essentiellement du marché unique), politique étrangère et sécurité, justice et affaires intérieures[28]. Les pouvoirs de la Commission sont les plus forts dans le premier secteur, où elle exerce son autorité sur les questions économiques, partagées entre la Commission, chargée de la politique du commerce international et de la concurrence, et la BCE, qui fixe la politique monétaire pour l'Union et qui est dirigée par les présidents des banques nationales des États membres. Chaque État membre continue de contrôler ses politiques macroéconomiques et fiscales dans les limites des principes directeurs fixés par l'Union. La Cour de justice européenne (CJE) joue un rôle important dans l'application des décisions et dans la résolution des conflits entre les États membres et les institutions européennes. Lorsqu'il y a désaccord, la loi de l'Union l'emporte sur la loi nationale.

Le Parlement européen, constitué des représentants de tous les États membres élus au suffrage universel direct depuis 1979, est issu de l'Assemblée commune de la Ceca. Il n'avait, au départ, que des pouvoirs consultatifs, mais, depuis les années 1970, son autorité s'est régulièrement développée. Il a maintenant le droit d'amender les propositions de la Commission et de travailler avec le Conseil pour parvenir à une politique acceptable par tous. Il approuve aussi la composition de la Commission, peut exiger sa démission, et a, avec le Conseil, le dernier mot sur le budget annuel de l'Union. L'autorité élargie du Parlement a permis le renforcement du caractère démocratique d'une Europe supranationale.

Le Conseil, issu du Conseil des ministres de la Ceca, est la principale institution décisionnelle de l'UE. Il réunit les ministres des États membres lorsqu'un dossier du ressort de leur responsabilité est en discussion. Il rencontre aussi périodiquement les chefs d'État ou de gouvernement. La plupart des questions traitées par le Conseil requièrent une majorité qualifiée pour être ratifiées[29]. Seules les questions de politique étrangère et de défense, ainsi que certaines législations intérieures, comme la fiscalité, nécessitent l'unanimité. La présidence du Conseil change tous les six mois. Si la nouvelle Constitution approuvée par le Conseil en juin 2004 est ratifiée et entre en vigueur, ce dernier élira un président dont le mandat sera de cinq ans.

Rien n'est plus éloquent quand on parle du succès de l'Europe et de l'évolution de ses institutions que les demandes d'adhésion actuelles, formulées à grand bruit. Le Royaume-Uni, le Danemark et l'Irlande ont adhéré en 1973, suivis par la Grèce en 1981, l'Espagne et le Portugal en 1986, et l'Autriche, la Finlande et la Suède en

1995. Même après avoir rejoint l'Europe, le Royaume-Uni a gardé ses distances à l'égard du continent, et a essayé de servir de pont entre l'Amérique du Nord et l'Europe. Mais le Premier ministre Tony Blair – en particulier, après les conséquences politiques que lui a coûté son soutien à la guerre menée par les États-Unis contre l'Irak – a changé de cap, fermement décidé à faire de son pays un membre majeur de l'UE. Un référendum critique sur la Constitution se prépare. Mais il semble que les Londoniens achèteront bientôt leurs *fish and chips* en euros, et non plus en livres. Tony Blair a pleinement reconnu que le Royaume-Uni se retrouverait marginalisé – en termes économiques *et* géopolitiques – s'il ne devenait pas membre à part entière du courant dominant de l'Europe. « Nous devons être des partenaires de l'Europe de tout notre cœur, et non du bout des lèvres..., disait-il en 2001. La tragédie de la politique britannique – et donc du Royaume-Uni – a été que les hommes politiques des deux partis, depuis les années 1950 jusqu'à nos jours, n'ont pas perçu la réalité émergente de l'intégration européenne. De ce fait, ils n'ont pas servi les intérêts de la Grande-Bretagne. [...] La Grande-Bretagne n'a aucun avenir économique en dehors de l'Europe[30]. »

Dix démocraties européennes sont aujourd'hui membres de l'Union, qu'elles ont rejoint en juin 2004. La Bulgarie, la Roumanie, et les États de l'ancienne Yougoslavie sont les prochains sur la liste. La Turquie espère également devenir membre. Cette aspiration à faire partie de l'Europe unie a permis à l'UE d'exiger des conditions de la douzaine de pays, qui passent du communisme à la démocratie capitaliste. Les nouveaux membres comme les pays candidats en privatisant et en libéralisant leurs économies, sont en train de stabiliser

leur monnaie, de protéger leurs minorités et de résoudre les derniers conflits de frontières – en bref, ils mettent de l'ordre chez eux, afin de pouvoir faire partie de la
grande maison européenne. L'UE a démocratisé et pacifié
l'Europe de l'Ouest. Elle s'apprête à faire de même pour
l'Europe de l'Est.

Malgré les succès de l'Europe, l'avenir de l'Union doit
être tempéré par les récents revers subis par l'intégration et par les défis auxquels elle est confrontée. L'UE
a lamentablement échoué au début des années 1990
quand elle a essayé d'arrêter le massacre en Bosnie. La
Norvège a, en 1994, renoncé à son entrée dans l'Europe.
Le Danemark, la Suède et le Royaume-Uni ont choisi,
pour le moment, de rester en dehors de la zone euro. Le
sommet de Nice, en décembre 2000, devait accomplir
d'importants progrès à travers des réformes institutionnelles afin de préparer la voie à un élargissement, mais
il n'a pas répondu à ces attentes. De la même manière,
quelques-unes des propositions de réformes les plus
ambitieuses ont du être abandonnées dans le projet de
Constitution pour permettre son adoption par le Conseil
en 2004.

Il s'agit là d'obstacles sérieux, mais même dans les
meilleures circonstances, les processus d'intégration et
d'unification sont lents et difficiles. Les États qui se rassemblent pour former une nouvelle entité politique doivent abandonner ce qui leur tient le plus à cœur – leur
souveraineté et leur autonomie. L'Amérique, l'Allemagne
et l'Italie, pour ne nommer que ceux-là, ont connu des
crises au cours de leur unification. L'Europe n'y échappera pas non plus, et l'Union connaîtra des bons et des
mauvais jours. À certains moments, elle semblera per

dre son dynamisme, le soutien de ses États membres et de leurs citoyens. Mais, comme elle l'a fait au cours des cinquante dernières années, elle poursuivra sans aucun doute sa marche en avant. Il est aussi important de garder à l'esprit que les processus d'intégration ont tendance à s'accélérer une fois franchies certaines étapes clés. La centralisation politique des États-Unis s'est faite lentement jusque vers les années 1800, avant de s'envoler. Les années 1890 virent un accroissement notable de l'autorité de la branche exécutive, le développement de la marine américaine et une ambition extérieure élargie. De la même manière, l'intégration allemande a commencé par se faire lentement, et, au tournant du siècle, elle est entrée dans une nouvelle phase caractérisée par une centralisation rapide et une force navale en plein essor. Il est impossible de prédire à quel moment l'Union entrera dans une phase d'intégration accélérée, mais, comme nous allons le voir, la perspective d'un élargissement imminent pourrait bien se révéler être le facteur déterminant.

L'optimisme sur l'avenir de l'UE vient également de la faiblesse des arguments des eurosceptiques. De nombreux observateurs, tout particulièrement aux États-Unis, continuent de rejeter l'importance géopolitique de l'UE et affirment que l'Europe ne sera jamais assez unie pour jouer un rôle convaincant sur la scène internationale. Ils mentionnent quatre obstacles. Premièrement, les institutions supranationales européennes manquent de légitimité démocratique. Alors que l'Union cherche à devenir plus étroite, elle butera sur ce « déficit démocratique[31] ». Deuxièmement, la population de l'Europe est vieillissante. L'Allemagne et d'autres pays de l'Union auront à régler le problème que posent une population active de plus en plus faible et un système de retraites en faillite. Troisièmement, l'élargissement qui se poursuivra à l'est diluera l'Union et rendra plus difficile l'émergence de son caractère collectif. Quatrièmement, l'UE est, et a toutes les chances de rester, une puissance dotée de forces militaires d'une extrême faiblesse, et sera donc incapable de jouer un rôle géopolitique plus important.

L'UE a indéniablement un déficit démocratique. En dépit de l'adoption de mesures récentes destinées à renforcer le rôle du Parlement et à encourager la formation de partis politiques à l'échelle européenne, l'État-nation garde la mainmise sur la vie politique. Les différences linguistiques et les cultures nationales distinctes rendent les questions de politique intérieure particulièrement résistantes, et suscitent chez le citoyen européen ordinaire des interrogations quant à la légitimité et à la représentativité des institutions de l'Union. Comme l'admet Joschka Fischer, le ministre allemand des Affaires étrangères du gouvernement de centre gauche élu en 1998, l'UE est souvent « perçue comme une affaire bureaucratique menée par une eurocratie sans visage et sans âme à Bruxelles, et qui est, au mieux ennuyeuse, au pire dangereuse[32] ». Les citoyens des États membres de l'Union, affirment les sceptiques, ne sont pas prêts à confier leur destin à la Commission européenne et à son personnel sans mandat électoral.

La légitimation d'un domaine politique supranational a toujours du retard sur l'évolution déjà laborieuse des institutions supranationales. La peur d'un exécutif tout puissant a conduit les fondateurs de l'Amérique à instaurer un système constitutionnel de contre-pouvoir et à protéger les droits des individus à porter des armes. Il fallut attendre la fin de la guerre civile pour que la nation l'emporte définitivement sur les États et soit reconnue comme la principale source d'identité et d'engagement politique.

On peut rappeler les paroles poignantes de Robert E. Lee, officier de l'armée des États-Unis et ardent adversaire de la sécession, lorsqu'il a choisi son camp à la veille de la guerre civile : « Avec toute ma dévotion pour l'Union, je n'ai pu me décider à lever la main contre ma famille, mes enfants, ma maison. [...] Si l'Union est dissoute, et si le gouvernement n'est plus, je retournerai partager les malheurs de mon peuple dans mon État natal[33]. »

Les élites européennes comprennent qu'elles doivent rendre l'UE plus démocratique – c'est une des raisons pour lesquelles elles ont préparé une Constitution qui devra être ratifiée par chaque État membre[34]. La volonté manifestée par l'Allemagne de prendre la tête du changement institutionnel améliore les perspectives de réforme. Pendant des décennies, Bonn s'est alignée sur les décisions des autres capitales européennes pour rassurer ses voisins et œuvrer à la réconciliation. En signe de renouveau de son *leadership*, le siège du gouvernement est revenu à Berlin en 1999, et l'Allemagne n'a pas ménagé scs efforts pour guider l'évolution de l'UE et redresser son déficit démocratique. Comme l'a dit Fischer en mai 2000 dans un discours bien accueilli, « une tension apparaît entre, d'une part, la communautarisation de l'économie et de la monnaie, et, d'autre part, l'absence de structures démocratiques et politiques. Cette tension pourrait conduire à des crises au sein de l'UE si nous ne prenons pas des mesures efficaces pour remédier à l'insuffisance d'intégration politique et de démocratie, et compléter ainsi le processus d'intégration[35] ».

Et il a expliqué ce qu'il entendait par «mesures efficaces»: «La réponse est simple, il s'agit de passer d'une union d'États à une parlementarisation complète d'une Europe fédérée, [...] et cela signifie rien de moins qu'un Parlement et un gouvernement européens qui exercent véritablement le pouvoir législatif et exécutif au sein de la fédération.» Cette fédération serait «une Union que les citoyens pourraient comprendre, poursuivait-il, parce qu'elle aurait remédié à ses insuffisances de démocratie». Il se montra rassurant: «Tout cela ne signifie pas l'abolition de l'État-nation. Car une fois la fédération achevée, l'État-nation, avec ses traditions culturelles et démocratiques, sera irremplaçable pour assurer la légitimité d'une union de citoyens et d'États pleinement acceptée par le peuple. [...] Une fois l'Europe achevée, nous serons toujours britanniques, allemands, français ou polonais[36].»

Quelques mois plus tard, le chancelier Gerhard Schröder proposait l'instauration d'une gouvernance à deux Chambres, avec une Chambre haute composée de ministres de chaque pays et un Parlement comprenant des représentants élus au suffrage universel. Comme dans le projet de Fischer, les États-nations de l'Europe conserveraient un pouvoir politique important, mais les institutions collectives de gouvernance seraient considérablement renforcées. Il importe moins de savoir si les projets de Fischer et de Schröder prévaudront que de voir le membre le plus riche et le plus peuplé de l'UE s'engager aussi activement pour favoriser l'avènement d'une Europe fédérale.

La Grande-Bretagne a elle aussi fait preuve de plus de souplesse sur la question de l'évolution institutionnelle de l'UE. Tony Blair a déjà orchestré une spectaculaire volte-face dans la politique britannique. Après des décennies de scepticisme à l'égard de l'Europe, Londres cherche depuis quelque temps à prendre sa place au cœur de l'Union. Selon les termes du Premier ministre, la Grande-Bretagne doit être « un acteur majeur et un partenaire stratégique » de l'Union. Tony Blair a soutenu l'initiative sur la question de la défense et a indiqué qu'il aimerait orchestrer l'entrée de la Grande-Bretagne dans la zone euro au cours de son deuxième mandat. William Hague, le candidat conservateur aux élections de 2001, a bâti sa campagne sur l'opposition à l'euro, et son parti a été sévèrement battu.

Bien que Tony Blair ait affirmé son opposition à une évolution de l'Europe en direction d'un « super État » fédéral, il n'a pas moins précisé qu'il est partisan « d'une Grande-Bretagne forte dans une Europe forte » – c'est-à-dire une forme de supranationalisme européen dans lequel chaque État membre coexiste en bonne intelligence avec les institutions de l'UE[37]. Il appelle aussi à la création d'une seconde Chambre au Parlement européen pour rehausser le contrôle démocratique. Ses conceptions ne sont pas exactement celles de Fischer et de Schröder, mais elles pointent la nécessité d'ouvrir un débat sur l'avenir institutionnel de l'UE et de travailler à l'instauration d'une gouvernance plus démocratique et plus efficace.

La France s'est montrée plus hésitante sur l'évolution de l'Union, en partie à cause de la *cohabitation** entre 1997 et 2002 et des conceptions différentes de Jacques Chirac et de Lionel Jospin. Chirac était favorable à une intégration plus forte, en particulier sur les questions de politique étrangère et de sécurité. Il a été aussi un partisan déclaré d'une Constitution pour l'UE, car « un tel texte rassemblerait les Européens et leur permettrait de s'identifier à un projet grâce à un acte solennel d'approbation[38] ».

Lionel Jospin était plus réservé. En mai 2001, dans un discours sur l'avenir de l'Europe, il a contrecarré les penchants fédéralistes allemands : « Je veux une Europe, mais je demeure attaché à ma nation. Faire l'Europe, sans défaire la France, ou tout autre nation européenne, c'est mon choix politique[39]. » C'est là une position paradoxale pour la France, étant donné le rôle fondateur qu'elle a joué dans l'intégration européenne. Jean Monnet et Robert Schuman étaient de chaleureux partisans du fédéralisme quand ils ont commencé à poser les premières pierres de l'Europe !

Mais les restes du gaullisme continuent de maintenir une emprise perverse sur la politique française, en engendrant un nationalisme qui nourrit une grande ambition pour l'entreprise européenne, tout en dressant des embûches. La France voulait une Europe forte pour jouer son rôle dans le monde, mais faible dans ses institutions de gouvernement – ce qui est logiquement et concrètement impossible. L'Europe ne peut être à la fois décentralisée et fragmentée et poursuivre une ambition géopolitique. Mais comme la France n'est plus assez forte pour faire entendre sa voix sur la scène mondiale, elle compte sur l'Europe pour le faire. C'est ce sentiment de faiblesse qui l'empêche de s'engager avec confiance sur la voie de l'intégration et de sublimer l'État national dans le projet européen. La réticence de la France envers la réforme institutionnelle trouve aussi son origine dans une certaine gêne devant la nouvelle volonté de l'Allemagne d'assurer un rôle de leader.

L'ambivalence de la France à l'égard du renforcement des institutions de l'UE a peu de chances de persister, tout simplement parce que c'est une position intenable à long terme. De plus, la défaite de Jospin à l'élection présidentielle a renforcé la position pro-européenne de Chirac. La France a également dû affronter les pressions de l'Allemagne et des autres membres de l'Union, à mesure que les questions des réformes institutionnelles devenaient plus urgentes avec l'élargissement à l'est. Confrontés à la perspective de mettre l'intégrité de l'Union en danger ou de renforcer les institutions, le choix a alors été facile, même pour les Français étatistes. Le projet européen est trop important et les enjeux, tout particulièrement pour la France, trop élevés.

Finalement, même si le déficit démocratique de l'Europe constitue un obstacle au processus d'intégration, cela ne signifie pas que l'UE ne fera jamais contrepoids aux États-Unis. Une UE comprenant l'Europe occidentale et centrale, aussi riche que l'Amérique, est en elle-même un contrepoids. Certes, plus l'Europe devient unitaire et collective, et plus elle sera capable de faire entendre une seule voix et défendre son point de vue. Mais alors que son unité est encore fragile – surtout si l'on prend en compte les priorités stratégiques changeantes de l'Amérique –, elle constitue un pôle émergeant dans un système mondial en pleine transformation.

Le problème démographique de l'Europe est certainement sérieux. La baisse du taux de natalité depuis la fin de la Seconde Guerre mondiale signifie que l'Allemagne, par exemple, comptera en 2020 une personne active pour un retraité[40]. Le moteur de l'économie de l'UE risque de s'étouffer à cause du déséquilibre provoqué par le nombre de personnes actives et le financement des retraites. Une étude achevée en 2000 estime que le système des retraites allemand, s'il devait rester inchangé, deviendrait déficitaire en 2019 et produirait une dette d'un montant égal à la moitié du PIB en 2032. Le système des retraites en France et en Italie est encore en plus mauvais état[41].

Même s'il ne sera pas facile de régler les problèmes économiques dus à une population vieillissante, les membres de l'UE sont bien conscients de la crise qui se profile à l'horizon et sont en train de prendre des mesures pour l'éviter. Le parlement allemand a voté une loi prévoyant des réductions d'impôt et d'autres mesures incitatives destinées à encourager l'investissement des personnes en activité dans des fonds de retraite privés qui permettraient d'alléger le fardeau du système national. Les membres de l'UE discutent également des moyens de libéraliser les règlements sur l'afflux des travailleurs étrangers. L'Allemagne, par exemple, a commencé à employer des travailleurs invités à venir combler les postes manquants dans la technologie de l'information. En août 2000, Berlin a arrêté un plan d'immigration pour attirer vingt mille ingénieurs en informatique, essentiellement en provenance de l'Inde.

L'élargissement à l'est pourrait améliorer considérablement les choses. Les pays d'Europe centrale ont une main-d'œuvre plus importante qui promet de combler les déficits de certains pays européens. La population jeune de la Turquie en fait une candidate toute trouvée pour fournir cette main-d'œuvre. Pour renforcer la mobilité de la main-d'œuvre à l'intérieur de l'Union, qui demeure relativement faible, la Commission examine diverses mesures, y compris celles consistant à améliorer la formation linguistique, à faciliter le transfert des indemnités de chômage, des pensions, du système de santé entre les

États membres, et à standardiser les qualifications professionnelles et universitaires[42].

Ces développements amélioreront sans doute les problèmes que pose le vieillissement de la population, mais ils ne les résoudront pas. Des réformes plus ambitieuses sont nécessaires, tout comme une meilleure harmonisation de la fiscalité des pays membres – ce qui ne sera pas une tâche facile tant que les gouvernements rechigneront à abandonner le contrôle de la fiscalité et que les syndicats s'opposeront aux mesures qui réduiront le montant des retraites. L'amélioration de l'intégration sociale des immigrés demande également une réelle attention.

Sur la question de l'élargissement, les sceptiques affirment que l'entrée de plus de douze nouveaux membres risque de diluer l'Union et de paralyser son pouvoir de décision. L'inquiétude ne vient pas seulement du nombre croissant d'États membres, mais également de leur peu d'expérience de la démocratie, des cultures politiques divergentes et des économies à différents stades de développement. L'élargissement promet aussi d'imposer de nouvelles dépenses à l'UE sous forme de subsides agricoles et d'aides diverses.

Ces inquiétudes sont justifiées : l'élargissement confronte indiscutablement l'UE à de sérieux problèmes. Mais il s'agit d'un défi qui peut également être le salut de l'Europe. C'est précisément parce que l'élargissement sans le renforcement de l'Union risquerait de mettre en péril le fonctionnement de l'UE qu'il sert de catalyseur et qu'il est l'événement clé qui la contraindra à entreprendre les réformes internes qu'elle avait remis à plus tard. L'élargissement crée un sentiment d'urgence et donne aux leaders de l'UE l'impulsion dont ils ont besoin pour s'atteler à la difficile tâche politique du renforcement des institutions. Fischer et d'autres l'ont exprimé quand ils ont reconnu que l'élargissement risquait de paralyser l'UE. « Mais ce danger, note Fischer, n'est pas une raison pour ne pas accomplir l'élargissement aussi vite que possible ; il montre plutôt la nécessité d'une réforme institutionnelle décisive, appropriée de manière à ce que la capacité de l'Union à agir soit préservée même après l'élargissement[43]. »

L'expérience américaine, une fois de plus, nous fournit un parallèle intéressant. Ce fut l'élargissement à l'ouest qui força les États-Unis à se préoccuper de ce qui constituait peut-être son maillon faible, l'antagonisme culturel et économique qui divisait le Nord et le Sud. Au cours de la première moitié du XIXᵉ siècle, les États libres et les États esclavagistes trouvèrent divers arrangements pour empêcher leurs différences politiques de resurgir pendant le processus d'élargissement[44]. C'est ainsi que fut repoussée la réforme institutionnelle, mais à un coût élevé pour la cohésion de l'Union. La continuation de l'élargissement vers l'ouest finit par faire éclater ces importantes différences politiques, et entraîna l'affrontement entre le Nord et le Sud. La guerre civile a coûté de nombreuses vies, mais elle a aussi préparé la scène pour une réforme sociale et politique et pour une gouvernance plus efficace et plus centralisée. L'élargissement et la crise qui l'a accompagné ont ainsi ouvert la voie à un fédéralisme qui demeure le fondement idéologique de l'Amérique contemporaine.

Pour l'UE, son élargissement a peu de chances, fort heureusement, de provoquer des guerres, mais ce projet engage les États membres réticents à s'atteler à une réforme institutionnelle essentielle. Le renforcement de l'autorité des institutions de l'UE est une obligation pour qu'une union de vingt-cinq pays puisse réellement fonctionner. Les réformes contenues dans la Constitution représentent un important pas en avant dans ce domaine.

Cet élargissement créé également des tensions au sein de l'Union pour distinguer un noyau interne d'États membres de ceux dont l'intégration se fait plus progressivement et par étapes. Le recours à la différenciation permettra aux membres du noyau interne d'aller vers une intégration renforcée, tandis que les autres rejetteront ou suivront de longues périodes de transition. L'introduction de l'euro a suivi ce schéma, avec un groupe d'États ouvrant la voie et d'autres qui rejoindront la zone euro une fois qu'ils en auront la volonté politique et qu'ils répondront aux critères économiques spécifiques. Cette approche démultipliée qui permettra à l'UE de ne pas avoir à se conformer toujours au plus petit dénominateur commun est d'une importance majeure au moment où les pays d'Europe centrale commencent à entrer. Et revenons à Fischer : « C'est précisément dans une Union élargie, et donc nécessairement plus hétérogène, qu'une nouvelle différenciation sera inévitable[45]. » Cette flexibilité ne limitera pas seulement la capacité des plus lents à retenir les autres, elle libérera aussi les États qui forment le cœur de l'Europe, leur permettra de progresser dans l'intégration et de servir, en fin de compte, d'avant-garde à l'union générale.

La défense est la dernière question sans cesse reprise par les eurosceptiques. Les membres de l'UE font d'importants efforts financiers en faveur de la sécurité, mais ils le font surtout à l'aide de moyens non militaires. Ils accordent une aide économique importante aux régions

sujettes à des conflits ; ils investissent à la fois financièrement et humainement dans la résolution de conflits,
la démocratisation et l'établissement d'institutions et
d'infrastructures dans les pays étrangers. Les militaires
européens ont essentiellement accompli des missions de
maintien de la paix, et la plupart des États membres n'ont
pas la capacité de participer à des opérations plus importantes. Le problème est non pas une pénurie d'effectifs
mais un manque de puissance de feu : en effet, si le budget
collectif de la défense européenne est bien inférieur à celui
de l'Amérique, l'Europe a beaucoup plus d'hommes sous
les armes que les États-Unis. Les budgets de la défense
vont en grande partie à la rémunération du personnel et
au maintien de grandes armées territoriales. Ils ne sont
pas destinés à des forces bien entraînées et équipées, ni à
l'achat de matériels de transport indispensables à l'acheminement des troupes sur le théâtre des opérations. L'Europe est donc incapable d'entreprendre une opération
d'importance et demeure dépendante des États-Unis et
de son impressionnante infrastructure logistique.

Mais comme les temps changent, l'Europe est arrivée à
un tournant et sa présence militaire va augmenter dans
les années à venir pour maintes raisons.

D'une part, elle s'apprête à créer des instances de gouvernance collectives plus centralisées et plus autoritaires,
prélude nécessaire à une politique commune de défense.
C'est une chose de coordonner une politique commerciale et de standardiser la taille des prises de courant
électriques, c'en est une autre d'abandonner sa monnaie nationale et de débattre sur l'opportunité d'avoir
ou non une Constitution européenne – autant d'actes
qui, en termes pratiques et symboliques, constituent une
vraie mise en commun de la souveraineté, et le passage

de la politique, des intérêts et de l'identité de la nation à un niveau supranational. Les réformes institutionnelles de l'Europe promettent de préparer le terrain pour une plus grande ambition géopolitique, comme l'a fait la centralisation des institutions politiques de l'Amérique à la fin du XIXᵉ siècle.

Par ailleurs, les efforts redoublés de l'Europe pour définir une politique commune de sécurité, pour acquérir la capacité militaire et en assurer la mise en œuvre sont un autre signe de sa maturation. En 1999, l'UE crée le poste de haut représentant pour la politique étrangère et la sécurité, et nomme Javier Solana, l'ancien secrétaire général de l'Otan. Il aura pour tâche de superviser les nouveaux conseils politiques et militaires qui doivent proposer les mesures à prendre, en vue d'une défense commune. L'UE a aujourd'hui l'intention de franchir l'étape suivante et de faire de Solana le premier ministre des Affaires étrangères de son histoire. Elle s'est engagée à disposer d'une force de réaction rapide, capable d'intervenir très vite et d'être maintenue au moins un an sur le terrain. Les États membres ont commencé à coordonner leurs budgets et leur plan de défense pour mettre en œuvre cet engagement.

Les eurosceptiques ont raison de faire valoir que le budget de la défense de l'UE est en diminution et que de nouvelles dépenses seront finalement nécessaires si l'Europe doit atteindre l'étendue qu'elle envisage. Mais elle devrait mieux utiliser les ressources qu'elle consacre à la défense. Une plus grande coordination des programmes d'acquisition de matériel militaire, une division du travail intelligente entre les États et le passage d'une armée de conscription mal entraînée à une armée professionnelle amélioreraient sa capacité militaire.

Des réformes significatives ont déjà été accomplies. La France a mis un terme au service militaire national. L'Allemagne a déjà effectué une profonde révision de ses effectifs militaires. De nouveaux programmes d'acquisition de matériel militaire commun sont en cours. En juin 2001, neuf pays européens (Allemagne, France, Espagne, Royaume-Uni, Italie, Turquie, Belgique, Portugal et Luxembourg) se sont engagés à acheter un total de deux cent douze appareils de transport de troupes A400M[46], qui seront construits par Airbus, dont 80 % du capital est détenu par la société européenne aéronautique et spatiale de défense (EADS), un nouveau consortium de fournisseurs pour la défense européenne. Les membres de l'UE se sont également mis d'accord pour construire leur propre réseau de satellites, appelé « Galileo », une mesure qui l'affranchira de sa dépendance à l'Amérique.

L'UE a aussi commencé à faire entendre ses positions diplomatiques d'une manière toute nouvelle. En mars 2001, l'administration Bush a fait part de son intention de prendre ses distances avec la politique très engagée de Clinton sur le rapprochement des deux Corées. Inquiète des conséquences que cela risquait d'entraîner pour la région, l'UE fit savoir qu'elle allait reprendre le rôle de médiation que les États-Unis étaient en train d'abandonner. « Cela signifie que l'UE doit entrer en scène[47] », déclara le ministre des Affaires étrangères suédois, dont le pays avait alors la charge de la présidence de l'Union. Quelques jours plus tard, les rebelles albanais ont failli déclencher une guerre en Macédoine et ont échangé des tirs avec l'armée macédonienne dans les collines bordant le Kosovo. L'administration Bush garda ses distances. Une fois de plus, l'UE entra dans le jeu et prit la direction des initiatives diplomatiques. Javier Solana et d'autres représentants européens jouèrent un rôle beaucoup plus important dans le règlement de la crise que ne le firent les Américains. Depuis, l'Europe a repris à l'Otan le commandement de la mission de maintien de la paix en Macédoine. Elle s'est entremise, en mars 2002, pour que les leaders yougoslaves se mettent d'accord sur le nouveau nom de leur pays – Serbie et Monténégro –, une mesure visant à anticiper la marche du Monténégro vers l'indépendance. Au cours de cette même année, elle s'est profondément impliquée dans des négociations entre Israéliens et Palestiniens – chasse gardée, depuis des décennies, des diplomates américains –, et a joué un rôle essentiel au mois de mai dans le règlement du siège de l'église de la Nativité à Bethléem.

« Au tour de l'Europe », titre à ce sujet le journal allemand *Frankfurter Allgemeine Zeitung*. « Une Europe plus assurée », commente le *New York Times* qui note à son tour que l'Union a « gagné une nouvelle confiance sur la scène mondiale, construite sur ses progrès économiques et sur son intégration politique et commerciale grandissante[48] ».

Il faut bien reconnaître que les progrès de la diplomatie et de la défense européennes sont lents et modestes. Mais il en fut de même pour les États-Unis et l'Allemagne, et pour tout autre entité politique formée à partir d'entités distinctes. Les États, par nature, ne renoncent qu'avec réticence à leur souveraineté pour confier leur bien-être à une union collective. C'est à présent au tour des États de l'Europe de sauter le pas.

L'Europe entre dans une nouvelle phase de son évolution. Elle est aussi en train d'acquérir une plus grande ambition géopolitique à cause du nouveau rôle idéologique joué par l'intégration dans la politique européenne. Au cours des cinquante dernières années, les dirigeants politiques élus justifiaient le projet européen et les sacrifices qu'il imposait en utilisant deux arguments. Tout d'abord, l'Europe devait s'unir pour échapper à son passé. Ensuite, elle devait s'unir contre la menace communiste. L'Otan était aux avant-postes, mais, pendant ce temps-là, l'UE construisait la force économique et la confiance politique de l'Europe.

Ces deux arguments ne pèsent plus lourd aujourd'hui. L'Union soviétique n'existe plus et la Russie, même si elle le voulait, est trop faible pour exercer une menace sur l'Europe occidentale. Alors qu'un demi siècle s'est écoulé depuis la fin de la Seconde Guerre mondiale, échapper au passé n'a plus grand sens pour nombre d'Européens. Leurs connaissances historiques mises à part, les jeunes générations n'ont pas l'expérience d'un passé dont il faudrait chercher à se débarrasser. Le discours politique dominant qui depuis des décennies donne un sens et une importance à l'UE est en train de perdre sa raison d'être.

À sa place apparaît un nouveau discours qui met, lui, l'accent sur l'avenir. Au lieu de justifier l'élargissement comme moyen de neutraliser l'ambition géopolitique de l'État national, ce nouveau discours affirme que l'élargissement est le moyen d'acquérir de la puissance et de donner corps à une ambition géopolitique européenne. Jacques Chirac, dans un discours prononcé à Paris, en novembre 1999, ne pouvait guère être plus clair : « L'UE [doit] devenir un pôle majeur de l'équilibre mondial, en se dotant de tous les instruments d'une véritable puissance[49]. » Même les Britanniques qui, pendant des années, se sont opposés avec véhémence au moindre rôle de l'UE dans les affaires de sécurité, ont changé d'avis. Pour reprendre les mots de Tony Blair, « les citoyens européens ont besoin d'une Europe forte et unie. Ils ont besoin qu'elle soit une puissance dans le monde. Quelle que soit son origine, l'Europe d'aujourd'hui n'est plus seulement une question de paix. Il s'agit de former une puissance collective[50] ».

L'intégration trouve auprès des électeurs européens une nouvelle légitimité mais, paradoxalement, au moyen d'un nouveau type de nationalisme paneuropéen. Certes, les nations européennes se sont débarrassées définitivement de leurs ambitions extérieures, mais certaines aspirations réapparaissent au niveau de l'Europe collective. L'ambition géopolitique de l'Europe ne manquera pas de s'affirmer à mesure que ces nouvelles tendances politiques gagneront de l'importance.

De son côté, l'Amérique est en train de fournir un encouragement considérable au retour de l'Europe sur la scène géopolitique. L'Europe se trouve aujourd'hui militairement faible et mal organisée en matière de défense, parce que, depuis des décennies, elle a eu la chance de pouvoir se reposer sur les États-Unis pour sa propre sécurité. L'extension du parapluie stratégique opérée par l'Amérique a non seulement permis de préserver la paix pendant la période de la guerre froide, mais elle a aussi permis aux Européens de consacrer toutes leurs énergies à l'intégration politique et économique. Toutefois, avec les années, ce qui était une nécessité stratégique est devenu une dépendance malsaine. L'Europe tirait profit de la volonté des États-Unis de jouer le rôle de gardien. Malgré tout ce qui a changé depuis 1949 et surtout depuis 1989, elle n'en a pas moins continué à dépendre des États-Unis pour assurer sa sécurité.

Elle a donc fait une très bonne affaire pendant long-temps. Mais comme toutes les bonnes affaires, celle-ci a une fin. La guerre froide est terminée, les nations euro-péennes sont en paix, et l'UE est prospère. Le Congrès américain est tout à fait dans son droit de demander ins-tamment à l'Europe de partager plus équitablement le fardeau de la défense. La guerre du Kosovo et la pré-sence de forces de maintien de la paix américaines ont clairement montré que les États-Unis acceptaient encore de lui laisser un peu de temps pour lui permettre de mûrir. Mais l'Amérique a mené cette guerre contre son gré et l'administration Bush a indiqué explicitement qu'elle voulait rapatrier ses troupes, et ce d'autant plus que les missions recentrées sur la défense de la patrie et sur le terrorisme ont changé la donne.

Il n'y a pas de meilleur moyen pour inciter les Euro-péens à devenir plus responsables de leur défense que de les confronter à la perspective d'une Amérique qui n'a plus d'intérêt à garantir la sécurité de l'Europe. Ce n'est pas une circonstance fortuite si l'Europe s'est mise à redoubler d'efforts pour construire une politique de défense commune juste après la fin de la guerre que l'Otan a menée au Kosovo. Les Européens redoutent – à juste titre – que l'Amérique refuse d'intervenir la pro-chaine fois qu'une guerre éclatera à la périphérie de leurs frontières. Et ils sont conscients que c'est dès maintenant qu'ils doivent se préparer à une telle éventualité.

Ce changement fondamental dans les relations straté-giques entre l'Amérique du Nord et l'Europe en est à ses premières phases. Il prendra toute son importance dans les années à venir. L'impulsion viendra non pas seule-ment de la nouvelle ambition de l'Europe, qui prendra forme lentement, mais également de la politique intérieure de l'Amérique et de sa réaction schizophrène face à l'essor de l'Europe – un sujet que nous aborderons dans les chapitres suivants.

Rome « redux »

Le parallèle entre le monde actuel et le monde du Bas-Empire romain est frappant. L'Amérique, comme Rome hier, connaît la suprématie, mais commence à se lasser du fardeau de l'hégémonie. L'Europe aujourd'hui, comme Byzance hier, émerge comme un centre de puissance, qui divise en deux un grand royaume jusque-là uni.

Il est trop tôt pour dire si Washington et Bruxelles suivront, en termes de rivalité géopolitique, la même voie que Rome et Constantinople, mais certains signes le laissent penser. Les États-Unis sentent déjà la pression de l'euro et la force croissante de l'économie européenne et de ses grandes entreprises. L'ambition géopolitique de l'UE est encore limitée, mais il y a des signes qui ne trompent pas. Et même si Washington a demandé à l'Europe de faire plus pour sa défense, c'est à contrecœur qu'il cède de la place à une Europe indépendante et sûre d'elle. Si l'Histoire se répète, cette compétition hésitante risque fort de se transformer en une rivalité plus sérieuse.

Les sceptiques peuvent objecter que l'analogie entre le monde occidental contemporain et l'Empire romain du IVe siècle est hors de propos dans la mesure où les temps ont changé et que, par conséquent, la nouvelle relation entre l'Amérique du Nord et l'Europe ne ressemblera en aucun cas à la confrontation entre Rome et Byzance. L'Amérique et l'Europe ont façonné ensemble une communauté politique où une guerre entre elles est inimaginable. L'Europe a été aux côtés de l'Amérique après les attentats terroristes du 11 septembre avec l'Otan qui, pour la première fois de son histoire, a invoqué la clause de son traité qui stipule qu'une attaque dirigée contre l'un de ses membres est une attaque dirigée contre tous. Si l'Europe, par ailleurs, fait des progrès en matière de défense, sa capacité opérationnelle demeurera modeste pour quelque temps encore : l'UE n'est pas prête de constituer un concurrent militaire pour les États-Unis.

Ces considérations nous amènent donc à admettre qu'un conflit armé entre les États-Unis et l'Europe relève d'une perspective extrêmement lointaine. Mais si cette éventualité n'a guère de sens, elle ne saurait exclure pour autant la question de savoir si l'essor de l'Europe et la compétition qu'elle va engendrer avec l'Amérique auront ou non des conséquences géopolitiques.

Au fur et à mesure que la richesse, la capacité militaire et le caractère unitaire de l'Europe augmenteront, son désir d'exercer une influence internationale plus importante fera de même. Lorsque l'Amérique cherche à étendre sa suprématie, ce n'est pas simplement dans un but intéressé, c'est aussi pour éprouver la satisfaction émotionnelle qu'elle tire de sa position de *leadership* – appelons cela nationalisme. De la même manière, l'essor de l'Europe fera naître une aspiration à un statut plus élevé. Comme les États-Unis règnent généralement en maître sur l'ordre international, la quête de l'Europe pour une plus grande autonomie et un statut plus important prendra la forme, au moins au début, d'une résistance à l'influence croissante des États-Unis et d'un désir de mettre un terme à de longues décennies de déférence à leur égard.

Certains leaders européens ont déjà commencé à exprimer à voix haute leur mécontentement face à la puis-

sance et à l'arrogance de l'Amérique. En 1999, Hubert
Vedrine, alors ministre français des Affaires étrangères, disait ne pouvoir accepter « un monde politiquement unipolaire et culturellement uniformisé, ou encore
l'unilatéralisme d'une seule et unique hyperpuissance
qu'est l'Amérique[51] ». Le président Jacques Chirac était
lui aussi de cet avis : « Il nous faut un moyen de résister
à l'hégémonie américaine[52]. » Après une rencontre avec
le président chinois Jiang Zemin, en décembre 1999, le
président Boris Eltsine a affirmé : « Nous sommes arrivés
à la conclusion que le modèle unipolaire n'est pas bon.
Nous avons besoin d'une structure multipolaire[53]. »

De tels sentiments se sont intensifiés après l'élection
de George W. Bush, en raison de l'unilatéralisme et du
ton de sa politique étrangère. À la suite de l'appel de
Bush pour élargir la guerre contre le terrorisme à l'Irak,
à l'Iran et à la Corée du Nord, Hubert Vedrine demanda
à l'Europe d'exprimer son opposition aux États-Unis qui
« [agissent] unilatéralement, sans consulter personne, et
prennent des décisions fondées uniquement sur leur
propre vision du monde et sur leurs propres intérêts[54] ».
Quand on lui a demandé ce qu'il fallait faire face à
la prépondérance américaine, la réponse de Gehrard
Schröder fut simple : « Une Europe élargie et davantage
intégrée, [avec] plus de poids[55]. » Valéry Giscard d'Es-
taing a ouvert la Convention constitutionnelle de l'UE
en mars 2002 en notant que le succès d'une réforme
institutionnelle de l'Union confirmerait que « l'Europe
aura changé de rôle dans le monde ». « Elle sera respectée et écoutée, poursuivait-il, non seulement comme la
puissance économique qu'elle est déjà, mais comme une
puissance politique qui parlera en égale avec les plus
grandes puissances de la planète actuelles et à venir[56]. »

Romano Prodi, président de la Commission, était d'accord pour dire qu'un des premiers objectifs de l'UE est de créer « une superpuissance sur le continent européen qui soit l'égale des États-Unis[57] ».

Ces déclarations et d'autres du même genre ont été faites pour convaincre les électeurs et pour tracer les grandes lignes de la politique européenne. Même si elles font partie du débat politique, ces exhortations sont néanmoins révélatrices. Le fait que les leaders européens fassent appel à des instincts nationalistes et pressent l'Europe d'agir comme un contrepoids à l'Amérique souligne l'existence de la rivalité qui existe en puissance entre l'Amérique et l'Europe. Si l'on combine la logique du réalisme avec celle d'un nationalisme paneuropéen, il devient clair que, même en l'absence de conflits d'intérêts entre l'Europe et les États-Unis, il y aura quand même une compétition pour la position et le statut des deux côtés de l'Atlantique.

Il existera toutefois aussi des conflits d'intérêts. Fort heureusement, les États-Unis et l'Europe n'ont pas de conflits territoriaux majeurs : ils ont été résolus au XIXe siècle par la guerre et la diplomatie. Mais les deux parties ont de fortes chances de s'affronter sur d'autres questions.

En effet, les États-Unis et l'Europe ont depuis longtemps des vues différentes sur le Moyen-Orient, et en particulier sur l'Iran et l'Irak. La plupart des Européens se sont opposés à la guerre de l'Amérique contre Saddam Hussein. Avant la guerre, le maintien des sanctions contre l'Irak s'est avéré presque impossible. Les entreprises européennes ont également défié les efforts de Washington pour tenter de les dissuader d'investir et d'avoir des activités en Iran et en Libye. Il est tout à fait plausible que le Congrès demande des sanctions contre l'Europe pour avoir laissé ses entreprises violer la loi de 1996 sur les sanctions contre l'Iran et la Libye. Cette loi a été reconduite par le Congrès en 2001 pour cinq nouvelles années. Pendant ce temps, l'UE a adopté une loi qui interdit aux entreprises européennes de se plier à la loi américaine. Les événements de septembre 2001 et la lutte contre le terrorisme qui en a résulté ont compliqué un peu plus l'environnement au Moyen-Orient, et rendent plus vraisemblable un affrontement entre les deux rives de l'Atlantique. Les États-Unis et l'Europe ont des approches différentes du processus de paix entre Palestiniens et Israéliens, et, ainsi, il n'est pas impossible que les États de la région montent les deux parties l'une contre l'autre au moment où l'Europe s'engage comme médiatrice. Les leaders européens ont vivement et ouvertement critiqué l'administration Bush pour son soutien à Israël et pour la mise hors circuit du régime de Yasser Arafat en réponse à l'escalade des violences[58].

Le débat sur le bouclier antimissile pourrait également être une source de conflit. L'administration Bush a clairement montré son intention de procéder à leur développement et à leur déploiement, et a indiqué qu'elle pourrait choisir un système comprenant des intercepteurs terrestres, maritimes, aériens et spatiaux. Un système de cette étendue a peu de chances de gagner le soutien de l'Europe et risque d'entraîner un sérieux désaccord stratégique, surtout si la Russie s'aligne aux côtés des Européens. L'Europe a tout simplement une conception différente des menaces et des solutions qui doivent leur être apportées. Sans la menace soviétique pour maintenir l'Alliance intacte, une rupture de la sorte pourrait bien compromettre l'étroit partenariat stratégique entre l'Amérique et l'Europe. Les relations pourraient alors devenir celles qui prévalaient entre les deux guerres, lorsque les démocraties américaine et européennes n'étaient pas des adversaires mais n'étaient pas non plus des alliés de confiance.

Les États-Unis et l'Europe pourraient bien s'engager également dans une compétition plus intense dans les domaines du commerce et de la finance. Leurs relations économiques sont actuellement remarquablement saines, et chacune des deux parties tire bénéfice des flux commerciaux et du flux d'échanges et d'investissements. Cependant, une Europe plus sûre d'elle-même et une économie américaine moins compétitive rendent vraisemblable une politisation accrue des conflits commerciaux. Lorsque l'administration Bush a annoncé de nouveaux tarifs douaniers sur les importations d'acier en mars 2002, l'UE a émis le vœu de porter le désaccord devant l'OMC. Pascal Lamy, commissaire européen chargé du commerce, a déclaré : « La décision des États-Unis de s'engager dans la voie du protectionnisme est un revers majeur pour le système commercial international[59]. » Les restrictions de l'Europe sur les importations de produits alimentaires génétiquement modifiés, qui pourraient coûter quatre milliards de dollars par an aux entreprises américaines, laissent entrevoir la possibilité d'une guerre commerciale majeure et la polarisation des négociations sur le commerce mondial. L'émergence de l'euro comme monnaie de réserve pourrait aussi créer des dissensions sur la gestion du système financier international. Les dévaluations compétitives et l'absence de coordination monétaire au cours de la période de l'entre-deux-guerres ont démontré que, sans l'existence d'un acteur économique dominant, des turbulences financiè-

res considérables et des politiques financières individua-
listes – même entre alliés ayant des intérêts semblables
– pouvaient prévaloir.

Il ne s'agit plus ici d'intérêts divergents mais de valeurs.
Les deux côtés de l'Atlantique sont séparés par des
modèles de société fort différents. En dépit d'une dérégulation continuelle en Europe, le capitalisme du laisser-
faire américain contraste sérieusement avec l'économie
plus étatique de l'Europe. Alors que les Américains
dénoncent les obstacles imposés par le modèle européen
sur la croissance, les Européens lancent un regard désap-
probateur sur les inégalités de revenus en Amérique, son
consumérisme et son empressement à accepter de sacrifier son capital social au gain matériel. Les deux parties
ont en outre emprunté des voies différentes en matière
politique. Les Américains considèrent que le soutien sans
réserve qu'accorde l'UE aux institutions multilatérales et
au droit international est un signe de naïveté, l'attitude
d'un donneur de leçons qui se donne bonne conscience à
peu de frais et le résultat de sa faiblesse militaire, tandis
que les Européens voient la confiance que place l'Amérique dans l'usage de la force comme une marque de simplicité d'esprit, d'égoïsme et de puissance excessive. Les
Européens ont toujours une affinité historique avec les
États-Unis, mais ils se sentent aussi coupés d'une société
qui ne renonce ni aux armes individuelles ni à la peine de
mort et qui aime les voitures dévoreuses d'essence. Fondamentalement, l'Amérique et l'Europe adhèrent à des
cultures politiques tout à fait différentes. Le fossé culturel semble être en train de s'élargir, et il crée, peu à peu,
deux modèles de société différents.

Ces divergences porteront sans aucun doute un coup
sévère à l'efficacité des organisations internationales. La

plupart des institutions multilatérales reposent à la fois sur le *leadership* américain et sur le soutien européen. Les États-Unis et l'Europe votent souvent comme un seul bloc et l'emportent aux Nations unies, au FMI, à la Banque mondiale et dans d'autres organismes. Une telle coordination maintient tranquillement et régulièrement ces institutions internationales sur leurs rails et permet la mise en œuvre d'actions communes.

Lorsque l'Europe résistera au *leadership* américain, les organisations multilatérales risquent d'être confrontées à de sérieux problèmes, sinon à une paralysie. Les premiers signes d'une telle résistance sont déjà perceptibles. En mai 2001, les États membres de l'UE ont pris l'initiative de ne pas réélire les États-Unis à la commission des droits de l'homme des Nations unies, apparemment pour marquer leur opposition à l'unilatéralisme américain et exprimer leur opposition à la peine de mort. Le même jour, dans un vote séparé du Conseil social et économique des Nations unies, les États-Unis ont perdu leur siège au Bureau international de contrôle des narcotiques.

Les Européens ont continué de faire pression pour l'instauration de la Cour pénale internationale (CPI) en dépit des objections des États-Unis. Dès juillet 2002, l'administration Bush fit connaître son mécontentement et menaça de retirer le personnel américain de la mission des Nations unies en Bosnie si les forces américaines ne bénéficiaient pas d'une immunité de poursuites par la CPI. Quand les États-Unis se retirèrent du protocole de Kyoto, les membres de l'UE se joignirent au Japon et aux cent cinquante autres pays pour approuver, en juillet 2001, l'accord sur le réchauffement de la planète, et leurs délégués manifestèrent leur désapprobation lorsque Paula Dobriansky, l'émissaire de l'administration

Bush, chercha à expliquer les raisons du choix de l'Amérique. En fin de compte, un monde dans lequel les États-Unis et l'Europe ne travaillent plus étroitement ensemble est un monde où le fonctionnement quotidien des institutions internationales pourrait être mis en danger.

L'histoire de Rome peut peut-être éclairer une dernière fois le présent. Si Byzance a été, à court terme, la principale rivale de Rome, ce fut l'essor des puissances européennes qui provoqua l'effondrement de l'Empire romain et de son successeur byzantin. L'extension de la richesse et de la force militaire au monde islamique a, dans un premier temps, privé l'Empire byzantin de sa principale source de céréales au Moyen-Orient. Les armées ottomanes furent par la suite capables de venir à bout des murailles de Constantinople, et mirent ainsi formellement un terme à l'ère byzantine. Les Ottomans allaient bientôt être aux portes de Vienne.

De la même manière, c'est l'essor de l'Asie qui, à long terme, pourrait apporter plus d'ennuis à l'Occident que le retour des rivalités entre l'Europe et l'Amérique du Nord. Ce livre porte essentiellement son attention sur l'essor de l'Europe, à la fois parce que l'importance géopolitique de l'UE a été grandement négligée et sous-estimée et parce que l'Europe, et non l'Asie, est, à court terme, le *challenger* de la suprématie américaine. C'est au cours de cette décennie que les implications géopolitiques du développement de l'Europe vont prendre effet, alors que l'essor de l'Asie aura lieu dans un avenir plus lointain.

Dans trente ans, la Chine sera probablement l'une des nations dominantes du monde. Si sa politique intérieure n'a pas radicalement changé d'ici là, les États-Unis auront à faire face à un autre pôle, qui pourrait bien être un adversaire politique et idéologique majeur. Contrairement à ce qui risque de se passer pour l'Europe, les États-Unis pourraient avoir à affronter des litiges avec la Chine – à propos de Taiwan ou de la péninsule coréenne, notamment – susceptibles de mener à un conflit armé.

Le Japon finira lui aussi par sortir de sa récession économique pour redevenir un acteur important de la scène mondiale. À cause de ses mauvaises relations avec la Chine, il risque fort de s'allier aux États-Unis et de suivre Washington sur les questions de défense. On a d'ailleurs pu noter, à l'intérieur du Japon, les frémissements d'une agitation et les premiers signes d'un changement de cap. Junichiro Koizumi, le Premier ministre qui a pris ses fonctions en avril 2001, a dès le départ joué la carte du populisme et du nationalisme. Il a proposé une révision de la Constitution qui abolirait les mesures visant à limiter le rôle des forces armées japonaises. Il a choisi de donner le poste de ministre des Affaires étrangères à Makiko Tanaka, un de ses amis politiques. Ce dernier a commencé par s'abstenir de recevoir de nombreux visiteurs de marque, y compris le secrétaire d'État adjoint Richard Armitage, premier homme politique américain de haut niveau à rendre visite au nouveau gouvernement. En août 2001, il est allé se recueillir au mémorial Yasukuni en hommage aux héros de la Seconde Guerre mondiale. Koizumi a soutenu la décision du ministre de l'Éducation d'approuver les nouveaux manuels d'histoire passant sous silence les atrocités commises par le pays pendant la Seconde Guerre mondiale, ce qui a scandalisé la Chine et la Corée du Sud.

Le Japon ne changera pas spectaculairement de cap et ne mènera pas délibérément une politique allant à l'encontre des États-Unis dans un avenir proche. Mais la montée de l'Asie se profile à l'horizon. Et si l'on prend en compte certaines incertitudes, comme l'évolution de la Corée du Nord ou l'avenir de l'Indonésie, la région dans son ensemble posera de nouveaux défis stratégiques, à la fois à l'Europe et aux États-Unis.

Aujourd'hui, c'est l'Europe qui est en train d'émerger comme unique compétiteur de l'Amérique. Les implications qui en résultent pour le système mondial et pour la stratégie à adopter peuvent être tracées avec précision sur la carte, une fois examinée l'autre grande source de changement du système international qu'est la transformation de l'internationalisme de l'Amérique.

Les limites de l'internationalisme américain

À peine 5 % de la population américaine actuelle a
assisté, au début des années 1940, à la naissance de la
révolution tranquille de l'internationalisme américain.
Après quarante ans de guerre froide, une suprématie
absolue et une attaque terroriste contre son territoire, il
n'est guère surprenant de constater que la majorité des
Américains apporte son soutien à la poursuite de l'engagement international des États-Unis et ne songe même
pas à s'inquiéter d'un monde qui aurait perdu son principal gardien.

Mais au milieu de cette suffisance, certains signes
montrent néanmoins que le passé de l'Amérique est en
train de resurgir. Alexandre Hamilton avait finalement
de bonnes raisons de suggérer au président Washington que la prédisposition de l'Amérique contre toute
intervention dans les affaires du Vieux Monde était
une question de « grand principe politique », fondé sur
des réalités géopolitiques, et non sur une situation du
moment. Il conseillait également à l'Amérique de devenir une nation « ascendante » principalement dans son
propre hémisphère. Le fait que George W. Bush ait clairement indiqué, dès les premiers jours de sa candidature,

son intention de centrer sa politique extérieure sur les Amériques a assurément une résonance historique. Les deux premières rencontres du président Bush avec des chefs de gouvernement étrangers furent avec le Premier ministre canadien Jean Chrétien et le président mexicain Vicente Fox, et sa première rencontre internationale fut un sommet des Amériques au Québec.

De plus, les thèmes populistes reviennent sur le devant de la scène, tout au moins dans certaines régions du pays. Ils ont peu de prise dans les villes côtières, où la plupart des décideurs et des analystes des affaires étrangères résident une grande partie de l'année. Ils exercent en revanche un grand attrait dans le Sud agricole et les montagnes de l'Ouest, où ces mêmes élites s'aventurent rarement. La capacité de Bush à s'attirer le soutien de ces courants politiques a beaucoup compté dans son élection en 2000. Son style personnel et ses positions politiques prennent leur inspiration au cœur même des traditions populistes : défense des droits des États, limitation de l'autorité du gouvernement fédéral, réduction des. impôts, méfiance à l'égard des élites retranchées à Washington, révision à la baisse des engagements extérieurs de l'Amérique, retrait vis-à-vis de l'internationalisme libéral et des institutions multilatérales. Il suffit d'observer la carte électorale pour saisir la forte corrélation qui existe entre les antagonismes régionaux traditionnels et l'attrait exercé par le message de Bush. Al Gore l'a emporté dans les États côtiers les plus urbanisés et la plus grande partie du Middle West, et Bush dans le reste du pays.

Toutefois, l'apparition d'un internationalisme moins engagé et plus unilatéraliste n'est pas un phénomène temporaire dû aux préférences passagères d'un président texan. L'internationalisme américain et la stratégie globale qui en découle sont plutôt en train de s'adapter au changement géopolitique fondamental en cours. La fin de la guerre froide et l'absence d'un adversaire majeur ont peu à peu influé sur la politique intérieure, en érodant lentement mais sûrement le soutien que recueillait dans le passé l'interventionnisme du pays sur la scène internationale. Les Américains sont en droit de se demander s'il est juste que leur pays continue de supporter une part excessive du poids de la gestion de l'ordre international. Sans la discipline inspirée par la menace communiste, l'aversion traditionnelle de l'Amérique pour des institutions qui réduisent sa marge de manœuvre est de retour et remplace peu à peu l'enthousiasme pour le multilatéralisme issu de la Seconde Guerre mondiale.

Le paysage politique américain est également en train de changer d'une manière qui affectera les engagements extérieurs du pays. Les jeunes Américains qui n'ont pas vécu les événements déterminants de la Seconde Guerre mondiale ou de la guerre froide accèdent aujourd'hui à des postes clés. L'interdépendance économique, la révolution de l'information et le terrorisme international les vaccineront contre l'isolationnisme, mais ils ne seront plus aussi fatalement internationalistes que leurs aînés. La population et l'influence politique du Sud et des montagnes de l'Ouest croissent, renforçant le courant en faveur d'une politique étrangère plus unilatéraliste, ce qui risque de creuser le fossé culturel et politique avec les régions côtières. La formation de coalitions internationalistes qui dépasseront les clivages régionaux risque de devenir difficile. La population hispanique du pays augmente également de manière spectaculaire. Elle a tendance à se concentrer dans des États à fort électorat comme le Texas, la Floride et la Californie. Il est ainsi probable que l'Amérique centrale et l'Amérique du Sud joueront un rôle accru dans la formulation de la politique étrangère des États-Unis. Ensemble, ces transformations internes comme celles de l'environnement international font réapparaître cet internationalisme plus contingent et plus agressif qui a guidé l'Amérique pendant une bonne partie de son histoire.

Une Amérique réticente

L'ambivalence croissante de l'Amérique sur l'étendue de son rôle dans le monde a aussi un grand avantage. L'absence de compétition entre grandes puissances provient non pas seulement de la force américaine, mais aussi de son caractère politique. Les États-Unis ont disposé d'une force qui leur permettait de contraindre et d'exploiter n'importe quelle nation comme bon leur semblait, mais ils ont préféré enrober ce pouvoir d'intentions relativement bienveillantes. C'est la raison pour laquelle les autres pays ne se sont pas précipités pour unir leurs armes contre une Amérique hégémonique. Même le Mexique, longtemps méfiant à l'égard de ce brutal voisin et habitué aux politiques antiaméricaines, a changé d'attitude et s'efforce soigneusement de lier son économie et son identité aux États-Unis. Comme l'a clairement expliqué le président Fox, il souhaite que son pays et les États-Unis « deviennent de véritables amis, de véritables partenaires, et de véritables voisins[1] ».

Tout le monde profite du fait que la seule superpuissance actuelle soit une nation modérée. Mais cela a aussi un fâcheux inconvénient. Les limites culturelles et politiques de l'appétit de l'Amérique pour toute forme d'internationalisme participent à la création d'une politique extérieure centriste et modérée. Cependant, si cet appétit devait encore diminuer, la modération pourrait se transformer en manque d'intérêt. Et si l'Amérique ne voit plus l'intérêt d'être le gendarme du monde, personne ne prendra sa succession.

Les événements des dix dernières années le montrent. L'armée de Saddam Hussein a envahi le Koweït au cours de l'été 1990. En guise de réponse, Washington a rassemblé quelque sept cent mille hommes – dont cinq cent quarante mille Américains –, a expulsé les forces irakiennes du Koweït et effectué des frappes régulières sur l'Irak pendant le reste de la décennie. La situation a été identique dans les Balkans. Slobodan Milosevic, le dernier purificateur ethnique en date de l'Europe, a voulu ambitieusement nettoyer la Bosnie et le Kosovo. Une coalition menée par les États-Unis est finalement intervenue, arrêtant le bain de sang et chassant les troupes serbes du Kosovo. Washington a alors soutenu l'opposition serbe démocratique, qui finira par renverser Milosevic, par l'arrêter et l'envoyer devant le tribunal de La Haye pour répondre de ses crimes de guerre. Les forces américaines sont restées dans la région pour maintenir une paix difficile.

Washington a répondu également avec vigueur et rapidité aux attentats terroristes de septembre 2001. En quelques jours, des milliers d'hommes, des centaines d'avions et des douzaines de navires de guerre faisaient route vers le Moyen-Orient.

Mais les actions des États-Unis ont aussi eu des limites. Saddam Hussein et son régime militaire ont survécu à la défaite militaire car George Bush père ne voulait pas prendre le risque d'envahir et d'occuper Bagdad. Alors que les réserves de pétrole étaient menacées, la résolution du Sénat autorisant la guerre en Irak fut votée de justesse (cinquante-deux voix contre quarante-sept). Colin Powell, chef de l'état-major des armées, était opposé à cette guerre[2]. Le refus de Bill Clinton d'envoyer des troupes au sol en Yougoslavie pour protéger le Kosovo et renverser Milosevic partait du même souci de savoir si les intérêts en jeu valaient le risque d'un nombre élevé de pertes américaines. Même avec la promesse d'éviter l'envoi de forces au sol, la Chambre des représentants montra sans ambiguïté son manque d'enthousiasme pour la guerre.

La réponse de l'Amérique aux attentats terroristes perpétrés contre son territoire ne rencontra aucune réticence de ce genre. Le Congrès et le peuple américain ont fermement soutenu les représailles militaires. Les circonstances étaient toutefois sans précédent. C'étaient les États-Unis eux-mêmes qui avaient été agressés et avaient subi de lourdes pertes sur leur propre sol, et non pas un allié producteur de pétrole dans le golfe Persique ou une minorité en lutte dans les Balkans. Les nouvelles exigences de la guerre contre le terrorisme freineront certainement, par ailleurs, l'empressement de l'Amérique à s'engager dans des missions plus traditionnelles.

Si la politique intérieure américaine devait limiter sa politique étrangère, les États-Unis pourraient bien quitter la scène avant que d'autres ne soient prêts à lui succéder. De nouvelles menaces semblables à celles qui sont apparues au Moyen-Orient et dans les Balkans pourraient alors surgir sans être maîtrisées. Aucun autre pays n'a à la fois les moyens militaires et le poids politique indispensables pour mettre sur pied des campagnes comme celles qui ont chassé les troupes irakiennes du

Koweït ou l'armée yougoslave du Kosovo et fait tomber le régime de Saddam Hussein.

Si les États-Unis n'avaient pas stoppé Saddam Hussein, il serait peut-être encore au pouvoir aujourd'hui, peut-être en situation de contrôler l'essentiel du pétrole de la région. Et s'ils n'étaient pas intervenus dans les Balkans, la péninsule aurait très bien pu s'enfoncer dans le chaos, en déstabilisant toute l'Europe du Sud-Est et en entamant de manière irréversible la crédibilité de l'Union européenne.

La réticence à s'engager, qui fait partie de l'histoire de la nation américaine, et les hypothèses que l'on peut faire sur les éléments déterminants de la stratégie globale renforcent l'idée que les États-Unis devraient être amenés, dans les années à venir, à diminuer la part du fardeau que constitue leur engagement mondial. C'est ici qu'il faut distinguer les puissances satisfaites et les puissances montantes. Les puissances satisfaites sont celles qui sont parvenues au sommet sur la liste des grandes puissances ; elles sont avant tout intéressées par le maintien du *statu quo*. À l'inverse, les puissances montantes sont des États en mouvement. Insatisfaites de leur sort, elles luttent en général pour être reconnues et exercer une influence. Elles cherchent par conséquent à renverser le *statu quo*. D'une manière générale, les États satisfaits élargissent leurs engagements extérieurs quand ils doivent le faire, et non quand ils le peuvent. Ils sont motivés par la nécessité. Les États émergents, eux, élargissent leurs engagements extérieurs quand ils le peuvent, davantage motivés par l'opportunité que par la nécessité.

Les États-Unis sont une puissance satisfaite. Ils n'ont pas ménagé leurs efforts pour construire le système international actuel qui, dans l'ensemble, sauvegarde et développe les intérêts et les valeurs de leur pays. L'Amérique devrait donc tout faire pour préserver le *statu quo* et combattre les menaces exercées contre son territoire. Mais elle ne devrait pas envisager de prendre une nouvelle série d'engagements. Au contraire, elle devrait chercher à se décharger de certaines des responsabilités les plus lourdes qu'elle a accumulées pendant les années difficiles de la guerre froide.

De ce point de vue, il y a quelque chose d'anormal dans l'histoire des années 1990. La guerre froide s'est terminée quand la Russie a abandonné ses satellites en Europe de l'Est. L'Union soviétique s'est effondrée, et la Russie a sombré dans le délabrement. La raison centrale qui soutenait le vaste réseau d'engagements des États-Unis à travers le monde a disparu. Et pourtant, les États-Unis ont non seulement maintenu, mais également développé ces engagements de par le monde. L'Otan, dont le traité oblige tous ses membres à se défendre les uns les autres, a récemment accueilli dix nouveaux membres. Dans la période de l'après-guerre du Kosovo, la plus grande partie de l'ancienne Yougoslavie était essentiellement sous la tutelle de l'Otan. Les engagements stratégiques de l'Amérique en Europe se sont ainsi développés de manière remarquable depuis 1990. En Asie orientale, les États-Unis ont élargi l'étendue de leur alliance avec le Japon, et la marine américaine a facilité l'accès à des bases dans l'Asie du Sud-Est. En Amérique latine, ils ont été impliqués dans des conflits entre le gouvernement colombien et les rebelles trafiquants de drogue. Tout cela est arrivé avant que les événements de septembre 2001 ne recentrent l'attention du pays sur les questions des affaires étrangères. C'est là un étrange comportement

pour une puissance satisfaite qui, selon la logique géopolitique, devrait limiter ses engagements au lieu de les
multiplier.

Cette étrange conduite peut s'expliquer par le fait que
la dernière décennie a été une anomalie plutôt qu'un bon
indicateur de la future direction de la politique des États-
Unis. La guerre froide est terminée, mais les élus et les
dirigeants continuent de raisonner et de travailler avec
les vieilles hypothèses. La plupart de ceux qui façonnent
la politique étrangère depuis 1990 se sont aguerris pendant les longues années de la guerre froide – Dick Cheney, Donald Rumsfeld et Paul Wolfowitz en sont de bons
exemples. Après avoir passé la plus grande partie de leur
carrière à combattre l'Union soviétique, ces hommes ont
conservé des idées préconçues sur le rôle prééminent de
l'Amérique dans le monde.

Par ailleurs, au cours de cette décennie, l'Amérique a
connu un boom économique sans précédent. Avec des
excédents budgétaires, ni les démocrates ni les républicains ne cherchèrent à limiter le budget de la Défense.
Dans une ère d'abondance, les économies des ressources
ne sont pas une priorité. Le pays était inondé d'argent et
en était fier. Cette situation était propice à une politique
étrangère active, élargie et dispendieuse.

Ces années ont été remarquables pour une dernière
raison. Les forces américaines, régulièrement déployées
sur le terrain, ont compté très peu de victimes. Un demi-
million d'Américains ont été engagés dans la guerre du
Golfe et, fort heureusement, il n'y eut que cent quarante-
sept tués au combat. Durant les années Clinton, les forces armées américaines ont combattu au Moyen-Orient,
en Afrique, dans les Balkans et en Haïti. Lorsque, en
Somalie, dix-huit soldats furent tués au combat, Clin-

ton rappela rapidement ses troupes. Partout ailleurs, les États-Unis se battirent sans avoir à déplorer la moindre victime. C'est là la marque de la qualité et de la supériorité militaire américaine, mais c'est également un test illusoire de l'ardeur de l'Amérique.

Les trois éléments qui contribuèrent à rendre l'Amérique aussi magnanime au cours des années 1990 ne sauraient perdurer. La relève est en train de changer les conceptions politiques des Chambres à Washington. Aujourd'hui, plus de 50 % des sénateurs et plus de 60 % des représentants ont été élus après 1992. Les Américains qui sont entrés à l'université après la chute du mur de Berlin occupent déjà des places importantes. Ils n'ont pas de souvenirs personnels des grands moments historiques – Munich, Pearl Harbor, la reconstruction de l'Europe, le rideau de fer – qui servirent de fondement intellectuel et politique à l'internationalisme américain de ces cinq dernières décennies. Et comme Karl Mannheim le note dans son essai, désormais classique, sur les effets du changement de génération sur la politique, « les premières impressions ont tendance à former une *image naturelle* du monde[3] » qui colore et donne forme à l'interprétation des informations que chacun reçoit au cours de sa vie.

Les enquêtes d'opinion révèlent qu'une classe d'âge peut avoir un sensible impact sur les attitudes vis-à-vis de questions culturelles et sociales, mais que cet impact est plus limité sur les questions de politique étrangère[4]. La plupart des travaux utilisés pour ces sondages datent de la guerre froide, lorsque l'on s'attendait à ce que le conflit Est-Ouest reproduise des positions similaires à travers différentes classes d'âge. La fin de la guerre froide devrait favoriser de nouvelles positions chez les jeunes

Américains. Des enquêtes commencent déjà à indiquer que les Américains entre dix-huit et vingt et un ans se sentent moins concernés que leurs aînés par les problèmes internationaux[5].

La cause de cette perte d'enthousiasme pour l'internationalisme va au-delà de l'absence d'un rival extérieur puissant. Les jeunes Américains consacrent également moins de temps à l'étude de l'histoire que ne le faisaient les générations précédentes. Une enquête effectuée dans cinquante universités révèle qu'aucune d'entre elles n'impose l'étude de l'histoire américaine, et que dans 78 % d'entre elles aucun cours d'histoire n'est obligatoire. Parmi les étudiants de dernière année, seuls 35 % pouvaient citer le nom du président américain en fonction lorsque la guerre de Corée a éclaté, et seulement 40 % savaient que la bataille des Ardennes avait eu lieu pendant la Seconde Guerre mondiale. Les examens nationaux ont aussi montré que les lycéens des classes terminales avaient des connaissances très faibles en histoire[6].

Les jeunes Américains ne risquent guère d'être isolationnistes : ils ont davantage l'occasion de voyager que leurs aînés et un grand nombre d'entre eux participent avec enthousiasme à l'économie mondialisée. Mais être cosmopolite et avoir voyagé est une chose, être internationaliste en est une autre. Une guerre contre l'Allemagne et le Japon et la lutte contre le communisme soviétique ont été nécessaires pour inculquer la ferveur internationaliste à l'élite américaine du milieu du XXe siècle. De plus, la plupart des hommes de cette génération ont servi sous les drapeaux. Il n'en est pas de même aujourd'hui pour les élites montantes de l'économie et de la politique. Et ce ne sont pas les effroyables images d'avions détournés piquant sur les tours jumelles de New York qui offriront une solide toile de fond à la reconstruction d'un internationalisme identique à celui qu'avaient engendré la Seconde Guerre mondiale ou la guerre froide. Pour le meilleur ou pour le pire, les Américains devenus adultes après 1989 auront goûté aux frayeurs du terrorisme, mais ils n'auront pas connu personnellement l'urgence géopolitique. Comme ce sont ces hommes-là qui demain vont faire l'opinion et devenir les acteurs politiques, l'internationalisme des années 1990 risque de disparaître.

De plus, le boom économique des années 1990 est terminé. Le soutien à la liberté du commerce, difficile à obtenir durant ces années, va donc s'amenuiser. C'est seulement avec quelques voix d'avance que George Bush a obtenu l'accord de la Chambre des représentants pour mener des négociations commerciales accélérées, et uniquement après s'être engagé à accorder de nouvelles protections à l'industrie textile. Le débat intérieur sur le partage équitable du fardeau de la défense va devenir plus vif, et le Congrès exigera de plus en plus que les partenaires régionaux de l'Amérique prennent davantage de responsabilités dans ce domaine. Après les attentats de septembre 2001, il n'a fallu que quelques jours au Congrès pour voter – à l'unanimité des deux Chambres – l'octroi de quarante milliards de dollars de financement d'urgence, dont une grande partie fut allouée à l'armée. Mais il s'agissait d'une période de crise. Il est intéressant de souligner que juste avant les événements de septembre 2001, le secrétaire à la Défense, Donald Rumsfeld, en dépit des orientations conservatrices et pro-militaires de l'administration Bush, se trouvait engagé dans une bataille avec la Maison-Blanche et le Congrès pour obtenir les crédits nécessaires à son programme de réforme de la Défense.

De nombreux signes indiquent que l'internationalisme américain est déjà sur le déclin. Les attentats contre New York et Washington suscitèrent un élan d'unité nationale et un enthousiasme débordant pour la réplique militaire. Mais ce ne fut qu'un mouvement ponctuel et unanime qui ne devrait pas nous faire oublier les tendances plus profondes. Voici le tableau tel qui se présentait avant les événements du 11 septembre – et tel qu'il se présentera probablement une nouvelle fois quand ces événements auront commencé à s'effacer lentement dans le passé.

Le corps diplomatique de l'Amérique, qui attirait autrefois les meilleurs diplômés du pays, a perdu beaucoup de son attrait professionnel. Un grand nombre de hauts fonctionnaires des Affaires étrangères que le Département d'État avait attirés au cours des années 1990 ont été déçus et ont quitté leurs fonctions quelques années plus tard. Selon le *New York Times*, « le Département d'État, l'institution responsable de la diplomatie américaine dans le monde entier, rencontre des difficultés pour s'adapter à une ère dans laquelle les marchés financiers ont nettement plus de poids qu'un sommet entre Washington et Moscou. Il est en train de perdre ses recrues qui partent dans les banques d'investissements, les sociétés *dot-com* et les départements du Trésor et du Commerce, devenus les acteurs incontournables de la politique étrangère[7] ».

Les sondages présentent un tableau identique. Menés régulièrement par le Conseil des relations extérieures de Chicago, ils indiquent que les Américains sont restés généralement internationalistes tout au long des années 1990[8]. Toutefois, l'intérêt de l'opinion publique pour les affaires étrangères a fortement chuté. Pendant la guerre froide, une question géopolitique urgente arrivait en général en tête des préoccupations de l'opinion publique. À la fin des années 1990, seuls 2 à 3 % des Américains considéraient la politique étrangère comme un de leurs principaux soucis. Lorsque l'on demanda aux Américains d'indiquer les « deux ou trois problèmes les plus importants que les États-Unis devaient affronter », la réponse la plus fréquente a été : « Je ne sais pas. » Pour une grande majorité d'entre eux, les événements du monde ont « très peu » d'impact sur les États-Unis. James Lindsay, de la Brookings Institution, résume ainsi la situation : « Les Américains approuvent l'internationalisme en théorie, mais le montrent rarement dans la pratique[9]. » Au début du XXIᵉ siècle, ils ne se sont donc pas opposé à l'engagement de leur pays dans le monde. Ils étaient simplement devenus profondément indifférents.

C'est précisément en raison de ce manque d'intérêt que les journaux, les magazines et la télévision ont spectaculairement diminué leur couverture des événements en provenance de l'étranger. Dans une industrie compétitive menée par les parts de marché et des tarifs publicitaires calculés à la seconde près, les médias ont donné à l'Amérique ce qu'elle voulait. Les conséquences qui en résultèrent sur la scène politique ne devinrent que trop apparentes. Étant donné que la politique étrangère exerce peu d'attrait sur le public, elle a presque disparu des écrans. Quasiment toutes les questions de politique étrangère discutées au Congrès, y compris celles concernant la guerre et la paix, entraînent polémique. Peter Trubowitz, professeur de sciences politiques à l'université du Texas, a relevé que les polémiques politiciennes concernant la politique étrangère étaient il y a peu de temps en forte hausse[10]. Les scandales de Clinton et ses conflits à répétition avec des dirigeants républicains qui lui étaient devenus hostiles ont sans doute contribué à porter les relations entre les deux partis à un point d'ébullition. Le fait que même la politique étrangère ait été prise en otage a clairement montré que la politique et les priorités de l'Amérique étaient entrées dans une ère nouvelle.

La politique politicienne et partisane l'a emporté avec une désolante régularité sur les exigences d'un *leadership* international. D'importants postes d'ambassadeur sont restés vides pendant les années Clinton parce que les républicains qui siégeaient à la commission sénatoriale des Affaires étrangères refusaient de confirmer les nominations du Président. En août 2000, Peter Burleigh a démissionné du Département d'État après avoir attendu pendant neuf mois la confirmation par le Sénat de sa nomination au poste d'ambassadeur aux Philippines[11]. C'était, de l'avis de tous, l'un des plus brillants diplomates du pays. Pendant près de dix ans, l'Amérique n'a pas versé sa contribution au budget des Nations unies, par complaisance envers l'aile antiavortement du parti républicain qui trouvait leur approche du planning familial trop radicale. En 1999, le Sénat a rejeté le traité sur l'interdiction des essais nucléaires en dépit du désir de l'administration de le signer. Mieux valait embarrasser Clinton que de se comporter de manière responsable sur des questions de guerre et de paix.

Après ces épisodes malheureux, le sénateur républicain du Nebraska, Chuck Hagel, tenta de rassurer le public en justifiant le comportement de son parti. Sur la question des attaques portées contre l'internationalisme, il a déclaré : « Le problème des républicains est leur profonde aversion et leur profonde méfiance à l'égard du président Clinton[12]. » Mais de tels propos ne sont guère rassurants.

Un isolationnisme réfléchi et sincère est préférable à un mépris cynique pour les questions d'importance internationale motivé par des considérations partisanes.

La guerre du Kosovo a fourni un excellent terrain d'observation de ce nouvel internationalisme ambivalent parce qu'elle mettait en jeu l'envoi de forces américaines. Il est plus facile de prendre des airs et d'affirmer ses positions lorsque le débat tourne autour de l'élargissement de l'Otan, des engagements en Asie orientale ou des dépenses de défense – questions qui, à court terme, nécessitent avant tout des engagements sur le papier, des promesses de bonne foi et des autorisations budgétaires. Mettre des vies en péril allait constituer un test beaucoup plus révélateur des limites de l'internationalisme.

À première vue, la bataille de l'Otan au Kosovo semblait confirmer la persistance de l'internationalisme américain. Les États-Unis ont engagé l'Otan dans la guerre, Washington a effectivement mené la campagne aérienne et Clinton a maintenu le cap jusqu'à ce que Milosevic cède et se retire du Kosovo. Mais, à y regarder de plus près, les choses sont un peu différentes.

Les États-Unis ont passé la première moitié de la décennie à essayer d'éviter de se trouver impliqués dans le bain de sang provoqué par le démantèlement de la Yougoslavie. L'inefficacité de l'intervention des Nations unies et de l'UE et le malaise de l'opinion publique américaine devant le carnage – le massacre de Srebrenica en juillet 1995 et le bombardement du marché de Sarajevo le mois suivant furent à cet égard des événements décisifs – finirent par pousser Clinton à approuver l'usage de la force. Quelques journées de bombardements des forces serbes en Bosnie par l'aviation américaine ont permis d'amener les parties à la table des négociations en 1995.

L'administration Clinton élabora alors les accords de Dayton qui mirent un terme à la violence, mais confirmèrent également Milosevic – le maître d'œuvre du démembrement de la Bosnie – comme l'homme fort de la région.

Lorsque Milosevic convoita le Kosovo en 1998, les États-Unis, une fois de plus, cherchèrent à éviter l'engagement militaire. Mais l'aggravation de la crise encouragea Clinton à recourir aux frappes aériennes pour la seconde fois. La campagne aérienne commença le 24 mars 1999. Washington pensait que Milosevic, comme les forces serbes en Bosnie, capitulerait rapidement – or il n'en fit rien. L'équipe de Clinton fut alors au bord de la paralysie[13]. En dépit des semaines de campagne de bombardements qui ne firent qu'accélérer la crise humanitaire au Kosovo, Clinton maintint l'aviation américaine à cinq mille mètres d'altitude – où elle était relativement à l'abri, mais nettement moins efficace.

Le Congrès ne fut pas non plus d'un grand secours. Après un mois de guerre, la Chambre des représentants refusa, à une écrasante majorité, le financement de l'envoi de soldats américains en Yougoslavie sans l'approbation du Congrès, et ne trouva même pas le courage de voter une résolution approuvant la campagne de bombardements (deux cent treize voix pour, deux cent treize voix contre). En dépit du succès de l'opération aérienne et de l'absence de victimes au combat des forces de l'Otan, la principale réaction du Sénat fut de voter une résolution admonestant l'Europe pour sa faiblesse militaire.

Depuis la fin du conflit au Kosovo, les États-Unis ont tenté de limiter l'étendue de leur engagement dans le difficile maintien de la paix. L'UE n'eut d'autre choix que de participer massivement à la constitution de la mission de maintien de la paix (Kfor) au Kosovo et de prendre la tête de la reconstruction économique. Avant même la fin des combats, Clinton promit dans son discours du Memorial Day que « lorsque les forces du maintien de la paix iront [au Kosovo], son écrasante majorité sera européenne ; et lorsque la reconstruction commencera, l'écrasante majorité des investissements seront européens[14] ». Lorsque la Kfor fut déployée, peu de temps après, les troupes américaines (qui représentaient moins de 15 % du total) furent envoyées au nord du Kosovo, où l'on pensait que le climat était plus calme. En février 2000, un petit contingent de soldats américains fut détaché dans la ville de Mitrovica afin de faire cesser les violences ethniques. Ils furent agressés à coups de pierres par les Serbes en colère, et le Pentagone leur ordonna de se retirer de ce secteur, montrant ainsi que Washington était prêt à court-circuiter le commandant de la Kfor sur le terrain et à limiter les missions des forces américaines[15].

En dépit des protections inhabituelles accordées aux forces américaines, les législateurs américains continuèrent de se plaindre et de réclamer une participation accrue de l'Europe. Le sénateur républicain John Warner, président de la commission des forces armées, promit de retenir la moitié des deux milliards de dollars alloués aux troupes américaines au Kosovo si les nations européennes n'augmentaient pas leur contribution financière aux efforts des Nations unies[16]. Le sénateur démocrate Robert Byrd proposa que les États-Unis délèguent à l'UE la mise en œuvre du maintien de la paix et de la reconstruction du Kosovo, et qu'ils rappellent les troupes américaines de la région en temps opportun[17]. Il était clair que le Congrès ne s'intéressait plus au soutien qu'il pouvait accorder à la sécurité européenne.

L'élection de George W. Bush ne fit que renforcer cette impression. Au cours de la campagne présidentielle, le vice-président Cheney affirma : « Les troupes au sol en Europe, et en particulier dans les Balkans, cela me semble être une mission pour nos amis et alliés européens[18]. » Après des mois d'équivoque sur le sujet – et de protestations de la part des alliés européens de l'Amérique – le président Bush a finalement annoncé le maintien des troupes américaines dans les Balkans. Mais lorsque des combats ont éclaté en Macédoine en mars 2001, et en dépit d'un risque de bain de sang entre les Slaves de Macédoine et l'importante minorité ethnique albanaise du pays, l'administration Bush opposa un veto catégorique à tout engagement américain. Quand le secrétaire général de l'Otan, lord Robertson, demanda aux États membres d'accroître leur présence militaire au Kosovo afin d'empêcher le passage d'armes et d'hommes en Macédoine, les Américains ne répondirent pas plus. Finalement, les États-Unis jouèrent un rôle minime lorsque, en août, à la suite d'un accord de paix, l'Otan envoya des troupes en Macédoine pour désarmer les rebelles albanais. Seules les troupes américaines déjà stationnées dans le pays pour soutenir les opérations de maintien de la paix au Kosovo y participèrent et leur mission se limita à fournir un soutien logistique et des renseignements aux troupes européennes. Peu de temps après, le secrétaire à la Défense Donald Rumsfeld annonça que l'Otan devait se préparer à réduire d'un tiers sa présence en Bosnie.

La guerre du Kosovo et ses répercussions ont clairement montré que le consensus intérieur concernant le rôle stratégique dominant que devait jouer l'Amérique en Europe s'était fissuré. Démocrates et républicains en étaient venus à penser que la dépendance stratégique de l'Europe à l'égard des États-Unis n'était ni juste ni politiquement soutenable. L'Europe aurait tort d'interpréter les mises en garde de Washington comme des menaces en l'air, uniquement dues à une nouvelle préoccupation temporaire concernant le partage du fardeau de la défense. L'Union soviétique s'est effondrée, l'UE est florissante, et l'Europe gagnerait à prendre conscience qu'elle va sans doute devoir compter sur ses propres moyens. Les efforts de l'administration Bush au cours de ses premiers mois au pouvoir pour réduire le rôle de l'Amérique dans la péninsule coréenne, au Moyen-Orient, et dans d'autres coins chauds du globe, laissent penser que l'Europe ne sera peut-être pas la seule région à sentir les effets du désintérêt progressif de l'Amérique pour son rôle de gardien du monde.

Le repli sur soi de l'Amérique a sans doute été interrompu par les événements du 11 septembre 2001, mais, comme nous allons le voir, il est possible que la situation en Irak réveille ses réflexes isolationnistes.

Une Amérique unilatérale

L'affaiblissement de l'internationalisme américain aura des conséquences majeures pour un monde habitué à la suprématie de l'Amérique. Son impact sera par ailleurs amplifié par le fait qu'un moindre appétit pour l'interventionnisme s'accompagnera d'une seconde tendance lourde – l'accroissement de l'unilatéralisme.

Un internationalisme mesquin et un unilatéralisme ombrageux constituent un cocktail mortel. Les États-Unis ont pris leurs distances avec les désordres de la scène mondiale, mais refusent de collaborer avec les autres États pour combler le vide, de peur que cette collaboration amoindrisse leur influence. Washington ne peut pas jouer sur les deux tableaux. L'Amérique doit choisir. Elle peut décider d'être partout et de diriger les opérations, ce qui lui donne alors de bonnes raisons d'inviter des nations à se joindre à elle ou à lui laisser le champ libre. Dans l'alternative, elle doit se retirer et se libérer d'une partie de son fardeau international, ce qui l'oblige alors à collaborer pour compenser et accepter la perte de son influence. Par ailleurs, certaines nations n'ont pas hésité à exprimer leur mécontentement face à l'unilatéralisme américain, en annonçant que ce dernier accélérerait le retour à un environnement international plus divisé et plus difficile. Si elles devaient être confrontées à une Amérique unilatérale, l'Europe en plein essor et l'Asie émergente s'emploieraient certainement à exercer leurs nouvelles forces face aux États-Unis.

Les instincts unilatéralistes de l'Amérique ont des racines profondes, héritées des pères fondateurs qui craignaient d'impliquer la jeune République dans les dangers des rivalités entre grandes puissances. Après la Seconde Guerre mondiale, les Américains ont, par nécessité, laissé de côté leur aversion pour l'engagement multilatéral. La construction d'une communauté unie de démocraties libérales et la gestion du monde occidental exigeaient un solide réseau d'institutions. Mais même au cours de la guerre froide, l'unilatéralisme l'emportait souvent. Sur les questions concernant, par exemple, les relations avec l'Union soviétique, le conflit israélo-arabe, le contrôle des armes ou le commerce international, les alliés occidentaux se plaignaient souvent d'une Amérique rétive, agissant trop souvent seule.

Une fois les contraintes de la guerre froide disparues, cet unilatéralisme s'est accentué. Tout en étant conscients d'une profonde interdépendance mondiale, les hommes politiques de gauche comme de droite ont encouragé les États-Unis à abandonner leur ambition de réunir des coalitions et de parvenir à des consensus. Même l'administration Clinton, en principe favorable à une gouvernance internationale multilatérale, s'est souvent sentie contrainte de défendre des positions isolées.

En 1997, Clinton refusa ainsi de signer un traité international pour l'interdiction des mines antipersonnel, soutenu par cent vingt-trois nations, rejoignant sur ce point les positions de pays comme l'Afghanistan, l'Irak, la Libye, la Chine, la Russie et la Corée du Nord. En 1998, l'administration Clinton signa le protocole de Kyoto, mais hésita ensuite à l'appliquer. En novembre 2000, cent soixante-quinze pays se rendirent à La Haye pour une réunion complémentaire destinée à arrêter définitivement l'accord sur les mesures à prendre pour infléchir le réchauffement de la planète. Les États-Unis ne trouvant pas de terrain d'entente avec leurs interlocuteurs, ce fut un échec. Clinton refusa également le soutien de l'Amérique à la Cour pénale internationale (CPI) jusqu'aux derniers jours de sa présidence. Trois semaines avant de quitter ses fonctions, il changea de cap et signa le traité sur la CPI – tout en conseillant à Bush de ne pas le présenter devant le Sénat tant que certaines modifications ne viendraient pas favoriser sa ratification.

L'élection de George W. Bush accentua cette tendance à l'unilatéralisme. Bon nombre de ses premiers conseillers pour la politique étrangère – Richard Cheney, Donald Rumsfeld, Paul Wolfowitz, Richard Armitage et John Bolton (un sous-secrétaire d'État) – sont connus pour leurs tendances guerrières et unilatérales. Rumsfeld est l'un des principaux partisans d'un système national de défense antimissile (NMD), qui n'éprouve aucune gêne à défier les traités internationaux et à ignorer les objections des alliés sur la construction d'un tel système. Dans la présentation de son programme à la commission sénatoriale qui devait confirmer sa nomination, il a déclaré que le traité sur les missiles antibalistiques (ABM) était « de l'histoire ancienne[19] ». Bush lui-même, dans son discours-programme à la convention républicaine, affirmait qu'il était « temps à présent de ne pas défendre des traités dépassés, mais de défendre le peuple américain[20] ». Lorsque Bolton a présenté son programme devant la commission sénatoriale, le sénateur républicain Jesse Helms l'interpella : « John, je veux que vous vous débarrassiez du traité ABM là où nous avons déjà placé le cosignataire de ce traité, l'Union soviétique : sur le tas de cendres de l'Histoire[21]. »

L'équipe de Bush a elle aussi clairement indiqué, dès le départ, qu'elle s'opposait à la CPI. Rumsfeld signa une lettre commune de mise en garde en décembre 2000 : « Le *leadership* américain dans le monde pourrait bien être la première victime [de la CPI][22]. » Bolton est depuis longtemps l'un des plus ardents adversaires de la Cour. Il a joué un rôle déterminant pour convaincre l'administration d'annoncer, en mai 2002, que la signature de Clinton sur le traité ne liait plus les États-Unis et que la CPI ne devait s'attendre à aucune coopération de leur part. Ni le traité global sur l'interdiction des essais nucléaires ni le nouvel organisme chargé de contrôler la Convention sur les armes biologiques ne trouvèrent grâce aux yeux du gouvernement Bush. Il en fut de même pour les questions environnementales. Bush annonça l'intention des États-Unis de se retirer du protocole de Kyoto et d'autoriser le forage de nouveaux puits de pétrole dans les régions encore sauvages de l'Alaska. Enfin, en 2003, les États-Unis ont attaqué l'Irak, malgré leur incapacité à obtenir le soutien du Conseil de sécurité des Nations unies.

Ces initiatives étonnèrent les alliées de l'Amérique. Le retrait de Bush du protocole de Kyoto suscita de vives critiques. Romano Prodi, alors président de la Commission européenne, déclara : « Quand on veut être un leader mondial, on doit savoir veiller sur la terre entière et non seulement sur l'industrie américaine[23]. » *Le Monde* parla de « forme brutale d'unilatéralisme[24] ». Deux mois après l'élection de Bush, Hugo Young, un éditorialiste anglais bien connu, a résumé ainsi le point de vue de Londres : « Vu d'ici, les principaux responsables américains semblent avoir adopté un tout autre comportement : caustiques envers leurs vieux ennemis, méfiants à l'égard de tout compromis internationaliste, décidés à faire passer l'Amérique avant toute autre menace mondiale, méprisants plutôt que constructifs devant la complexité et l'incertitude qui ont remplacé le bon vieux monde bipolaire dans lequel la plupart d'entre eux ont fait leurs armes[25]. »

Ce mélange schizophrène d'unilatéralisme et de désintérêt croissant pour l'engagement international envoie au monde des signaux confus. Un jour, les États-Unis se plaignent de la lourdeur du fardeau, demandent à leurs partenaires d'y participer, et se désengagent de leurs missions toujours plus importantes. Le lendemain, ils ne tiennent aucun compte de leurs partenaires, n'en font qu'à leur tête, et se sentent ulcérés quand d'autres cherchent à remplir le vide laissé par un géant fatigué.

Après la guerre du Kosovo, les États-Unis et l'UE s'étaient mis d'accord pour dire qu'il était temps pour l'Europe d'améliorer la capacité de ses forces militaires. La guerre avait révélé aux Européens leurs graves insuffisances militaires et le niveau de leur dépendance stratégique envers les États-Unis. Washington exprima son mécontentement face à l'incapacité de l'UE de supporter davantage le fardeau de la défense. Les Européens répondirent en prenant des mesures pour mettre sur pied une force de réaction rapide capable de se déployer sans faire appel aux États-Unis.

La réaction de l'administration Clinton fut révélatrice. Les Européens avaient répondu positivement à la demande de l'Amérique, et celle-ci accueillit favorablement leurs efforts, à première vue du moins. Le secrétaire adjoint, Strobe Talbott, déclara même : « Il ne doit pas y avoir de confusion sur la position de l'Amérique concernant la nécessité de construire une Europe plus forte. Nous ne sommes pas contre ; il n'y aucune ambiguïté de notre part ; nous n'avons aucune crainte ; nous sommes pour[26]. » Dans les coulisses, toutefois, Washington envoya un signal différent. La secrétaire d'État Madeleine Albright mit en garde l'UE contre le risque de dédoubler les moyens dont dispose l'Otan, ce que les Européens étaient obligés de faire pour pouvoir développer une véritable autonomie. Le secrétaire adjoint à la Défense, Franklin Kramer, affirma qu'il « ne saurait être question d'un "groupe européen" au sein de l'Otan[27] » dont les Européens ne pourront pourtant pas faire l'économie s'ils veulent mener une politique cohérente. Le secrétaire à la Défense William Cohen ajouta enfin que l'Europe risquait de faire de l'Otan une « relique de l'Histoire[28] ».

En fait, les États-Unis demandaient à l'Europe d'acquérir plus de moyens de défense opérationnelle, tout en lui disant qu'elle ne devait pas s'attendre à recevoir plus de pouvoir ou d'autonomie. L'Amérique souhaitait que l'Europe prenne une part plus importante du fardeau, mais n'avait aucune intention de lui accorder plus d'influence en retour. Les efforts de l'UE allaient pourtant dans ce sens : acquérir plus d'autonomie et d'influence. Ces malentendus expliquent les propos du quotidien *The Guardian* : « Pour dire les choses simplement, ce plan [de défense européenne] rend les Américains fous[29]. » Quand il fallut sauter le pas, l'administration Clinton n'était tout simplement pas prête à faire de la place à une Europe plus sûre d'elle-même.

La schizophrénie américaine se poursuivit avec l'administration Bush. Dans un premier temps, Rumsfeld n'avait que dédain pour les efforts de l'Europe, ne mentionnant même pas l'UE au cours de sa première visite officielle en Europe, où il était venu assister à une conférence sur la sécurité à Munich en février 2001. Quant à la nouvelle force européenne, la seule question était de savoir si elle renforçait l'Otan ou l'Europe. Et Rumsfeld déclara : « Je ne vois pas bien en quoi elle renforce [l'Otan][30]. » Bolton déclara, dans sa déposition devant la commission des relations internationales de la Chambre des représentants en 1999 : « Nous devrions reconnaître ouvertement que le but de l'UE d'aligner les différentes politiques étrangères et de défense de ses membres pour n'en faire qu'une seule politique commune est parfois motivé par le désir d'émancipation, voire, dans certains cas, par des intentions ouvertement antiaméricaines[31]. » Le secrétaire d'État Colin Powell est plus réceptif à la force de défense de l'UE, et le président Bush a lui-même exprimé une certaine sympathie pour cette idée. Il a déclaré, après une rencontre avec Tony Blair, que le Premier ministre britannique lui avait « assuré que la défense européenne ne [viendrait] pas saper l'Otan », et donc qu'il soutenait « ce que le Premier ministre [lui avait] présenté[32] ». Malgré cette déclaration, l'administration Bush, tout comme celle qui l'a précédée, est, de son propre aveu, mal à l'aise à l'idée d'une Europe plus forte et plus indépendante.

Le meilleur moyen pour les États-Unis d'empoisonner leurs relations avec une Europe en plein essor est de demander aux Européens de devenir plus indépendants, et d'en prendre aussitôt ombrage lorsque ces derniers se plient à leur requête. Washington a raison de prévenir ses alliés qu'elle s'oriente vers une forme d'internationalisme plus sélectif. Mais associer ce message avec un unilatéralisme intransigeant risque d'aliéner les alliés comme les ennemis. Les États-Unis peuvent se payer le luxe d'être obstinés tant qu'ils connaissent la suprématie, mais lorsque leur domination sera moins forte et que d'autres centres de puissance auront les moyens de tenir leur rang, leurs réflexes unilatéralistes ne serviront qu'à garantir le retour des rivalités géopolitiques mondiales.

Terrorisme et internationalisme américain

Les attentats terroristes de septembre 2001 renversèrent, du moins à court terme, ces tendances inquiétantes. La marche vers un nouvel isolationnisme fit place à un engagement vigilant. L'Amérique se mit à traquer les terroristes à l'échelle mondiale, et déploya pour cela les moyens militaires, diplomatiques, légaux et économiques qui étaient à sa disposition. La politique étrangère redevint la première priorité de la nation. Une nation galvanisée par sa soudaine vulnérabilité remplaça une opinion publique apathique. Les luttes partisanes disparurent du jour au lendemain : au nom de l'unité nationale, démocrates et républicains mirent de côté leurs différends.

La terreur calma également la tentation grandissante de l'Amérique pour l'unilatéralisme. Washington chercha à rassembler une coalition aussi large que possible pour la combattre. Le président Bush et Colin Powell passèrent des coups de téléphone, tandis que Donald Rumsfeld se rendait au Moyen-Orient pour y chercher des soutiens. Les États-Unis prirent même contact avec la Russie, la Chine et l'Iran, États que Bush avait auparavant tenus à distance. La plupart des pays répondirent favorablement, prêts à se joindre au combat, en principe du moins. L'Otan et l'Organisation des États américains invoquèrent les articles de défense collective de leurs chartes. Les dirigeants étrangers vinrent à Washington les uns après les autres manifester leur soutien et offrir leur aide. L'administration paraissait avoir redécouvert les vertus du multilatéralisme.

À plus long terme, cependant, le terrorisme aura probablement un impact différent sur l'internationalisme de l'Amérique, et renforcera les tendances unilatéralistes et isolationnistes qui avaient déjà cours avant le 11 septembre 2001. Plutôt que d'être interprété comme une menace collective et de replacer Washington au centre de la scène, le terrorisme aura des effets imprévus, et incitera tantôt l'Amérique à sortir d'elle-même, tantôt à se replier derrière des barrières protectrices. Au lieu de l'encourager à être un partenaire plus stable, la menace de la terreur pourrait bien faire de l'Amérique un acteur encore plus difficile, imprévisible et obstiné.

Malgré son discours, l'Amérique n'est pas, de son propre aveu, aussi multilatéraliste que l'on pourrait le croire. Elle souhaitait certainement réunir une coalition aussi large que possible, qui permettrait l'accès des forces américaines aux bases du Moyen-Orient et fournirait une légitimité internationale à l'attaque de représailles contre l'Afghanistan. Mais Washington n'était pas prêt à accepter les contraintes inévitables qu'imposerait une coalition guerrière sur sa marge de manœuvre. L'administration Bush préférait un multilatéralisme « à la carte », pour reprendre une expression de Richard Haas, chef de la direction politique du Département d'État. Aussi, elle a demandé à chaque pays des aides spécifiques, sans s'engager dans une plus large consultation, comme le veut le véritable multilatéralisme. Voici comment un journaliste américain a résumé la situation vue de l'Europe au moment où Bush formait sa coalition : « Pour lutter contre le terrorisme, les États-Unis ont rassemblé une coalition très large et très souple, qui a reçu le soutien du Conseil de sécurité des Nations unies, de l'Union européenne et de l'Otan... Mais si le temps du multilatéralisme de l'Amérique, ou celui de sa nouvelle géopolitique plus humble, est venu, il est géré à l'américaine, et d'une manière si étroitement contrôlée qu'il semble causer aux Européens une véritable détresse. Bien que le président George W. Bush ait recueilli un large soutien pour son approche binaire « avec nous ou contre nous » du terrorisme, il est devenu évident pour tout le monde que son message sous-jacent est qu'il n'y a qu'un seul maître à bord et une seule feuille de route pour l'équipe qu'il a réunie. Le nouveau multilatéralisme de l'Amérique – avec ses soldats et ses diplomates qui répartissent les tâches spécifiques entre les coalisés, comme la sécurisation du survol des territoires ou le soutien logistique – n'a rien d'une discussion entre partenaires égaux. Les États-Unis distribuent tout simplement des missions précises, attentifs à ne pas trop demander à la plupart de ses alliés, allant même jusqu'à en blesser certains en ne leur demandant rien[33]. »

Le 7 octobre 2001, Washington ne crut pas opportun de prévenir le Premier ministre belge Guy Verhofstadt, dont le pays présidait alors le Conseil de l'UE, de l'imminence des bombardements contre l'Afghanistan. L'administration s'assura de l'aide de Tony Blair pour soutenir la coalition quand les combats s'engagèrent, mais elle garda un contrôle étroit sur la conduite de la guerre et sur la diplomatie qui l'accompagnait. Une enquête internationale après un mois de guerre révéla que les deux tiers de l'opinion, en dehors des États-Unis, considéraient que l'Amérique menait sa politique sans se soucier de l'intérêt de ses alliés[34].

De la même manière, la solidarité internationale apparue juste après les attentats de New York et de Washington était réconfortante, mais n'allait pas durer. Les partenaires de l'Amérique ont bien voulu partager les informations de leurs services de renseignements et coopérer dans le domaine légal, mais la coalition apparut nettement moins résolue lorsqu'il fut question de représailles militaires. En quelques jours, les alliés européens se montrèrent réticents, recommandèrent la retenue, et parlèrent moins de guerre. L'Arabie Saoudite, l'allié le plus proche dans le golfe Persique, annonça que les avions américains étaient les bienvenus dans son espace aérien, mais qu'ils ne pourraient pas effectuer de frappes offensives à partir de ses bases. Les Saoudiens refusèrent même, dans un premier temps, de geler les comptes bancaires des groupes terroristes soupçonnés d'être les auteurs des attentats.

Lorsque la campagne aérienne commença vraiment, seuls les Britanniques furent aux côtés des Américains. La participation de la Grande-Bretagne aux raids aériens fut limitée au lancement de quelques missiles de croisière le premier soir et au déploiement d'une poignée d'unités spéciales en Afghanistan. D'autres pays européens exprimèrent leur soutien à l'opération, mais leurs troupes étaient absentes. La plupart des nations arabes prirent leurs distances et se contentèrent de ne pas réagir ou d'exprimer modérément leur désapprobation. La Russie prit position comme elle ne l'avait jamais fait auparavant. Elle appuya fortement l'opération menée par les Américains, en fournissant un soutien militaire et des informations provenant de ses services de renseignements. Elle avait de bonnes raisons d'agir ainsi car le radicalisme islamique représente une menace pour sa propre sécurité. La Russie est engluée dans une lutte sanglante pour pacifier les musulmans séparatistes en Tchétchénie, et elle a, de plus, des frontières communes avec plusieurs pays musulmans importants. Moscou était motivée par son propre intérêt et non par un certain altruisme.

La seconde phase de la campagne ne changea guère la situation. Après l'effondrement des talibans dans le nord de l'Afghanistan, les États-Unis déployèrent environ deux mille hommes au sol et établirent une importante base opérationnelle au sud pour aider à vaincre les derniers talibans et coordonner la chasse à Ben Laden. Un nombre limité de forces spéciales d'autres pays y participèrent, mais la campagne au sol, comme la campagne aérienne, fut presque exclusivement américaine. Plusieurs pays européens offrirent de déployer des troupes au nord pour assurer le maintien de l'ordre et contribuer à assurer l'aide humanitaire, mais Washington refusa, craignant que leur présence ne complique les opérations. C'est seulement après que les principales batailles furent menées que les unités en provenance d'Europe, de Turquie, du Canada et de Nouvelle-Zélande arrivèrent en nombre important pour assurer le maintien de la paix et aider à éliminer les dernières poches de résistance dans les montagnes afghanes.

Il n'est pas surprenant que l'Amérique ait en grande partie agi seule dans la guerre contre les talibans et Al-Qaïda. Si les terroristes représentent une menace collective, ils choisissent les pays où ils vont frapper. Il est aisément compréhensible que le pays qui a été attaqué réplique avec une plus grande détermination que les autres. La relative absence d'attaques étrangères contre le sol américain explique pourquoi Washington était si peu engagé dans la bataille contre le terrorisme avant septembre 2001. Israël subit des attentats terroristes depuis des dizaines d'années, et y fait face tout seul. Il en est de même pour la Grande-Bretagne avec sa lutte contre l'Armée républicaine irlandaise (IRA), et pour la France avec son combat contre le terrorisme en provenance d'Afrique du Nord et du Moyen-Orient. Pour le meilleur ou pour le pire, le terrorisme est une menace qui suscite une réponse unilatérale.

L'unilatéralisme est également encouragé par le contexte politique du Moyen-Orient. Combattre le terrorisme dans la région, c'est s'aventurer dans un labyrinthe de divisions politiques, ethniques, religieuses et nationales, qui ont chacune la possibilité de piéger les acteurs extérieurs. S'il est vrai que toutes les nations arabes, à l'exception de l'Irak, ont condamné les attentats de septembre 2001, les Palestiniens ont défilé dans les rues pour célébrer l'événement et, dans les jours qui ont suivi, des manifestations antiaméricaines se sont déroulées en Afghanistan, au Pakistan, en Somalie, à Oman, au Nigeria et en Indonésie.

Dans cet environnement explosif, et à la lumière des intérêts en jeu au Moyen-Orient, les États ont de bonnes raisons de se montrer prudents. La peur de représailles terroristes, d'une réaction violente contre l'Ouest, de la déstabilisation des régimes modérés du monde arabe sont autant de facteurs qui jouent contre l'existence durable d'une large coalition antiterroriste.

L'incompréhension entre l'Amérique et ses soi-disant partenaires a encore augmenté quand Bush a qualifié l'Irak, l'Iran et la Corée du Nord « d'axe du Mal » et a laissé penser qu'ils seraient les prochaines cibles dans la lutte antiterroriste. Ces propos suscitèrent une large opposition à l'étranger. Même la Grande-Bretagne et l'Allemagne, deux des alliés les plus sûrs de l'Amérique, exprimèrent leur irritation. Le ministre allemand des Affaires étrangères mit en garde Washington : « Les partenaires d'une alliance ne sont pas des satellites[35]. » Le quotidien *Süddeutsche Zeitung* plaignait ce « pauvre Gerhard Schröder » qui allait faire une visite aux États-Unis et allait devoir « paraître au trône du nouveau César américain tout juste consacré[36] ». Le soir du voyage de Bush en Europe en mai 2002, le *Berliner Zeitung* se plaignit que, dans l'après-11 septembre, les États-Unis, loin de renoncer à l'unilatéralisme, avaient « profité de l'occasion pour renforcer leur position égoïste de superpuissance ». « Jamais un président des États-Unis n'a été plus étranger pour nous, lit-on dans le journal, et jamais les citoyens allemands n'ont été aussi sceptiques vis-à-vis de la politique de leur plus puissant allié[37]. » En dépit de la décision ultérieure de la Grande-Bretagne de rejoindre le camp de la guerre contre l'Irak, le conflit a tendu les relations atlantiques jusqu'au point de rupture.

Le terrorisme ne servira donc sans doute pas d'antidote contre les tendances isolationnistes de l'Amérique ; il risque même de les aggraver. La question fondamentale est de savoir quelle sera la réaction de l'Amérique face à ce nouveau sentiment de vulnérabilité, et comment elle acceptera les risques que son rôle dominant dans le monde fait peser sur la sécurité de son territoire. Là, il faut bien l'admettre, les Américains entrent dans l'inconnu. Pearl Harbor était une attaque contre une base navale à des milliers de kilomètres du sol américain. Les attaques du 11 septembre et le bio-terrorisme qui a suivi ont, en revanche, frappé le cœur économique et politique de la nation américaine.

« L'isolationnisme est mort[38] », proclamait Andrew Sullivan cinq jours après les attentats, insistant sur le fait que sa vulnérabilité ôterait toutes ses illusions à l'Amérique sur son immunité géographique. « Nous sommes tous des Israéliens à présent[39] », déclarait Marshall Wittman, en faisant référence à la bataille résolue que mène Israël contre le terrorisme. Loin de reculer face au terrorisme, Israël a toujours répondu aux attentats par des représailles visant à la fois leurs auteurs et leurs commanditaires.

L'expérience du terrorisme en Israël ne constitue cependant pas un bon indicateur de la manière dont l'Amérique répondra à sa nouvelle vulnérabilité sur le long terme. En Israël, le terrorisme vient de l'intérieur et les pourvoyeurs de la violence vivent avec les Juifs israéliens et résident dans un territoire contrôlé par Israël. Le pays n'a donc d'autre choix que de résister et de relever le défi de la terreur, dans la mesure où son existence même est en jeu.

Il existe d'autres cas de figure mieux adaptés à la situation difficile que doit affronter l'Amérique : les attaques terroristes subies par des puissances mondiales du fait de leur prééminence et de leur présence stratégique dans des pays lointains. L'histoire nous donne une image plus contrastée, en montrant que les menaces asymétriques sont parfois venues effectivement à bout de l'écrasante supériorité militaire des grandes nations. Bien qu'il soit difficile de préciser les motivations complexes qui entrent dans les décisions d'élargir ou de restreindre les engagements stratégiques, les éléments historiques montrent que les attentats terroristes ont réussi à affaiblir la détermination, et à inciter les États à réduire leur champ d'ambitions internationales.

Prenons l'exemple de la Grande-Bretagne en Palestine. Après la Première Guerre mondiale, la Ligue des nations a fait de la Palestine un mandat britannique et les Britanniques y ont maintenu, au début, une forte présence militaire pour prévenir la violence entre Juifs et Arabes. À mesure que la guerre devenait de plus en plus imminente en Europe dans la seconde moitié des années 1930, les Britanniques s'efforcèrent de réduire les dépenses de l'Empire et essayèrent donc de calmer les Arabes de Palestine en leur accordant des concessions qui finirent par ôter tout espoir aux populations juives d'y fonder une patrie. Bien que de nombreux leaders juifs aient continué de travailler en étroite collaboration avec les

Britanniques, certains extrémistes réagirent en organisant des attentats terroristes contre des cibles britanniques. Ces attentats culminèrent le 22 juillet 1946 avec une attaque contre l'hôtel King David à Jérusalem, où logeaient des fonctionnaires britanniques de haut rang, et qui fit quatre-vingt-onze victimes.

Ces attaques hâtèrent le retrait de la Grande-Bretagne de la région. En 1947, un an avant la fin de leur mandat, les Britanniques se tournèrent vers les Nations unies pour régler le problème palestinien. Lorsque celles-ci leur demandèrent de prolonger leur mandat, Londres refusa. Les coûts étaient trop élevés et les perspectives de paix trop éloignées. Comme l'écrivait le chancelier de l'Échiquier Hugh Dalton au Premier ministre Clement Atlee avant même l'attentat du King David : « L'état présent des affaires est non seulement coûteux en hommes et en argent, mais nous pensons vous et moi qu'il n'est par ailleurs d'aucun intérêt stratégique – il est absolument impossible d'avoir une base sûre au-dessus d'un nid de guêpes. Nous exposons nos jeunes hommes, sans raison valable, à des expériences abominables. » Le secrétaire aux Colonies, quant à lui, décrivait la Palestine comme « une corde autour de [leur] cou[40] ».

L'expérience britannique à Aden fut identique. Après l'implantation d'une base navale au milieu du XIXe siècle, augmentée d'une raffinerie et d'un aéroport, le port d'Aden devint officiellement une colonie et un protectorat fut institué en coopération avec les cheiks de la région. L'opposition à la présence britannique dans la péninsule arabe se développa dans les années 1950, et les attentats terroristes dirigés contre des cibles civiles et militaires commencèrent au début des années 1960. En 1964, les Britanniques se prononcèrent en faveur d'une fédération sud-arabique, et indiquèrent qu'ils garderaient le contrôle du port d'Aden et maintiendraient des troupes dans la région pour aider à défendre le nouvel État. Les attentats s'intensifièrent et un groupe d'enfants fut même frappé sur une base aérienne britannique. En 1966, Londres annonça sa décision de quitter la région. Les dernières forces britanniques partirent en 1967.

Le terrorisme n'a pas toujours réussi à entamer la résolution britannique. En Malaisie, par exemple, la Grande-Bretagne a tenu bon et a enrayé les attentats : elle s'est retirée de son propre chef, et a remis le contrôle du pays aux mains de ceux qu'elle avait désignés. Les attentats terroristes perpétrés par l'IRA sur le sol britannique ne sont pas non plus parvenus à contraindre les Britanniques de se retirer. Malgré plusieurs années d'attentats à la bombe sporadiques à Londres, la Grande-Bretagne a maintenu une forte présence militaire en Irlande du Nord, et a œuvré en faveur d'un règlement négocié. Cet exemple est cependant plus proche de l'exemple israélien, dans la mesure où l'Irlande du Nord fait partie du Royaume-Uni et n'est pas un territoire lointain ajouté à l'Empire. De plus, la majorité de sa population est protestante et préfère voir l'Irlande du Nord rester dans le Royaume-Uni. Londres considère qu'elle défend non pas une colonie lointaine, mais l'intégralité territoriale et ses traditions démocratiques, et est ainsi prête à supporter les coûts des attentats perpétrés contre son territoire.

Les attentats algériens sur le sol français sont plus révélateurs de la manière dont les grandes puissances réagissent au terrorisme lié à leur histoire. Au cours de la guerre d'Algérie dans les années 1950 et au début des années 1960, les actes de terrorisme frappèrent à la fois l'Algérie et la France métropolitaine. Bien qu'une grande partie des violences eût lieu entre des factions algériennes rivales, certains groupes de rebelles algériens perpétrèrent des attentats sur le territoire algérien et en métropole. Le 1ᵉʳ novembre 1954, l'attaque par le FLN des installations et des garnisons militaires dans toute l'Algérie marqua le début d'une campagne terroriste de longue durée. L'attentat le plus spectaculaire en France métropolitaine eut lieu le 24 août 1958, lorsque les rebelles algériens, dans une opération coordonnée, firent sauter des dépôts d'essence près de Marseille destinés à l'armée française en Algérie, dérailler un train, et attaquèrent des commissariats de police à Paris et à Lyon.

Il est difficile d'évaluer les effets précis de ces événements sur la politique française. La communauté française en Algérie eut recours elle aussi au terrorisme et fit pression sur Paris pour que tous les moyens soient mis à sa disposition pour écraser la rébellion. Mais la situation en France métropolitaine fut plus complexe. L'opposition à la guerre s'est développée à mesure que le sang coulait de plus en plus en Algérie et que la violence gagnait la France. Elle est devenue encore plus forte quand il est apparu que des Français avaient eux aussi eu recours au terrorisme.

En 1960, l'armée française avait pratiquement gagné la guerre contre la rébellion, mais la violence et le terrorisme finirent par émousser la détermination de la France. « Le terrorisme a permis au FLN de mettre le combat nationaliste sur les scènes nationale et internationale, puis il a été le symbole de la résistance, et une tactique dans une guerre d'usure. Tout au long du conflit, il a rappelé au gouvernement français et à l'opinion publique française que la sécurité en Algérie n'était pas assurée et que les deux communautés ne pourraient jamais être unies, même si une victoire militaire était à portée de main des Français[41] », affirme Martha Crenshaw, professeur à l'université Weysland. La rue était profondément divisée sur les solutions à apporter au conflit, ce qui ajoutait encore à son coût politique.

Dès son retour sur la scène politique en mai 1958, Charles de Gaulle était convaincu que le retrait de la France et l'indépendance de l'Algérie étaient les seules voies de l'avenir. « La décolonisation est notre intérêt, c'est donc notre politique, expliquait-il. Pourquoi devrions-nous rester prisonniers de colonisations ruineuses, sanglantes, sans fin[42] ? » Quatre ans plus tard, des négociations conduisaient au retrait de la France et à l'indépendance de l'Algérie. « L'obstination du FLN et sa capacité à poursuivre une guerre d'usure avaient été payantes, écrit Crenshaw. Les Français ont accepté non seulement l'indépendance totale et la reconnaissance du FLN, mais ils ont aussi fait des concessions sur les deux questions responsables du prolongement des négociations et du terrorisme : les droits de la minorité européenne en Algérie et le contrôle du pétrole dans le Sahara[43]. »

La réaction des États-Unis face au terrorisme dirigé contre des cibles américaines à l'extérieur du pays renforce l'idée que de tels attentats risquent d'encourager un repli plutôt qu'un engagement renouvelé et une nouvelle ferveur internationaliste. En octobre 1983, des terroristes firent sauter la caserne des marines chargés du maintien de la paix à Beyrouth, tuant deux cent quarante-huit militaires. Les États-Unis retirèrent rapidement leurs troupes du Liban. Le secrétaire à la Défense, Caspar Weinberger, annonça que, à l'avenir, le pays ne s'engagerait militairement que si ses « intérêts vitaux » étaient en jeu et « avec la claire intention de gagner ». La promulgation de cette doctrine servit effectivement à freiner les engagements américains à l'extérieur en limitant leur engagement à des missions de maintien de la paix.

En 1993, les forces américaines eurent à déplorer des pertes en Somalie. Les soldats tombèrent au combat, et non dans un attentat terroriste, mais leurs adversaires avaient des liens avec les réseaux de Ben Laden. Les corps de plusieurs soldats furent traînés par des véhicules dans les rues de Mogadiscio devant les caméras de télévision, intensifiant ainsi l'impact politique aux États-Unis. Une fois de plus, Washington retira ses troupes, et l'enthousiasme initial de l'administration Clinton pour le maintien de la paix s'évanouit rapidement.

L'Amérique poursuivit la même politique après l'attaque contre le porte-avions USS *Cole* ancré dans le port d'Aden au Yémen. La marine américaine quitta définitivement le port. Une équipe d'enquêteurs du FBI fut envoyée sur place mais, avant qu'elle ait pu terminer son travail, Washington la rappela parce que des rapports des services spéciaux évoquaient la possibilité d'attentats terroristes. Les marines qui effectuaient des manœuvres communes avec l'armée jordanienne quittèrent eux aussi brusquement le pays et les navires de la marine ancrés à Bahrein, le quartier général de la Ve flotte, évacuèrent le port et prirent le large. Comme le fit remarquer Thomas Friedman dans le *New York Times* : « Il y a un terme militaire pour tout cela : la "retraite"[44]. »

Ces mesures sont courantes. Lorsque, dans un pays, la sécurité devient inquiétante, les États-Unis encouragent leurs concitoyens à partir, rappellent le personnel diplomatique non essentiel et érigent des barricades autour de leur ambassade. Lorsque la campagne de bombardements a commencé en Afghanistan, les États-Unis ont fermé leur ambassade en Arabie Saoudite et réduit leur personnel diplomatique dans de nombreux pays musulmans. Ces mesures sont compréhensibles et justifiées. L'Amérique doit se prémunir contre tout risque inutile et protéger les siens.

Mais c'est précisément cette logique qui laisse penser que le terrorisme a le pouvoir, à long terme, d'éroder, et non de réveiller, l'internationalisme. Le prix qu'une population est prête à payer pour l'autonomie de sa patrie est généralement plus élevé que celui qu'un étranger est prêt à payer pour maintenir sa présence dans ce pays. Cette logique explique l'effondrement des empires coloniaux, l'abandon par les États-Unis de leurs avant-postes militaires là où leur présence n'était pas souhaitée – comme aux Philippines. Elle explique également pourquoi les attaques quotidiennes contre les soldats américains en Irak ont convaincu l'administration Bush de limiter les objectifs et la durée de l'occupation. Enfin, elle sera la raison pour laquelle l'Amérique va probablement conclure que les coûts de certains de ses engagements excèdent les bénéfices.

Cela dit, la présence des États-Unis est encore bienvenue dans la plupart des régions du monde, y compris au Moyen-Orient, et c'est, en grande partie, dû au fait qu'ils ne sont pas un État impérial et n'ont pas d'intentions prédatrices : ils s'attachent plus à renforcer la stabilité et la sécurité régionales, à protéger le commerce international, qu'à étendre leur puissance aux dépens des autres. Ils ont également de très bonnes raisons de rester au Moyen-Orient, car il faut maintenir le libre accès aux régions pétrolières et assurer la sécurité d'Israël. Les attentats terroristes et les manifestations antiaméricaines ont peu de chances de convaincre Washington de revoir son engagement dans la région. L'histoire du XXᵉ siècle montre clairement que l'Amérique est un ennemi tenace quand elle est provoquée.

Au cœur de la ferveur patriotique qui a suivi les attentats de septembre 2001, il y eut peu de discussions sur la manière dont l'Amérique pourrait changer – ou limiter – son engagement au Moyen-Orient afin d'y atténuer l'antiaméricanisme. L'exacerbation du sentiment national d'alors n'encouragea guère la publication d'articles sur le sujet[45]. Mais, avec du recul, les événements du 11 septembre vont inévitablement entraîner un large débat sur la question. C'est l'une des principales raisons pour lesquelles le Premier ministre israélien Ariel Sharon a demandé aux États-Unis de ne pas «apaiser les Arabes [aux] dépens [des Israéliens]» ajoutant, en référence à la politique d'apaisement à l'égard de Hitler menée par l'Europe de l'Ouest dans les années 1930, qu'«Israël ne sera pas la Tchécoslovaquie[46]». C'est aussi la raison pour laquelle, après les campagnes militaires en Afghanistan et en Irak qui ont chassé les talibans et Saddam Hussein du pouvoir, les Américains se sont demandé s'il ne fallait pas réduire leur présence militaire en Arabie Saoudite[47].

La nouvelle priorité accordée à la défense de la patrie donnera certainement et peut-être involontairement naissance à une Amérique davantage tournée sur elle-même. Des mesures visant à améliorer la sécurité intérieure sont certainement nécessaires, mais elles isolent doublement les États-Unis. D'une part, l'Amérique a érigé des barrières plus efficaces contre les menaces extérieures: avions et bateaux de guerre survolent et patrouillent le long des côtes, la politique d'immigration est devenue plus restrictive et les contrôles aux frontières plus sévè-res. D'autre part, les nouvelles ressources engagées pour la défense de la patrie le sont, en partie du moins, aux dépens des missions à l'extérieur. Plus les soldats et les avions américains se consacrent aux États-Unis, ou à leurs voisins, moins ils se consacreront au maintien de la paix loin du pays.

Une dernière question concerne la manière dont les attentats terroristes vont affecter l'ensemble de l'opi-nion publique américaine et l'attitude des électeurs face à l'internationalisme. Les effets à court terme ont été clairs. L'opinion a totalement soutenu la politique de représailles. La nation s'est rassemblée et a manifesté à la fois sa détermination et son unité. Les sondages ont montré le retour de la confiance dans le gouvernement[48]. Le bénévolat et les dons ont marqué un extraordinaire renouveau de l'esprit civique.

Mais les perspectives à long terme vont dans la direc-tion opposée. La plupart des actions entreprises contre le terrorisme ne sont pas de nature à galvaniser la nation. Les mesures les plus efficaces ont consisté à appliquer plus strictement la loi, à renforcer les services secrets, et à mener des opérations spéciales. Les forces militai-res américaines seront parfois utilisées, comme ce fut le cas en Afghanistan et en Irak. Mais leur supériorité sera éclipsée par un ennemi de l'ombre, qui rendra la victoire difficile à jauger et mènera un combat long et frustrant. En tout état de cause, l'Amérique a facilement gagné la guerre contre les talibans et Al-Qaïda, mais ils sont nom-breux ceux qui sont passés à travers les mailles du filet et courent encore. Les plus grands succès seront des non-événements – des attentats terroristes déjoués, par exem-ple – dont on ne parlera en fait jamais.

La nation ne sera pas non plus impliquée dans la lutte. Dans les mois qui ont suivi les attentats, il y avait des drapeaux aux fenêtres, mais pas de queues aux bureaux de recrutement. Les compagnies aériennes ont cloué des centaines d'appareils au sol, parce qu'il n'y avait pas de passagers pour les remplir : les gens préféraient rester chez eux. Et, au lieu de continuer à travailler pour soutenir l'effort de guerre, de nombreux Américains furent licenciés en raison du ralentissement économique dû aux frappes terroristes. Ainsi, au lieu de modérer les tendances unilatéralistes et isolationnistes américaines, la lutte antiterroriste pourrait bien les renforcer.

Forger un nouvel internationalisme américain

Si le passé et le présent laissent présager un durcissement de l'isolationnisme et de l'unilatéralisme dans les années à venir, ils montrent aussi qu'un rejet de l'internationalisme libéral n'est en aucun cas inéluctable. Le défi à relever est de parvenir à un nouvel équilibre, de trouver une forme d'engagement à l'extérieur en accord avec une nouvelle donne politique intérieure. Il faudra pour cela trouver le juste mélange de réalisme et d'idéalisme, tenir compte des cultures et des intérêts régionaux en compétition et maintenir la politique étrangère à l'écart des disputes partisanes qui la secouent depuis les premiers jours de l'Amérique.

Les leaders d'aujourd'hui doivent suivre l'exemple de Franklin Roosevelt, trouver la juste voie entre le trop et le trop peu. D'abord parce qu'un unilatéralisme sans bornes transformerait nos alliés en adversaires. À l'inverse, un engagement trop ambitieux qui ne bénéficierait pas d'un soutien politique suffisant risquerait d'entraîner une réaction violente et un retour précipité à l'isolationnisme, ce dont Woodrow Wilson a pu faire l'expérience. Et, ensuite, parce que se retirer d'entrée de jeu et réduire spectaculairement le rôle mondial de l'Amérique ne ferait que nourrir la complaisance et encourager cette lente dérive vers un isolement illusoire qui a tant séduit la nation américaine dans son histoire. Entre ces deux extrêmes, il existe un terrain d'entente pour laisser la place à un internationalisme libéral réfléchi sur lequel une nouvelle stratégie globale plus sélective peut être construite et prospérer à long terme. Un programme modeste mais réalisable, comme l'aurait dit Roosevelt, est préférable aux utopies impossibles.

La première chose à faire pour parvenir à ce but est de prendre conscience de l'ampleur et de l'importance de la tâche à accomplir. Ce nouvel équilibre ne peut se trouver sans un effort délibéré. Un nouvel internationalisme et une nouvelle stratégie globale ne peuvent surgir *ex nihilo*. L'administration Clinton a pourtant paru l'oublier, trompée par la force de l'économie américaine et le sentiment que l'unipolarité allait durer. L'équipe Bush se concentrera très probablement sur la lutte antiterroriste – cause respectable, mais qui continuera de détourner l'attention des autres problèmes, tout aussi importants. Et même si Bush revient à un programme élargi, il risque fort, comme au début de son mandat, d'osciller entre le trop et le trop peu. Les conseillers de Bush, et plus généralement le parti républicain, sont divisés en deux camps qui représentent ces deux extrêmes.

L'un des camps rassemble les néo-conservateurs, comme Paul Wolfowitz, et les analystes extérieurs William Kristol, Robert Kagan et Richard Perle. Des faucons conservateurs comme Richard Cheney et Donald Rumsfeld tendent à s'aligner sur les néo-conservateurs. Ils préconisent l'emploi unilatéral de la force afin de préserver l'hégémonie américaine aussi longtemps que possible en résistant activement à l'essor des autres centres de pouvoir. L'autre camp réunit les conservateurs centristes de l'intérieur du pays comme Condoleezza Rice et Colin Powell. Ils se montrent plus prudents sur l'emploi de la force, car ils pensent que l'Amérique devrait reconnaître ses propres limites, économiser ses ressources et porter son attention sur les acteurs principaux que sont l'UE, la Russie et la Chine.

Le président Bush a, dans un premier temps, plutôt penché du côté des conservateurs centristes de l'intérieur, moins interventionnistes. Il a montré, au long de sa carrière, peu d'intérêt pour les affaires étrangères. En tant que candidat, son principal message était la promesse d'un choix plus rigoureux des engagements à l'étranger. « Je serai plus réservé dans mon approche, déclarait-il au cours du débat présidentiel de Boston. Je ne pense pas que nous puissions être tout pour tout le monde. Je pense que nous devons être très prudents quand nous engageons nos troupes[49]. » Depuis le 11 septembre, Bush semble s'être tourné vers les positions des faucons les plus durs au sein des néo-conservateurs. Mais c'est précisément son manque d'expérience et d'intérêt pour les affaires étrangères qui le tiraille entre les deux camps. Il sera probablement ballotté entre l'unilatéralisme des néo-conservateurs et les tendances isolationnistes des conservateurs centristes.

Bush ne devra pas seulement arbitrer entre les camps opposés du parti républicain. Comme tous les présidents avant lui, il lui faudra également trouver un moyen de réconcilier les antagonismes entre réalistes et idéalistes. Clinton a admirablement réussi à opérer une synthèse de ces deux courants. Après un début difficile, il a bien géré la question de la sécurité, en envoyant plusieurs fois des soldats se battre dans les Balkans et dans le golfe Persique. Il a aussi réintroduit dans l'arsenal américain l'option de guerre limitée. Passé maître dans l'emploi de forces proportionnelles aux intérêts en jeu, il a réussi à retourner l'approche du tout ou rien du Pentagone, héritée du temps où Colin Powell était chef de l'état-major des armées.

Dans le même temps, Clinton a mis en œuvre un nouveau programme incontestablement idéaliste : gestion de la mondialisation, protection de l'environnement, gestion des crises sanitaires dans le monde en voie de développement, élargissement du rôle des institutions internationales. Il avait aussi compris que l'essor d'autres centres de puissance pouvait finir par être bénéfique à l'Amérique. Samuel Berger décrit ainsi les conceptions de Clinton : « Il a compris que le vieux paradigme de gagnant-perdant, qui avait dominé pendant la guerre froide, n'était plus suffisant. Une Europe plus forte, c'était bon pour nous, et non mauvais. Une Amérique latine unifiée, c'était bon pour nous, et non mauvais[50]. » Certains ont reconnu Berger lui-même derrière cet équilibre entre réalisme et idéalisme : « Il avait renoncé à être un idéaliste comme Wilson et un réaliste comme Kissinger. Il avait refusé de choisir entre un conservatisme unilatéraliste et un internationalisme libéral[51]. »

Même si les membres de l'équipe Clinton ont, en pratique, effectivement mêlé le réalisme et l'idéalisme, ils ne l'ont pas fait de manière consciente, c'est-à-dire qu'ils n'ont jamais élaboré un ensemble de principes directeurs capables de servir de fondements à leurs actions. Si l'administration a incontestablement fait de bons choix politiques, ces choix n'ont pas permis d'avoir une stratégie globale cohérente. Et c'est précisément parce que Clinton n'est pas parvenu à se doter de principes directeurs clairs pour défendre son action devant les électeurs qu'il n'a même pas pu poser les premières pierres d'un nouvel internationalisme américain.

Le problème de Bush est différent. Il adhère à un programme réaliste dépourvu de toute aspiration idéaliste, et est donc prêt à poursuivre une politique étrangère monolithique peu adaptée aux temps présents. Son équipe s'est, au départ, presque exclusivement concentrée sur un programme traditionnel d'équilibre de la puissance : reconstruction des forces armées américaines, déploiement du système des missiles de défense, renforcement des alliances traditionnelles avec l'Europe, le Japon et Taiwan, préparation de la compétition avec la Chine. Contrainte par les événements à reconsidérer son programme, la guerre contre le terrorisme est devenue sa priorité. L'inclination pour le réalisme domine toujours. Wolfowitz promet d'en « finir » avec les États qui soutiennent le terrorisme. L'équipe Bush met en garde les pays du monde entier en leur indiquant qu'ils doivent faire un choix sans équivoque : être pour ou contre l'Amérique. Alors que l'on recherchait les États contre lesquels l'Amérique pourrait engager des représailles, le journal satirique *The Onion* écrivait : « Le président Bush a demandé directement à Oussama ben Laden de former une nation que les États-Unis pourraient attaquer[52]. »

Bush prit ses distances avec les instincts belliqueux de son équipe, usa de patience et opta pour une réponse militaire modérée. Mais ce genre de réalisme demeure anachronique. Même s'il peut paraître encore adapté aux quelques régions du monde où les enjeux de puissance traditionnels continuent d'être essentiels, comme en Asie du Nord-Est, il l'est nettement moins pour le reste du monde. La fracture politique de l'Europe a définitivement disparu. L'Amérique latine et l'Asie du Sud-Est se sont engagées non pas sur un équilibre de la puissance, mais dans une phase d'intégration régionale. Le multilatéralisme prévaut dans les trois régions, et c'est la raison pour laquelle les tendances unilatéralistes de l'Amérique sont mal venues.

Le réalisme de Bush est également peu adapté au problème du Moyen-Orient, la région la plus menaçante pour les États-Unis. Le terrorisme a ses racines dans les clivages sociaux et religieux. Même si la plupart des gens au Moyen-Orient ne soutiennent pas le terrorisme, il existe un fort sentiment antiaméricain et de nombreux régimes ont à faire face à des menaces intérieures de la part de leurs islamistes radicaux. La vie politique au Moyen-Orient n'est pas en noir et blanc : les États sont condamnés à un exercice d'équilibre périlleux – prendre le parti de l'Amérique tout en gardant leurs distances. L'Amérique elle-même peut parfois trouver plus efficace de coopérer avec des régimes qui ont partie liée avec des activités terroristes – comme l'Autorité palestinienne ou l'Iran. L'Afrique a également de dures années devant elle, mais ses problèmes proviennent surtout de luttes ethniques et religieuses, de la pauvreté et de la maladie. On peut être certain que des guerres éclateront dans les régions des pays en voie de développement, mais il s'agira précisément du type de conflits ethniques et de guerres civiles dans lesquels l'équipe Bush a déclaré ne pas vouloir intervenir. En dépit de tous les efforts qu'elle pourra déployer pour que le monde soit conforme à son modèle de réalisme, l'administration Bush s'apercevra que son approche des questions internationales est devenue obsolète, et l'empêchera de forger un nouvel internationalisme américain.

Le réalisme séduit l'opinion publique : facile à comprendre, il présente un monde où l'on est ami ou ennemi, et mobilise le soutien politique en raison précisément de cette approche en noir et blanc des problèmes mondiaux. Les menaces annexes, et les nouvelles priorités de l'action extérieure en matière de sécurité – l'environnement, le maintien de la paix, la santé, le développement économique – ne concernent pas l'Amérique, et l'opinion publique peut donc facilement les oublier. Seules les grandes menaces qui pèsent directement sur le bien-être de l'Amérique doivent mobiliser la nation ; et quand le pays est menacé, l'attention et le sacrifice répondent immédiatement à l'appel.

Mais, une fois de plus, le monde ne se prêtera pas à un tel simplisme. Une approche aussi manichéenne est extravagante dans un monde aussi complexe que le nôtre. Le réalisme peut fournir le fondement d'un nouvel internationalisme, mais il sera bien peu utile pour les défis auxquels la nation va avoir à faire face. Il ne s'agira pas de savoir s'il faut s'engager, mais comment et dans quelle mesure. Les leaders politiques n'auront donc pas d'autre choix que de partager avec leurs électeurs les analyses mesurées et les décisions qui seront nécessaires à la conduite de la politique étrangère. Les États-Unis vivent dans un monde où les lignes de fractures sont aujourd'hui floues, l'identité des alliés et des ennemis, incertaine, et où les principaux auteurs des violences per-

pétrées contre l'Amérique peuvent disparaître en se ter-
rant dans des caches de montagne avant même d'avoir
livré leur bataille. Ce monde est un monde difficile pour
les hommes politiques à la recherche de petites phrases.
La seule conduite responsable consiste donc à confronter
toute ambiguïté politique à des concepts clairs.

Il faut, par conséquent, repenser la nature des engagements du pays à l'étranger. L'Histoire peut nous fournir
une leçon utile. Wilson n'a pas réussi à assurer la participation de l'Amérique à la Société des Nations non pas
parce qu'il avait voulu accroître ses obligations vis-à-vis
d'autres États, mais à cause du genre d'obligation qu'il
envisageait de contracter : des alliances qui entraînaient
un engagement automatique. Le Sénat se refusa à accepter de telles contraintes. Franklin Roosevelt, en revanche, est parvenu à faire accepter les Nations unies parce
qu'il a compris que les engagements de sa charte devaient
conserver des options ouvertes et sujettes à interprétation si l'institution voulait gagner l'approbation de l'opinion publique. En l'absence d'un adversaire majeur, les
Américains n'aiment pas avoir les mains liées.

Bush, tout comme Clinton avant lui, n'a pas réussi
à assimiler cette leçon. C'est pourquoi il continue de
faire reposer sa politique sur des alliances entraînant un
engagement automatique. De telles alliances sont crédi-
bles en Asie du Nord-Est, où les fractures géopolitiques
menacent encore des partenaires de longue date comme
la Corée du Sud et le Japon. Mais l'élargissement actuel
de l'Otan en Europe, où aucune fracture n'existe, risque d'échouer à cause des mêmes difficultés de politique
intérieure qui ont mis en échec la Société des Nations. Si
Bush demeure sceptique sur le maintien des troupes dans
les Balkans, il aura certainement des difficultés à expli-

quer pourquoi il veut accorder des garanties de défense automatiques aux nouveaux membres et aux pays candidats de l'Otan. Les États-Unis ont plus de chances de rester engagés en Europe en choisissant leurs combats plutôt qu'en s'imposant des obligations à l'égard de pays que les Américains ne peuvent même pas situer sur une carte. Au moment où Bush teste les limites d'un nouvel internationalisme, il serait bien avisé de tenir compte de l'adage de Roosevelt qui considérait qu'en la matière, en faire moins c'était en faire plus et qu'il valait mieux réaliser des objectifs modestes que de s'attacher à des objectifs trop ambitieux pour se retrouver les mains vides.

L'orgueil américain compliquera par ailleurs l'élaboration de ce nouvel internationalisme plus sélectif. Les États-Unis font face à un défi que peu de grandes nations ont réussi à relever : accepter l'essor d'autres centres de puissance et leur concéder volontairement une certaine influence. La politique intérieure est l'un des principaux obstacles à une telle attitude. Les hommes politiques craignent d'avoir à payer le prix d'une apparente faiblesse ou d'un accommodement trop grand, en particulier lorsque leurs adversaires sont prêts à les accuser de faire le lit de l'humiliation nationale. L'électorat américain, en raison précisément de son ambivalence par rapport à ses responsabilités internationales, devrait être capable de s'adapter plus facilement que d'autres à une position moins exaltée. Mais les élites américaines, tout comme l'opinion publique, ont été habituées à mener le jeu et laissent penser que les États-Unis continueront d'être irrités par ceux qui défient leur prééminence. Bush et ses successeurs doivent ainsi faire face à la tâche peu enviable de forger un internationalisme plus sélectif sans pour autant verser dans l'unilatéralisme obtus. Présenter la stratégie américaine comme un allégement volontaire du fardeau de l'engagement, et non comme un retrait sous la pression d'autres pays, permettra de faire accepter cet aspect de la diplomatie par le public.

Forger un nouvel internationalisme libéral ne suppose pas de lui donner seulement le bon contenu idéologique, mais de trouver un équilibre entre les cultures et les intérêts en jeu dans les différentes régions de l'Amérique. L'histoire du pays montre clairement que les courants isolationnistes et unilatéralistes ont pu, à des périodes diverses, être très forts dans toutes les régions des États-Unis. Certaines régions ne sont ni irréversiblement isolationnistes ni obstinément unilatéralistes. En fait, l'isolationnisme, dans ses formes libérales comme libertaires, et l'unilatéralisme ont des racines profondes dans le credo de l'Amérique. Leur apparition dans une région donnée varie selon les changements des forces politiques et économiques. Ils resteront donc présents dans le discours politique. Les hommes politiques et les groupes de pression de tout bord s'y référeront à la fois pour des raisons idéologiques et pour les instrumentaliser. Le défi consistera à neutraliser ces poches extrémistes en rassemblant des coalitions régionales, et en élaborant un internationalisme modéré capable de surmonter l'attrait exercé par les isolationnistes et les unilatéralistes.

L'alignement des régions autour desquelles se sont constituées des coalitions internationalistes demeure fluide. L'alliance internationaliste du Nord et du Sud mise en œuvre par Roosevelt s'est défaite au cours des années 1970, à cause de la guerre du Vietnam et des droits civiques. Le Sud était foncièrement anticommuniste (donc pour la guerre) et socialement conservateur. Le Nord était plutôt contre la guerre et socialement progressiste. La période de détente qui a suivi la fin de la guerre du Vietnam a temporairement gommé les conséquences politiques de cette désunion entre le Nord et le Sud. Mais lorsque la détente fit place aux nouvelles tensions au début des années 1980, les alignements régionaux devinrent à nouveau décisifs.

Le président Ronald Reagan a formé une nouvelle coalition entre le Sud et l'Ouest pour servir de fondement politique à sa reconstruction militaire et à sa politique conservatrice. Cette nouvelle alliance régionale était fondée sur un anticommunisme partagé, sur les bénéfices que tiraient ces deux régions des dépenses militaires, et sur le soutien au libre-échange. Le Nord, plus libéral, moins convaincu de la nécessité des solutions radicales que proposait Reagan, tira moins de bénéfices des dépenses militaires que le Sud et l'Ouest, et connut une période de déclin industriel qui réduisit le soutien au libre-échange. À mesure que la croissance économique et la population quittait la *Rust Belt* du Nord en voie de désindustrialisation pour rejoindre les états de la *Sun Belt* du Sud, le soutien politique à l'ouverture des marchés se déplaça dans la même direction[53].

La fin de la guerre froide et le développement économique qui a suivi ont favorisé l'harmonisation des intérêts régionaux pendant une dizaine d'années. Le boom économique qui a touché l'ensemble du pays a atténué les pressions protectionnistes. Avec un secteur de la défense encore sous le coup de réductions budgétaires après l'effondrement de l'Union soviétique et un budget fédéral en excédent, l'augmentation des dépenses militaires rencontra peu d'opposition. Par ailleurs, le pays s'est retrouvé uni pour soutenir les opérations de représailles après les attentats terroristes de New York et de Washington.

Dans ces conditions, l'alliance entre le Sud et l'Ouest mise en œuvre par Reagan résista à la disparition de « l'empire du Mal » contre lequel elle avait été bâtie. Elle a bien servi le parti républicain en assurant la victoire de George W. Bush dans l'élection de novembre 2000. Le Sud et l'Ouest intérieur sont plus conservateurs, plus réalistes et plus sensibles au populisme de Bush, tandis que le Nord et les villes côtières de l'Ouest sont plus libérales, plus idéalistes, et plus sensibles à la compétence politique de Al Gore.

L'antagonisme entre les cultures et les intérêts régionaux devrait s'intensifier dans les années à venir, dans la mesure où les régions américaines s'éloignent les unes des autres sur le terrain politique. La Nouvelle-Angleterre, par exemple, représentait autrefois une balance équilibrée de républicains et de démocrates. En 1985, les États de la région (Maine, Vermont, New Hampshire, Massachusetts, Rhode Island et Connecticut) ont envoyé à la Chambre des représentants quatorze démocrates et dix républicains. En 2001, ces mêmes États étaient représentés par dix-sept démocrates, cinq républicains et un indépendant. Trouver des électeurs républicains en Nouvelle-Angleterre est de plus en plus difficile. Dans les montagnes de l'Ouest, c'est le contraire : le Montana, le Nevada, l'Idaho, l'Utah, le Wyoming, le Colorado, l'Arizona et le Nouveau-Mexique ont envoyé en 2001 sept démocrates et dix-sept républicains à la Chambre – exactement le même nombre qu'en 1985. En dépit de l'accroissement de la population, les électeurs démocrates sont de plus en plus rares dans l'Ouest intérieur. Ces tendances promettent de rendre difficile la formation de coalitions dépassant le cadre des régions et des partis. Ce n'est pas une bonne nouvelle pour l'engagement américain, dans la mesure où Roosevelt a clairement démontré l'importance de telles coalitions pour former un internationalisme libéral durable. Au lieu de pouvoir s'appuyer sur un consensus centriste, les dirigeants du pays risquent de se trouver barrés par les divisions régionales et ballottés par des pressions intérieures vers des extrêmes unilatéralistes et isolationnistes.

De la même manière, les régions vont continuer à avoir des intérêts économiques divergents. Le principal partenaire commercial du Nord-Est est l'Europe, celui du Middle West est le Canada, celui de l'Ouest, l'Asie; le Sud commerce à la fois et de manière plus équilibrée avec l'Europe, l'Asie, le Mexique et le Canada. La position de l'Amérique sur le libre-échange est sensible à ces différences régionales. La composition de la base économique d'une région, et le poids politique relatif des secteurs industriels, agricoles et des services renforcent les divisions régionales. Comme ils le font depuis la fondation de l'Union, les intérêts économiques divergents produisent des affrontements non seulement sur la politique en matière de libre-échange, mais également sur la nature et l'étendue de l'engagement stratégique américain à l'étranger.

Les changements dans la composition ethnique de la société américaine peuvent également renforcer les divisions régionales. Depuis le début de leur histoire, les États-Unis sont un pays d'immigrants qui fait preuve d'une remarquable capacité à intégrer les vagues successives des nouveaux arrivants. Même lorsque les immigrants conservent des liens personnels et culturels très forts avec leur patrie d'origine, leur allégeance politique devient nettement américaine. Presque chaque groupe ethnique a son (sinon ses) lobby à Washington. Cependant, les Américains de toutes origines, en particulier quand ils ont intégré le monde de la politique étrangère, ont pour la plupart cherché à façonner une conception commune de l'intérêt national plutôt qu'une conception exclusivement tournée vers une sensibilité marquée par leur propre origine.

Pourtant, la théorie du *melting-pot* en matière d'intérêt national est peut-être en train de vivre ses derniers jours. Les minorités ne s'intégreront pas aussi totalement dans un ensemble multiethnique quand elles seront assez nombreuses pour constituer un ensemble. Les Blancs non hispaniques constituent une proportion en constante diminution de la population des États-Unis. En 2060, ils devraient être tombés au-dessous des 50 % et ne plus représenter que 40 % de la population à la fin du siècle. Les Américains hispaniques, en revanche, représenteront un quart de la population en 2060, et un tiers à la fin du siècle. Le taux de croissance pour les Noirs non hispaniques et les Asiatiques sera considérablement plus lent. Les Asiatiques, qui représentent actuellement 4 % de la population, atteindront 7 % en 2025 et 10 % en 2060. Et les Noirs non hispaniques devraient se maintenir à leur niveau actuel de 13 %[54].

Les Américains hispaniques et asiatiques ont tendance à se concentrer dans certaines régions de l'Amérique – le Sud-Ouest pour les Hispaniques, la côte Ouest pour les Asiatiques – et, ainsi, il est fort probable que l'identité et les intérêts ethniques auront plus de poids pour les générations à venir que pour celles qui les ont précédées. En 2025, les Blancs ne représenteront plus que 33 % de la population de la Californie, les Hispaniques 42 %, les

Asiatiques 18 % et les Noirs 7 %. Des changements identiques s'opéreront dans d'autres États. En 2025, le Texas sera à 46 % blanc et 38 % hispanique, alors que le Nouveau-Mexique sera à 40 % blanc et 48 % hispanique[55].

La concentration d'Hispaniques et d'Asiatiques dans certains États amplifie l'influence politique de ces groupes, en particulier à cause du poids électoral extrêmement important d'États tels que le Texas et la Californie qui, à eux deux, disposent de quatre-vingt-six voix dans le collège électoral, soit près du tiers des deux cent soixante-dix voix nécessaires à l'élection du président. Le débat sur l'élargissement de l'Otan a clairement montré que la concentration de minorités ethniques dans des États qui disposent d'un grand nombre de voix dans le collège électoral confère à leurs intérêts un pouvoir considérable. Si les Américains de descendance polonaise, tchèque et hongroise avaient été disséminés dans de nombreux États, ils auraient été peu consultés au cours de la seconde moitié des années 1990 quand le pays s'interrogeait sur l'opportunité d'inviter leur patrie d'origine à rejoindre l'Otan. Concentrés dans les États peuplés et dynamiques du Middle West et organisés en lobbies efficaces, ils eurent un impact considérable sur cette question[56]. Il s'ensuit que la population hispanique croissante de l'Amérique devrait avoir un impact majeur sur sa politique étrangère. Si les candidats à la présidence veulent rallier le Texas et la Californie à leur cause – deux États clés –, il leur faudra convaincre les électeurs hispaniques.

Le fait que les différents groupes ethniques cherchent à avoir une influence sur la politique étrangère américaine afin de défendre leurs intérêts particuliers n'est pas nouveau. Ils l'ont toujours fait et le feront encore. Telle est la nature d'une démocratie pluraliste dans une société multiethnique. Mais les changements démographiques de l'Amérique pourraient bien offrir une nouvelle donne à la politique communautariste et avoir d'importantes conséquences sur l'internationalisme américain.

L'importance de la population latino pourrait avoir un impact direct sur la teneur de l'internationalisme américain et sur les objectifs de la politique étrangère des États-Unis. Les sondages effectués à l'intérieur de la communauté hispanique ne sont en aucun cas concluants, mais ils indiquent des préférences qui divergent grandement de celles de l'ensemble des dirigeants américains. Les leaders hispaniques, par exemple, « soutiennent beaucoup moins la politique de défense traditionnelle et les alliances militaires ». 8 % seulement des leaders latinos, comparés aux 60 % de l'ensemble des élites des États-Unis, considèrent que la défense des alliés est un objectif « très important ». 85 % des élites hispaniques pensent que les États-Unis devraient porter plus d'attention à leurs relations avec l'Amérique latine. La politique étrangère de l'Amérique n'est pas un jeu à somme nulle. Mais dans la mesure où ses ressources sont limitées, une plus grande concentration sur l'Amérique latine se fera probablement aux dépens de l'attention portée aux autres régions[57].

La balkanisation potentielle de l'Amérique pourrait également rendre plus difficile l'élaboration d'un internationalisme commun et acceptable pour l'ensemble du pays. Si le Sud-Ouest est préoccupé par l'Amérique latine, la côte Ouest, par le Pacifique et la côte Est, par l'Europe, il sera difficile de parvenir à un consensus sur ce qui doit constituer les intérêts nationaux de l'Amérique. Si les divisions ethniques et même linguistiques viennent s'ajouter aux divisions culturelles et économiques qui séparent depuis toujours les régions de l'Amérique, les différences régionales peuvent éroder le tissu social et l'identité unificatrice essentiels à l'émergence du sentiment de dessein national. Cela risque de conduire à des impasses politiques, à des coalitions internationalistes de plus en plus difficiles à réunir et à maintenir, et à une dérive vers une politique isolationniste et unilatéraliste.

La mobilité de la main-d'œuvre a la possibilité de contrecarrer ce renforcement des divisions ethniques et régionales. Les mouvements de la demande de main-d'œuvre à travers les régions ont joué un rôle essentiel dans le succès du *melting-pot*, en envoyant des immigrants et des colons à l'Ouest au cours du XIXᵉ siècle, en amenant de la main-d'œuvre du Sud au Nord au cours de la période d'industrialisation et d'urbanisation pendant la première moitié du XXᵉ siècle, et en les renvoyant au Sud et à l'Ouest dans la seconde partie du siècle. Le métissage qui en résulta contribua à faire des États-Unis une nation politique unifiée dotée d'une identité et d'une éthique communes, et pas seulement une vague fédération d'États qui auraient chacun gardé leur identité et leurs perspectives propres.

Le problème est que l'ère numérique n'engendre pas la même mobilité de la main-d'œuvre que l'ère industrielle. La révolution de l'information n'opérera pas la même mixité que l'industrialisation, précisément parce qu'elle offre aux personnes et aux entreprises un plus grand choix de localisation. Au cours de l'ère industrielle, les entreprises s'implantaient à proximité des matières premières ou des centres de transport vitaux pour leurs productions. La main-d'œuvre devait suivre, et, pour travailler, les ouvriers étaient contraints d'abandonner leur résidence. Comme le décrit en détail Ernest Gellner dans *Nations and Nationalism*[58], l'industrialisation, avec la mobilité et l'homogénéité qu'elle a engendrées, a donné naissance à l'État-nation moderne. L'industrialisation a été le véritable moteur du *melting-pot*.

Au cours de l'ère numérique, les entreprises et la main-d'œuvre s'installeront plus fréquemment là où elles le désirent, et pas là où elles sont obligées de le faire. En choisissant où habiter, les Américains s'appuieront beaucoup plus que par le passé sur des facteurs comme le mode de vie, la proximité familiale, le milieu culturel ou le climat. Ces considérations étaient importantes avant même l'avènement généralisé de la technologie numérique. Au cours des années 1970 et 1980, les habitants du Nord qui émigrèrent au Sud étaient politiquement plus conservateurs que la population du Nord[59]. L'économie numérique promet de renforcer ces tendances, et risque d'accentuer les divisions culturelles et ethniques entre les régions. Comme l'explique Michael Lind, de la New America Foundation, « la mobilité géographique des Américains peut en fait renforcer les subcultures régionales en encourageant une partition volontaire, avec des libéraux du Sud qui vont au Nord et des conservateurs du Nord qui fuient Boston ou New York pour les environnements plus chaleureux d'Atlanta ou de Dallas[60] ». Les cultures et les intérêts régionaux promettent ainsi d'accuser leurs divergences avec les progrès de l'ère numérique. Ce constat compliquera certainement la tâche de ceux qui doivent construire un internationalisme commun à tous les Américains et résister à l'isolationnisme et à l'unilatéralisme. Il souligne également le soin qu'il conviendra d'apporter à la stratégie politique pour parvenir à un tel objectif.

Après la *pax americana*

L'Amérique ne peut, et ne doit pas, chercher à résister à la fin de l'ère américaine. Elle risquerait de s'aliéner et d'entrer en conflit avec une Europe en plein essor et une Asie en phase ascendante. Pourtant, demander à l'Amérique de préparer sa sortie et d'abandonner son hégémonie n'est pas une mince affaire. Les grandes puissances ont des difficultés à accepter leur propre fin. Bien peu, dans l'Histoire, ont volontairement laissé une place à des rivaux de plus en plus puissants et adapté leurs stratégies à une nouvelle donne.

Avec une bonne politique, l'Amérique peut parfaitement réussir la transition de l'unipolarité vers la multipolarité, et s'assurer une stabilité et une prospérité sans commune mesure avec celles du temps de sa suprématie. À première vue, le passé ne fournit que des mises en garde inquiétantes, les systèmes multipolaires ayant pour la plupart alimenté les rivalités et les guerres. Ce n'est pas une bonne nouvelle pour les dirigeants de l'Amérique et leurs homologues étrangers qui devront bientôt faire face aux lignes de fracture géopolitiques longtemps masquées par la prédominance américaine. Parmi des siècles d'histoire sanglante, quelques périodes de répit nous permettent d'espérer et peuvent servir de modèle pour l'avenir.

Au cours des temps, on a vu des États séparés se réunir pour éviter une compétition destructrice. Ainsi s'est formé un large spectre d'alliances, allant de l'union très étroite entre deux pays au regroupement plus libre de plusieurs autres. Du côté de l'union étroite, l'Amérique a ainsi fait l'expérience de la fédération. Les treize colonies américaines se sont unies pour gagner leur indépendance à l'égard de la Grande-Bretagne, et ont formé un ensemble politique qui empêcha non seulement les rivalités entre les différents États, mais qui a fini par les fondre dans une nation unitaire. À l'autre bout du spectre, on trouve le Concert de l'Europe qui, au sein d'un système multipolaire, a effectivement préservé la paix, de 1815 à la moitié du XIXe siècle. Les cinq nations qui y participaient ont jalousement conservé leur souveraineté, ne créant qu'une sorte de club informel : jamais elles n'ont envisagé de s'engager dans la voie plus exigeante de l'intégration qui avait eu lieu en Amérique du Nord. Elles ont toutefois bien réussi à surmonter les rivalités géopolitiques généralement propres à la multipolarité. Entre les expériences des États-Unis et du Concert de l'Europe, il y a celle de l'Union européenne. Bien moins qu'une nation unitaire, cette dernière est cependant bien plus qu'un regroupement d'États souverains. Elle représente une expérience de construction géopolitique historique qui s'est avérée d'une remarquable efficacité pour supprimer la pertinence stratégique des frontières nationales en Europe.

Un examen plus approfondi de ces épisodes historiques révèle que la gestion pacifique des relations entre des puissances rapprochées nécessite trois éléments essentiels : l'exercice de la retenue stratégique, la création d'institutions aux pouvoirs limités qui engagent ses membres, et la recherche d'une intégration sociale indispensable au développement de la connaissance mutuelle, de la confiance, d'une identité partagée et d'une ambition commune[1].

La retenue stratégique implique de mettre la puissance de côté et, par conséquent, de faire une place aux nouveaux venus en faisant preuve d'intentions bienveillantes à leur égard. Les institutions agissent sur la politique internationale comme les constitutions le font sur les politiques intérieures : elles régulent le système et font taire la compétition, en liant les acteurs les uns aux autres et en fixant des limites à leur comportement grâce à leur adhésion à un ensemble de normes communes. L'intégration politique et économique sert de ciment social, elle oriente les velléités compétitives vers la coopération et construit un champ politique qui englobe des États autrefois séparés.

Le passé

Un voyageur peut aujourd'hui passer la frontière entre la Virginie et le Maryland sans passeport ou sans la moindre pièce d'identité. De nombreux Américains le font tous les jours pour se rendre à leur travail, sans même avoir conscience de franchir une frontière politique. De la même manière, la guerre entre ces deux États est aujourd'hui impensable. Les Cavaliers de l'université de Virginie et les Terrapins de l'université du Maryland peuvent être des adversaires sans merci sur le terrain de basket-ball, mais il n'existe aucune compétition stratégique entre les deux États. Au contraire, ensemble, avec les quarante-huit autres États de l'Union, ils sont prêts à défendre leur sécurité. Si le Maryland était attaqué par une nation étrangère, les Virginiens et le reste du pays n'hésiteraient pas à prendre les armes. Le soutien apporté à l'opération militaire de représailles contre le réseau d'Oussama ben Laden a été aussi fort sur la côte Ouest que sur la côte Est, bien que les Californiens soient à des milliers de kilomètres des attentats.

Les Américains tiennent pour acquis le fait que les États de l'Union sont en paix et qu'ils sont prêts à assurer, sans la moindre hésitation, la défense de chacun d'entre eux. Mais cette harmonie et cet esprit collectif n'ont pas toujours été de mise. Il a fallu de nombreuses années d'intégration politique et économique pour y parvenir. Au cours de la période coloniale, l'historien Felix Gilbert, grand spécialiste de cette période, nous apprend que « chaque colonie se sentait autonome et indépendante, et était un monde en soi[2] ». Les colonies avaient aussi des systèmes politiques différents : certaines étaient administrées par des gouverneurs nommés à Londres, d'autres étaient des territoires privés, d'autres encore étaient principalement gouvernées par des autorités religieuses. Au début, il y eut peu de raisons de conflits, car les colonies étaient faiblement peuplées et les terres abondantes. Mais l'augmentation de la population fit apparaître des problèmes de frontières et de terres. Les colons recouraient assez fréquemment à la force pour les résoudre, et l'on redoutait la guerre entre les différentes milices coloniales. Comme l'explique Gilbert, « leurs politiques devaient être coordonnées si elles voulaient éviter d'avoir à se battre[3] ». À ce stade de l'évolution de l'Amérique, les colonies étaient plus dans la compétition que dans le partenariat.

Elles devaient aussi dire si elles avaient l'intention de s'unir pour faire face aux menaces extérieures. Elles préférèrent, dans un premier temps, résister à l'union pour rester des unités politiques indépendantes. En 1754, le plan Albany proposait une politique unifiée et un conseil de surveillance pour traiter le problème de la menace des Indiens. Parce qu'il empiétait sur leur autonomie individuelle, les colonies le rejetèrent, et même l'imminence d'une invasion française s'avéra insuffisante pour le faire accepter. Quand il fut question de savoir si le Maryland devait se préparer à apporter son aide à la Virginie, l'assemblée du Maryland conclut : « La situation [...] de nos voisins de Virginie, suite à la violence ou à l'outrage dont ils sont les victimes de la part des Français, n'exige pas notre aide immédiate sous la forme d'une force armée que nous lèverions[4]. »

Remplacer l'individualisme et l'esprit de compétition des colonies par une ambition collective n'a pas été tâche facile. L'innovation politique et conceptuelle déterminante a été l'introduction de la retenue en matière de stratégie : l'idée que le contrôle de la force et de l'autonomie des colonies finirait par leur apporter à toutes une plus grande prospérité. Cette retenue stratégique avait trois objectifs : calmer les ambitions que les colonies pouvaient avoir les unes sur les autres, obliger les pays étrangers à tenir compte de l'émergence de l'union américaine et créer un système de contre-pouvoir au sein du peuple, des États et du gouvernement fédéral, les trois entités politiques de base de l'Union. La retenue mutuelle, les contre-pouvoirs, la modération de la puissance sont les idées fondamentales qui ont permis de changer la politique en Amérique, et de convertir la compétition entre les colonies en une coopération entre des États en voie d'intégration.

Si l'idée de retenue stratégique a été le fondement de l'Union, ce sont les institutions qui ont permis de la concrétiser. En remplaçant les rivalités et la méfiance par l'ordre et la retenue mutuelle, elles ont instauré les règles du jeu et les moyens de les faire appliquer. L'institution principale qui a accompagné la domestication de la politique américaine fut la Constitution des États-Unis. Elle a énoncé et consacré les droits et les obligations des différentes sphères d'autorité. Elle a ainsi permis de créer une structure suffisamment centralisée et cohérente pour pouvoir gouverner, mais assez décentralisée et limitée pour gagner le soutien de ceux qui se méfiaient de l'autorité centrale. Les articles de la Confédération, adoptés par les États en 1781, se sont avérés trop faibles. Ce gouvernement n'était en fait qu'un corps législatif constitué de représentants envoyés par les Chambres de chacun des États. Il n'y avait ni pouvoir judiciaire ni pouvoir exécutif, et le Congrès ne pouvait ni lever les impôts, ni faire appliquer ses rares décisions, ni même réguler le commerce entre les États.

La Constitution de 1789 a corrigé ces faiblesses en assumant les deux fonctions essentielles d'union et de limitation. En unissant les États les uns aux autres et en rendant le peuple, les États et le gouvernement fédéral réciproquement dépendants, la Constitution a imposé l'intégration et la centralisation qui allaient fédérer l'Union en un ensemble unique. Clairement énoncé dès sa première phrase, son but était « de former une union plus parfaite ». C'est à cette fin qu'elle investissait le gouvernement fédéral de l'autorité nécessaire pour unir les États. Ces fonctions fondamentales comprenaient « la régulation du commerce avec les nations étrangères et entre les différents États, la frappe de la monnaie, la fixation de sa valeur et de sa valeur d'échange avec les monnaies étrangères, et l'établissement des étalons de poids et mesures, l'organisation de la poste et des routes postales et l'organisation de la défense commune ». Des tâches bien terre à terre, mais indispensables à la formation d'une nation unitaire.

Grâce à sa fonction unificatrice, la Constitution a réuni une volonté collective, mais elle a aussi placé un garde-fou face à cette volonté en limitant les pouvoirs de chacune des sphères d'autorité et en leur attribuant des pouvoirs de régulation mutuels. La Constitution offrait, par l'instauration du régime électoral, le pouvoir au peuple, rendait les hommes politiques responsables devant l'opinion publique et énonçait les droits inaliénables de l'individu, tels que la liberté de parole, la liberté d'association ou encore la liberté religieuse. Elle limitait cependant le pouvoir des citoyens, en donnant à l'État le droit de lever une milice et d'écraser une rébellion.

Les efforts et la mobilisation nationale exigés par la Première et la Seconde Guerre mondiale ont achevé de construire l'État-nation américain moderne, en créant un secteur public important, un appareil de sécurité nationale conséquent et un soutien politique en faveur de l'engagement du pays dans les affaires du monde. Dès la seconde moitié du XXᵉ siècle, l'Amérique n'avait pas seulement transformé son paysage multipolaire d'États séparés en une union cohérente, elle avait aussi rassemblé un peuple et créé un ensemble politique centralisé, d'une puissance économique et militaire sans rival.

L'UE représente une autre manière de gérer la multipolarité. Les guerres napoléoniennes, la guerre de Crimée, les guerres d'unification allemande, les deux guerres mondiales sont des luttes qui ont amplement démontré le potentiel destructeur des rivalités entre puissances voisines. Face à cette succession de batailles sanglantes, les dirigeants européens ont uni leurs efforts, au lendemain de la Seconde Guerre mondiale, pour transformer irréversiblement la géographie stratégique du continent. Leur plan fut moins ambitieux que celui de l'Amérique, mais plus exigeant que le Concert de l'Europe et sa dépendance sur des formes de coopération *ad hoc*. Cette voie moyenne choisie par l'Europe consiste en une intégration économique et politique par paliers qui, avec le temps, unit les différents États européens et remplace les rivalités stratégiques par une coopération durable. Les ingrédients essentiels sont les mêmes : retenue stratégique, institutions communes aux pouvoirs limités, intégration sociale.

La retenue stratégique s'est exprimée à trois niveaux et a été depuis le début au cœur de l'intégration européenne. Tout d'abord, l'Allemagne, instigatrice des deux guerres mondiales, a dû être pacifiée. Ses adversaires victorieux ont été les premiers à faire preuve de retenue. Les Alliés ont occupé le pays et, dès le début de la guerre froide, l'ont divisé en deux. À l'est, l'occupation soviétique allait se poursuivre pendant des décennies. À l'ouest, le peuple allemand a décidé de faire preuve de retenue dans de nombreux domaines : a été aboli l'état-major afin de contrecarrer le militarisme, Bonn, une ville sans prétentions, est devenu la capitale, pour signifier le changement de voie, et des clauses excluant l'usage de la force militaire à toutes fins autres que celle de la défense du territoire ont été stipulées dans la nouvelle Constitution. Les Allemands de l'Ouest ont aussi ouvertement assumé leur passé – la responsabilité des atrocités commises par leurs concitoyens – et poursuivi la réconciliation avec leurs voisins – autant de mesures importantes qui visaient à éradiquer tout nationalisme agressif de la société allemande.

Ensuite, la France et l'Allemagne de l'Ouest ont entamé un processus d'intégration politique et économique pour que la frontière qui les sépare ne redevienne plus une ligne de fracture géopolitique. La formation de la coalition franco-allemande devait inciter les deux pays à avancer la main dans la main : les décisions portant sur les intérêts communs ne devaient être prises que par consensus et compromis. Le couple franco-allemand, dans la mesure où il avait réuni la force et l'influence des deux plus grands pays d'Europe, était un instrument de pouvoir. L'exercice et la pratique des négociations dans la gestion de cette coalition ont, par ailleurs, tempéré les ambitions de chaque État, en les obligeant à une retenue mutuelle.

Enfin, l'UE a, elle aussi, agi en instrument de pouvoir modérateur en passant un contrat entre la coalition franco-allemande et ses plus petits voisins. L'idée reposait sur l'accord de la France et de l'Allemagne de limiter leur puissance, de renoncer à certains des avantages associés à leur taille et à leur force, et d'accepter d'adapter leur comportement aux contraintes d'une Europe collective. En retour, les petits États acceptaient de jouer le jeu, en participant à la construction d'une Europe élaborée essentiellement par la France et l'Allemagne. Grâce à ce contrat, les petits États ont obtenu ce qu'ils voulaient : la protection contre la puissance de la France et de l'Allemagne qui, en retour, ont réalisé leur souhait – une Europe façonnée à leur image[5].

Pour concevoir les institutions capables de mettre en œuvre ce contrat, l'Europe avança à petits pas. Son passé sanglant et ses multiples divisions culturelles et politiques lui interdisaient de refaire l'expérience américaine et de légiférer dès le départ pour déterminer les modalités de l'union. Aussi, les fondateurs de l'Europe se tournèrent vers l'intégration économique. Si l'Europe devait un jour devenir une entité politique collective, il lui faudrait d'abord être une entité économique collective. C'est avec les ressources limitées de l'après-guerre que les dirigeants européens décidèrent de mettre l'accent sur l'intégration économique pour la mettre au service d'une transformation géopolitique.

Robert Schuman a été on ne peut plus clair sur ce point quand, à l'époque des premiers pas de la Communauté européenne du charbon et de l'acier (Ceca), il déclara : « L'Europe n'était pas unie, et nous avons eu la guerre. [...] Cette proposition [une communauté du charbon et de l'acier] créera la première fondation concrète d'une fédération européenne, si indispensable à la préservation de la paix[6]. » Malgré les nombreuses années de lente progression qui ont conduit à la CEE puis à l'UE, la méthode comme l'objectif final qu'avait identifié Robert Schuman sont restés les mêmes. Comme l'a déclaré le chancelier Helmut Kohl en 1996, au moment des pourparlers sur l'union monétaire : « En fait, la politique d'intégration européenne revient à poser la question de savoir si nous connaîtrons la guerre ou la paix au XXIe siècle[7]. »

L'intégration politique a, dès le début, pris du retard sur l'intégration économique. Les secteurs de la société qui ont bénéficié de l'union économique ont servi de moteur au projet européen et poussé les États nationaux réticents à abandonner les prérogatives et les apparats de leur souveraineté. Les étapes progressives ont permis de renforcer l'autorité des institutions de l'UE au détriment des gouvernements nationaux. L'Union est actuellement en train de mettre en œuvre d'innombrables mesures destinées à renforcer la centralisation du pouvoir politique, au nombre desquelles on peut citer la réforme du mode de scrutin au sein du Conseil européen, la rationalisation des prises de décision et le renforcement du rôle du Parlement. La ratification d'une Constitution européenne est une initiative de dimension historique par ses implications pratiques et symboliques.

L'intégration sociale et l'émergence d'une identité et d'une loyauté européennes collectives ont contribué à développer la capacité des institutions de l'UE à unir et à modérer les États nationaux. Les Européens demeurent nettement plus attachés à leurs États individuels que les Américains. Mais les efforts de l'UE pour nourrir une identité collective ont eu un impact efficace et, à présent, de nombreux Européens s'identifient clairement comme citoyens d'Europe et non comme citoyens de leur État-nation. Ce changement dans les attitudes et les allégeances est en partie le résultat de l'intégration économique et de l'ouverture des frontières, auxquelles doivent être ajoutés les efforts entrepris pour construire un modèle social. Un drapeau européen, un Parlement européen, un passeport européen, une monnaie unique, des échanges culturels et éducatifs, la création de plusieurs universités européennes, toutes ces initiatives ont contribué à l'apparition d'un véritable domaine politique au niveau européen.

L'irrésistible attrait que l'UE exerce sur les démocraties émergentes en Europe est le signe de sa force. Comme cela a été le cas pour l'Amérique, une union en expansion ne pousse pas les pays qui se trouvent sur son chemin à se replier sur eux-mêmes, ou à former une coalition adverse. Au contraire, les pays de l'Europe centrale réclament leur admission depuis plusieurs années. Loin de considérer l'Europe comme une institution prédatrice prête à menacer leur souveraineté et leur bien-être, les nouvelles démocraties considèrent à juste titre leur entrée dans l'UE comme leur ticket pour la prospérité et la sécurité. L'UE promet de faire pour l'Europe centrale ce qu'elle a déjà fait pour l'Europe de l'Ouest : remplacer un paysage multipolaire en proie à la guerre par une union pacifique grâce aux effets unificateurs et modérateurs d'une union en paix.

L'avenir

Rien ne serait plus dangereux que d'entrer dans cette période de transition géopolitique en cédant à l'illusion d'une situation géopolitique stable. C'est pourtant précisément ce que les États-Unis s'apprêtent à faire. L'Amérique risque de se préoccuper uniquement de la lutte contre le terrorisme, sans porter la moindre attention aux défis lancés par le retour à un monde multipolaire. Le moment unipolaire de l'histoire de l'Amérique arrive lui aussi à son terme dans un calme trompeur, et les observateurs comme les décideurs n'ont pas saisi la portée géopolitique de l'essor de l'Europe. Le fait que l'internationalisme américain change de nature et contribue à accélérer cette transformation mondiale ne fait que masquer davantage la fin de l'unipolarité. Le déclin d'une volonté politique est beaucoup plus difficile à détecter et à mesurer que le déclin des forces armées. Il en va de même pour l'isolement silencieux que provoque l'unilatéralisme de l'Amérique.

Habitués à l'hégémonie, et négligeant de prendre en considération les forces subtiles et puissantes qui sont en train de changer la politique mondiale, les stratèges américains pensent que l'unipolarité est durable. La taille de l'économie américaine et la position dominante du complexe militaro-industriel contribuent à entretenir cette illusion. En fait, la confiance dans la longévité de la suprématie américaine est l'une des raisons de ce dangereux mélange d'unilatéralisme et d'isolationnisme qui a marqué le programme initial de politique étrangère du président George W. Bush.

Réussir le retour à la multipolarité sera difficile et les écueils seront nombreux. Négliger la diffusion du pouvoir à travers le monde, se concentrer sur la sécurité intérieure et la lutte antiterroriste, tout en continuant les affaires comme si rien n'avait changé, aboutirait immanquablement à la pire des solutions. L'Amérique s'opposerait à l'Europe et à l'Asie, entraînant ainsi à coup sûr le retour à un monde multipolaire où régneraient l'isolement et les rivalités. Si elle devait chercher à prolonger son moment unipolaire au-delà du raisonnable, elle irait trop loin et provoquerait un mécontentement populaire qui l'amènerait finalement à battre en retraite. Cette situation provoquerait sans doute l'éclatement du système international et un soudain renouveau d'isolationnisme aux États-Unis – soit exactement la situation qui, dans les années 1930, a laissé le champ libre au conflit.

Les États-Unis devraient donc prendre les devants et chercher à façonner la transformation en cours qui s'accélère aujourd'hui. La question fondamentale n'est pas de savoir combien de temps durera ce monde unipolaire, mais si le monde multipolaire qui s'annonce s'imposera par défaut ou s'il sera le fruit d'un projet. Dans le premier cas, la multipolarité entraînera très probablement le retour de l'instabilité et des conflits ; dans le second cas, l'Amérique a au moins une chance raisonnable de réussir.

Le retour à un monde constitué de multiples centres de puissance signifie nécessairement le retour à des lignes de fracture géopolitiques. Le premier défi à relever pour les États-Unis est donc de trouver les moyens de minimiser les conséquences stratégiques de ces lignes de fracture, de bâtir des passerelles pour les franchir et de limiter les ambitions de chacun afin de museler les velléités compétitives qu'elles suscitent. L'histoire de l'Amérique montre que la retenue stratégique, les institutions et l'intégration sociale ont été les ingrédients essentiels à la maîtrise de la multipolarité. Ces ingrédients devraient lui servir à fonder un nouvel internationalisme libéral et à former le cœur conceptuel d'une nouvelle stratégie globale.

La retenue stratégique

Faire preuve de retenue stratégique, c'est résister à la puissance, céder du terrain, faire de la place aux autres. Cette stratégie n'est en aucun cas universellement applicable. Faire preuve de retenue face à un ennemi implacable serait pure folie et laisserait la porte ouverte à une domination impitoyable. La Grande-Bretagne, par exemple, n'avait aucune raison d'apaiser l'Allemagne nazie dans les années 1930, et elle a souffert de l'avoir fait. L'Amérique fait face aujourd'hui à une sérieuse menace de terrorisme, et n'a pas à faire preuve de la moindre retenue pour la contrer. Elle n'a pas actuellement d'adversaire majeur, mais elle a devant elle une série d'adversaires potentiels dont les intentions ne sont pas encore bien définies. Elle a donc une occasion unique de façonner ces intentions, de les orienter positivement et de canaliser des forces en plein développement pour atténuer les effets de la compétition autour des nouvelles lignes de fracture. Dans ce contexte, faire preuve de retenue stratégique consiste à céder du terrain afin d'en gagner, à réduire sa force pour, paradoxalement, gagner plus d'influence.

L'exercice d'une telle attitude devrait conduire les États-Unis a clairement afficher leurs bonnes intentions, en envoyant aux autres pays un signal indiquant qu'ils sont plus intéressés par le maintien de la paix que par la domination. Les partenaires potentiels auraient donc la possibilité de répondre de même, et prendraient à leur tour les mesures de retenue réciproques qui sont à la base de la confiance. L'Amérique s'allierait ainsi ses adversaires potentiels au lieu de s'indigner lorsque ces derniers, las d'être aux ordres de Washington, cherchent à échapper à son influence. Tout comme la Grande-Bretagne et la Russie à l'époque du Concert de l'Europe ont fait de l'Autriche, de la Prusse et de la France des nations satisfaites, l'Amérique peut faire accéder de nouveaux aspirants à un statut plus élevé et leur accorder la voix qui désamorcerait tout ressentiment. Un enfant qui se révolte contre des parents possessifs cause généralement plus d'ennuis qu'un enfant autonome, mature et responsable.

L'Europe

Que signifie, dans la pratique, une stratégie globale fondée sur la retenue stratégique ? En premier lieu, cela implique de reconnaître l'aspiration de l'Europe à avoir une voix et une autonomie plus importantes. L'Histoire clos ici la boucle. Dans l'Amérique naissante, les citoyens se rebiffaient contre la supériorité européenne et l'arrogance qui l'accompagnait. Comme l'a écrit Hamilton dans *Federalist II*, « la supériorité qu'elle a longtemps maintenue l'a tentée de se parer en maîtresse du monde, et de considérer que le reste de l'humanité a été créé pour son propre bienfait. Des hommes admirés en tant que philosophes éclairés ont, dans des termes sans ambiguïté, attribué à ses habitants une supériorité physique, et ont doctement affirmé que tous les animaux, et avec eux les espèces humaines, dégénèrent en Amérique, et que même les chiens cessent d'aboyer après avoir respiré quelque temps dans notre atmosphère[8] ».

Mais la roue a tourné. L'arrogance de l'Europe s'est atténuée et a été éclipsée par une Amérique en plein essor. L'Europe a sagement cédé la place, mais, avec le temps, supporta mal la domination et la prétention américaines. Selon l'hebdomadaire allemand *Der Spiegel*, « les Américains se comportent, en l'absence de restrictions imposées par quiconque ou par quoi que ce soit, comme s'ils disposaient d'un chèque en blanc dans leur "McWorld". Renforcé par la fin du communisme et le boom économique, Washington semble avoir abandonné les doutes provoqués par le traumatisme vietnamien. L'Amérique est à présent le Schwarzenegger de la politique internationale : elle montre avec ostentation ses muscles pour intimider[9] ».

À présent, la roue tourne à nouveau. L'Europe est sur la voie de l'intégration et elle est en train de rattraper l'Amérique. C'est désormais à l'Amérique de céder le terrain. Les États-Unis ont beaucoup à apprendre du précédent transfert de puissance et d'influence d'une rive à l'autre de l'Atlantique. Si ce transfert s'est fait pacifiquement, c'est en grande partie parce que la Grande-Bretagne a exercé une retenue stratégique et laissé de la place à l'Amérique. Les Américains se sont battus contre les Anglais au cours de la guerre d'Indépendance, et à nouveau au cours de la guerre de 1812. Mais le remplacement de la Grande-Bretagne par l'Amérique comme puissance hégémonique du monde occidental – la véritable passation des pouvoirs – n'a donné lieu à aucun échange de coup de feu.

Au cours des dernières décennies du XIXe siècle, Londres accéda aux demandes des États-Unis sur toute une série de questions propices à la discorde. La Grande-Bretagne réduisit spectaculairement ses forces armées au Canada, céda sur un désaccord concernant les frontières du Venezuela, apporta son soutien aux États-Unis durant la guerre hispano-américaine et au cours de leur expansion dans le Pacifique, et opéra une réduction de sa présence navale dans l'Atlantique occidental. Les États-Unis répondirent en démilitarisant effectivement leur côté de la frontière canadienne, et acceptèrent de régler tous les désaccords avec Londres au moyen d'un arbitrage neutre, transformant une diplomatie d'hostilité et de méfiance à l'égard de la Grande-Bretagne en une diplomatie d'amitié et de confiance. Au début des années 1900, les décideurs et les observateurs des deux rives de l'Atlantique étaient d'accord pour affirmer que les affinités entre les deux pays étaient devenues si fortes qu'un conflit entre eux serait de l'ordre « de l'horreur d'une guerre civile contre nature[10] ».

C'est une anomalie historique que la *pax britannica* ait donné lieu à la *pax americana* sans conflit direct entre la Grande-Bretagne et les États-Unis. La plupart des grandes puissances cèdent la place après avoir été brutalement battues par leur adversaire. La Grande-Bretagne et les États-Unis possédaient un héritage commun et une culture démocratique à leur avantage. L'essor de l'Allemagne, menaçante pour la stabilité de l'Europe, incitait fortement Londres à chercher un rapprochement avec les États-Unis qui lui permettrait de rappeler sa flotte atlantique pour contenir des adversaires plus proches. Mais l'héritage commun et l'incitation stratégique ne sont toutefois guère suffisants pour assurer une passation pacifique. Rome et Constantinople avaient un héritage, une religion et un système de gouvernement communs, et étaient toutes deux confrontées à des menaces extérieures. La séparation de l'Empire romain au IIIᵉ siècle en deux moitiés, occidentale et orientale, s'est opérée selon un projet bien défini, et non par défaut. Leur histoire a pourtant été marquée par les affrontements sanglants et la lutte pour la suprématie plutôt que par les concessions et la paix.

Les mesures prises par les États-Unis seront déterminantes pour savoir si la fin de la *pax americana* ressemblera à la passation pacifique entre la Grande-Bretagne et les États-Unis, ou si elle ressemblera aux affrontements sanglants entre Romains et Byzantins. Les États-Unis ont la chance d'avoir une Europe partenaire, bien disposée à leur égard, avec laquelle ils partagent une longue histoire et des valeurs communes. Par ailleurs, l'Europe n'a rien d'une prédatrice qu'il faut contenir : elle cherche plus à faire entendre sa voix sur le terrain géopolitique qu'à conquérir ou à dominer. Si l'Amérique parvenait à maîtriser ses propres réflexes unilatéralistes, les modestes ambitions de l'Europe autoriseraient un optimisme prudent sur les perspectives de réciprocité et de compromis.

L'administration Clinton a fait un pas important en soutenant l'intégration européenne plus que ses prédécesseurs. Au cours de la guerre froide, les démocrates et les républicains ont exprimé publiquement leur soutien à l'intégration, mais la crainte de voir la puissance de l'Europe remplacer l'influence de l'Amérique a toujours retenu l'enthousiasme de Washington. L'équipe de Clinton a lutté contre cette tendance, et elle a montré avec force et sincérité son soutien à la monnaie unique et à une Union européenne plus unie et plus élargie. Clinton avait compris qu'une Europe plus forte et plus sûre d'elle pouvait, au bout du compte, être un avantage pour l'Amérique.

Toutefois, l'administration Clinton n'a pas pu tolérer sans quelques réticences une Europe plus forte. Quand, en 2000, l'UE commença à construire une force de défense indépendante, l'administration se montra incapable de renoncer aux vieilles habitudes. Les conseillers de Bush se sont montrés tout aussi réticents face aux aspirations de la force défensive de l'Europe, même après avoir fait connaître leurs intentions de réduire l'engagement stratégique américain en Europe. Le contrôle de la sécurité est le facteur décisif dans l'ordre des hiérarchies et dans la question du commandement.

Le scepticisme de Washington à l'égard de l'ambition géopolitique de l'Europe montre clairement combien il sera difficile pour l'Amérique d'appréhender la fin de sa suprématie. Résister à la maturation de l'UE est, en tout cas, rendre plus improbable une transition paisible vers un monde multipolaire : l'Amérique est en train de laisser passer l'occasion de canaliser la force montante de l'Europe pour se l'adjoindre, alors qu'elle ferait mieux d'accueillir cette intégration dans tous les domaines, y compris celui de la défense, et d'utiliser la retenue stratégique comme moyen de s'allier l'Europe et de façonner les grandes lignes de ses aspirations géopolitiques.

Pour sortir de l'impasse actuelle, et du ressentiment qu'elle provoque, l'Europe doit poursuivre la construction d'une force militaire autonome. L'Union doit superviser et développer la coordination et l'intégration des politiques de défense nationales, chercher à établir un programme commun d'acquisition de matériel et de réformes nécessaires pour se doter d'une plus grande capacité militaire. Les gouvernements européens doivent aussi commencer à poser les fondements politiques nécessaires pour ces nouveaux programmes de défense. Le passage de la conscription à la professionnalisation, l'amélioration des équipements et de la formation, la fusion des processus de décision et d'acquisition de matériel, l'augmentation des budgets de la défense sont des mesures qui devront être comprises de l'opinion publique pour former une nouvelle volonté collective.

En retour, les États-Unis devraient cesser de chicaner sur les mesures prises par l'Europe et offrir un nouveau contrat : capacité contre influence. Ils devraient aussi montrer clairement qu'ils sont prêts à respecter le contrat en cherchant activement les moyens de lui donner plus de responsabilité : donner aux Européens une plus grande influence dans la structure du commandement de l'Otan serait un pas dans la bonne direction. La décision de l'Otan, en janvier 2000, d'accorder aux forces européennes le commandement opérationnel de la mission au Kosovo a été un geste positif.

Dans la mesure où les capacités de défense de l'Europe et sa volonté collective vont évoluer, les États-Unis devraient chercher des moyens de forger avec elle un partenariat stratégique plus mature. Il leur faudrait, pour cela, entretenir des liens diplomatiques plus étroits avec l'Europe en tant qu'entité autonome plutôt que des relations essentiellement conduites avec les principales capitales, c'est-à-dire consulter l'UE avant de prendre des initiatives politiques importantes et mener une campagne d'éducation auprès de l'opinion publique pour s'assurer que le Congrès et le peuple américain en viennent à la considérer comme un égal et non comme un obstacle ou un adversaire stratégique.

En cherchant à forger un nouveau lien atlantique plus équilibré, l'Amérique et l'UE devraient travailler ensemble pour mener à bien deux autres tâches : la consolidation de la paix dans le Sud-Est de l'Europe et l'intégration de la Russie au projet européen. Le flanc sud-est européen demeure la zone la plus troublée de l'Europe. Les développements historiques qui ont permis la démocratisation et l'avènement de la paix en Europe du Nord – l'industrialisation, la formation de classes sociales à travers les groupes ethniques, la séparation de l'Église et de l'État – ont été moins nets dans le Sud-Est où les problèmes ethniques, religieux et des différends historiques sont encore très présents dans le débat politique.

En dépit de la révolution tranquille qui a balayé le président yougoslave Slobodan Milosevic en 2000, l'union de la Serbie et du Monténégro reste fragile et pourrait se défaire à nouveau. Les accords de Dayton préservent la paix depuis 1995, mais uniquement parce que les troupes de l'Otan demeurent en alerte. Si la communauté internationale décidait de partir, les combats reprendraient certainement en Bosnie. L'Albanie n'est un État que sur le papier : le gouvernement central ne contrôle pas de larges zones de son territoire et la corruption demeure monnaie courante. La Grèce et la Turquie sont des voisins aux relations toujours aussi ombrageuses, leurs responsables politiques continuent de s'agresser verbalement, et leur aviation s'engage dans des semblants de combats, néanmoins hostiles et dangereux, au-dessus de la mer Égée. Tant que ces conflits larvés ne seront pas résolus, ils continueront à empoisonner l'UE et à drainer ses ressources militaires et diplomatiques. Si cette décennie doit servir de période de transition au cours de laquelle l'Amérique donnera à l'Europe sa pleine responsabilité pour assurer sa propre sécurité, toutes deux doivent tout d'abord collaborer pour permettre que ces divisions historiques soient résolues une fois pour toutes.

La paix dans les Balkans est aujourd'hui maintenue par un mélange de coercition (la mission du maintien de la paix de l'Otan), de tutelle administrative (fournie par les Nations unies et l'Office des hauts représentants de la communauté internationale), et d'assistance économique (fournie essentiellement par l'UE). Le seul espoir est que l'intégration progressive de la région dans l'UE fasse des miracles, et abolisse les frontières ethniques et politiques qui suscitent encore aujourd'hui passions et conflits. Bien que raisonnable dans son principe, cette stratégie se heurte pourtant à un problème de temps. Une génération, sinon deux, sera nécessaire pour que les États brisés des Balkans soient prêts à rejoindre l'UE. Entre-temps, les haines ethniques continueront à prospérer : les enfants qui ont vu leurs parents massacrés par leurs voisins ne peuvent pas pardonner ou oublier facilement. En ce sens, l'Amérique et l'UE sont embourbées dans un imbroglio durable dans les Balkans, où le retour à la stabilité ne peut être escompté que dans un avenir éloigné. Même si l'intégration des Balkans dans l'UE reste l'objectif final, des mesures devront nécessairement être prises dans un avenir plus rapproché pour apporter une certaine stabilité, même temporaire, à la région. Il faudrait parvenir à un ordre régional autonome, ou du moins nettement moins dépendant des forces étrangères, des administrateurs de toutes sortes, et de l'aide en général. Pour ce faire, il faut admettre que le maintien des sociétés multiethniques dans les Balkans, tout à fait louable dans son principe, ne fonctionne pas dans la pratique. Les États qui connaissent la plus grande homogénéité ethnique – Slovénie et Croatie – sont les plus avancés dans les réformes politiques et économiques. Ceux comportant d'importantes minorités ethniques ont déjà été défaits sous la violence et se maintiennent tant bien que mal. L'indépendance du Kosovo est toute théorique. La Bosnie a été divisée en secteurs serbe, croate et musulman : ils ne se tolèrent guère et font semblant de faire partie d'un État unitaire uniquement sous la pression de la communauté internationale. La Macédoine, qui avait su éviter les conflits sanglants tout au long des années 1990, a connu la violence entre sa majorité slave et sa minorité albanaise en 2001.

La Bosnie représente un défi encore plus grand. Elle est un vaste *no man's land* politique. La communauté internationale s'est efforcée de gouverner avec les mêmes partis politiques que ceux qui ont supervisé les massacres, et avec leurs systèmes clientélistes. Les accords de Dayton étaient censés fournir un cadre pour rapprocher les divisions ethniques et encourager les Serbes, les Croates et les musulmans à revivre ensemble, mais peu de réfugiés sont retournés dans les villages où ils se seraient retrouvés minoritaires. Les trois communautés séparées préfèrent recevoir une aide économique de l'UE plutôt que reconstruire des liens économiques au-dessus des barrières ethniques. La triste vérité est que la Bosnie a déjà été ethniquement morcelée et que la réconciliation n'est aujourd'hui nullement à l'ordre du jour.

Si la Bosnie doit être autre chose qu'une pupille de la communauté internationale, l'Amérique et l'UE doivent choisir entre des mesures pour aller de l'avant ou des mesures pour retourner en arrière. Pour avancer, il faudrait donner à l'Office des hauts représentants l'autorité nécessaire pour gouverner fermement et briser l'immobilisme qui continue de pourrir le gouvernement bosniaque. Cela implique de modifier le système électoral afin de supprimer la mainmise des partis nationalistes sur la politique et de faire de la place aux candidats prêts à surmonter les clivages ethniques, de procéder à l'arrestation, par les troupes de l'Otan, de tous les criminels de guerre inculpés, et, finalement, de faire le maximum d'efforts pour engager les réfugiés à revenir chez eux, afin de restaurer le caractère multiethnique des villes et des villages.

Si la communauté internationale n'est pas prête à courir les risques inhérents à ces mesures, elle doit revenir en arrière et abandonner le terrain. Cette démarche nécessiterait de cesser le maintien de la multiethnicité en Bosnie, d'oublier les accords de Dayton et de laisser les Croates s'affilier à la Croatie et les Serbes à la Serbie. Mieux vaut regarder la vérité en face et laisser le pragmatisme l'emporter sur les principes.

La consolidation du rapprochement entre la Grèce et la Turquie est le dernier projet à mener à terme dans l'Europe du Sud-Est. Les deux parties ont fait des progrès importants en 1999 après s'être mutuellement aidées à surmonter les épreuves des tremblements de terre qui ont frappé la région. Le ministre des Affaires étrangères turc Ismail Cem et son homologue grec Giorgos Papandreou se sont rencontrés et ont noué des liens personnels sincères. À la fin de l'année, la Grèce a fait un geste de bonne volonté en soutenant la demande de la Turquie qui cherchait à entamer des négociations avec l'UE en vue d'une adhésion ultérieure. Mais les Turcs n'ont rien fait en retour. Aussi le rapprochement s'est grippé et l'optimisme de la Grèce a viré au ressentiment.

L'Amérique et l'UE devraient utiliser tout leur poids pour encourager les deux parties à poursuivre leurs efforts de réconciliation et de concessions. Ce rapprochement serait le meilleur moyen d'en finir, une fois pour toutes, avec la longue ère de divisions et de confrontations en Europe du Sud-Est. La réconciliation entre Ankara et Athènes aiderait également à instaurer une paix stable à Chypre, victime depuis des décennies des hostilités entre les communautés grecque et turque.

Le rattachement de la Russie à une Europe élargie est l'autre mesure nécessaire à l'achèvement du projet européen, et pour préparer l'UE à une plus grande autonomie. Depuis le développement de l'État moderne au XVIIe siècle, la Russie a fait partie intégrante de la géopolitique de l'Europe. Elle a aidé à vaincre la France napoléonienne et a été, par la suite, un membre prépondérant du Concert de l'Europe. Elle a également joué un rôle essentiel dans la défaite de l'Allemagne pendant la Seconde Guerre mondiale.

Le passé n'éclaire pas seulement le rôle prééminent qu'a joué la Russie dans le façonnement de la géopolitique du continent, il démontre aussi l'importance du rattachement de la Russie à l'Europe contemporaine. Le Concert de l'Europe a clairement montré que les vainqueurs doivent tendre les bras aux vaincus lorsqu'ils forgent un nouvel ordre. C'est notamment parce qu'il a eu la prévoyance d'accueillir en son sein une France défaite que le Concert de l'Europe a pu préserver la paix pendant des décennies. La France a pu alors se relever en tant que puissance coopérante, loin du ressentiment et de l'humiliation. De la même manière, le génie du règlement politique de la Seconde Guerre mondiale a été d'intégrer une Allemagne vaincue dans le projet de l'Otan et de l'Europe, ouvrant ainsi la voie à une Allemagne démocratique, prospère et réunifiée qui allait devenir l'un des piliers de l'Europe. En revanche, le traité de Versailles a imposé une paix punitive à l'Allemagne après sa défaite au cours de la Première Guerre mondiale, entraînant appauvrissement et aliénation, et faisant le lit des événements qui allaient faire de Hitler et des nazis les maîtres d'une grande partie de l'Europe.

Nous paraissons avoir oublié ces leçons et nous être engagés dans une construction de l'Europe qui risque d'exclure la Russie. Au lieu de faire tout leur possible pour attirer la Russie dans le règlement territorial qui a suivi la fin de la guerre froide et l'effondrement de l'Union soviétique, les États-Unis et leurs alliés ont fait l'inverse. Ils ont élargi l'Otan, en dépit des vives objections de Moscou, et construit un ordre de sécurité atlantique élargi qui continue de considérer la Russie comme une étrangère.

Épargner à l'Europe un nouveau clivage exige un changement de cap définitif. Plutôt que de réunir les forces américaines et européennes contre la Russie, l'élargissement de l'Otan devrait être le moyen de s'allier et de modérer la force de la Russie, et de la canaliser en direction de l'Europe.

L'Otan est l'outil approprié pour accomplir cette tâche, à la fois parce que la puissance et l'influence américaines sont nécessaires pour attirer la Russie à l'ouest, et parce que l'Alliance a été à la pointe du processus de démocratisation et de pacification qui a peu à peu pénétré l'Europe de l'Est. L'UE récolte ce que l'Otan a semé : elle rend l'intégration irréversible et assure la paix à ses membres. La Russie se situe encore économiquement et politiquement à des décennies d'une entrée officielle dans l'UE, mais elle se rapproche des critères qui lui permettraient d'entrer dans l'Otan et d'occuper une place dans un nouvel ordre européen. Sa coopération dans la lutte contre le terrorisme a bien montré qu'elle a de nombreux atouts pour contribuer à la sécurité collective des pays de l'Otan.

Alors que les membres de l'Otan envisagent un nouvel élargissement de l'Alliance, ils doivent changer leurs perspectives et faire de l'intégration de la Russie dans l'Europe la première priorité et l'objectif ultime de l'Otan. Cependant, des mesures qui ne déboucheraient pas sur un statut de membre à part entière s'avéreraient insuffisantes : en effet, les Russes rechignent, à juste titre, à être traités comme des citoyens de seconde zone. Mais la perspective d'une entrée dans l'Union est susceptible d'aider la Russie à rester sur le chemin de la démocratisation, comme ce fut le cas pour l'Europe centrale.

Il est parfaitement plausible que la réforme en Russie échoue, et mette ainsi un terme à son entrée dans l'Otan et dans l'Europe. Toutefois, l'Ouest aura fait un effort sincère pour s'allier la Russie et lui faire bénéficier des effets pacificateurs de l'intégration militaire et politique. Les risques sont minimes : la Russie n'aura véritablement son mot à dire dans l'Otan que si ses réformes progressent. En cas de succès, les bénéfices seront substantiels, dans la mesure où une Russie démocratisée et pacifiée sera intégrée à l'Europe.

Une Alliance atlantique comprenant la Russie serait, bien entendu, très différente de celle de l'époque de la guerre froide. Au lieu de rester centrée sur la défense territoriale de ses membres, elle servirait d'instrument de coordination pour les opérations de maintien de la paix, de lutte contre le terrorisme, et autres activités militaires en Europe. Elle serait plus souple et plus flexible, et abandonnerait ses missions de défense en faveur de la coopération informelle qui était le moteur du Concert de l'Europe. C'est la seule configuration qui permettra à l'Otan de rattacher la Russie à l'Europe, et ce rattachement constitue un objectif essentiel pour les États-Unis qui recherchent à la fois à réduire leurs engagements stratégiques sur le continent et à construire une nouvelle relation avec une Europe en paix. En outre, alors que les Américains prennent conscience qu'ils n'ont plus intérêt à accorder automatiquement des garanties à des pays dans les quatre coins du monde, seule l'Otan a une chance d'avoir le soutien du Congrès américain et de l'électorat.

Réussir à transmettre cette responsabilité à l'Europe doit être un objectif fondamental de la stratégie globale des États-Unis. Le risque de passer à côté est élevé, mais l'enjeu est considérable. Le lien atlantique a été le pilier de la *pax americana* : l'Europe a été le principal partenaire des États-Unis sur presque tous les fronts. Aucune des parties ne peut se permettre de tenir pour acquis que cette relation survivra à une distribution plus égale de la puissance de chaque côté de l'Atlantique et une compétition accrue est, au contraire, inévitable. Mais prévoir et accepter une relation nouvelle et plus équilibrée peut aider l'Amérique et l'Europe à s'assurer que même si elles deviennent concurrentes, elles ne deviendront pas des adversaires.

L'Asie orientale

En Asie orientale, l'Amérique est confrontée à un défi stratégique différent, même s'il est plus familier. Les pays de l'Est asiatique n'ont pas bénéficié de la protection de l'Amérique pour poursuivre une intégration régionale et mettre un terme à leurs divisions. En conséquence, les forces américaines et la diplomatie continuent de jouer un rôle important dans la préservation d'un équilibre stable. L'Europe est à présent prête à voler de ses propres ailes, en partie parce que l'Allemagne a assumé son passé : la dénazification est allée de pair avec la réconciliation. Les pays asiatiques continuent d'alimenter des antagonismes ancestraux. La Chine et la Corée sont à juste titre peu satisfaites d'un Japon très réticent à reconsidérer les moments les plus noirs de son histoire. En 2001, les Allemands ont ouvert un musée juif à Berlin qui retrace l'Holocauste et le destin des Juifs allemands, alors que le mémorial de la guerre dans l'enceinte du sanctuaire de Yasukuni, en plein centre de Tokyo, glorifie la Seconde Guerre mondiale : le grand hall montre toujours les torpilles et les avions-suicide. L'Asie orientale n'a pas encore accepté son passé.

L'incertitude qui continue de peser sur les intentions à long terme de la Chine ne fait que compliquer les choses. L'Amérique peut, et doit, faire de la place à l'Europe, dans la mesure où elle est certaine que cette dernière ne deviendra pas prédatrice. Elle s'affirmera et s'imposera sans aucun doute plus régulièrement, mais il y a peu de chances qu'elle se découvre des aspirations impériales. C'est en ce sens que le compromis passé entre la Grande-Bretagne et une Amérique en plein essor est l'analogie historique appropriée. La Grande-Bretagne avait présumé que les États-Unis ne lui feraient pas de mal, et s'est donc engagée avec confiance dans une politique de retenue stratégique qui, de pair avec une politique américaine réciproque, allait finir par conduire à un partenariat durable.

La distance prise par la Grande-Bretagne à l'égard de l'Allemagne avant la Première Guerre mondiale est peut-être bien une analogie historique encore plus appropriée pour symboliser les relations de l'Amérique avec la Chine. Pendant la décennie qui a précédé la Première Guerre mondiale, la Grande-Bretagne a vu dans l'Allemagne non seulement une puissance montante, mais surtout une puissance prête à dominer l'Europe. Le recours du Kaiser au nationalisme comme moyen de devancer la démocratisation et de s'emparer du soutien des classes laborieuses allait produire un mélange dangereux de force militaire et d'ambition géopolitique. Faire de la place à l'Allemagne aurait été, de la part de la Grande-Bretagne, une invite à l'agression, tout comme allait le faire la politique d'apaisement de Londres dans les années 1930.

À ce stade du développement de la Chine, il est impossible de prédire l'évolution de ses intentions, et de dire si ses relations avec les États-Unis vont suivre le cours positif du rapprochement anglo-américain ou la trajectoire dangereuse de la rivalité anglo-allemande. Les États-Unis n'ont, à vrai dire, pas encore assez d'informations pour décider s'il faut faire de la place aux ambitions de la Chine ou chercher résolument à lui barrer la route. Il serait naïf de la part de Washington de traiter Pékin comme l'Europe, mais le traiter en adversaire potentiel serait également une erreur. Dans le grand débat d'aujourd'hui sur l'avenir de la Chine, l'optimisme des uns et le pessimisme des autres ne reposent sur rien[11]. Il est trop tôt pour dire si la Chine est un partenaire stratégique ou un adversaire implacable.

Par ailleurs, en dépit des affirmations alarmistes des pessimistes, la Chine ne dispose pas de la force économique et militaire pour être le principal concurrent de l'Amérique. En 2001, son PIB était d'un billion trois cents milliards de dollars, et celui de l'Amérique de dix billions deux cents milliards, soit près de huit fois plus. L'économie de la Californie est à elle seule plus importante que celle de la Chine[12]. À la fin des années 1990, le budget chinois de la Défense correspondait à environ 5 % de celui des États-Unis, et il n'a pas augmenté, alors que l'augmentation de quarante-huit milliards de dollars proposée par le président Bush en 2002 représente plus du double du budget militaire de la Chine[13]. La flotte de l'Amérique possède douze porte-avions, et en aura bientôt un treizième, alors que la marine chinoise n'en a aucun. Si tout va bien, la Chine sera une puissance moyenne respectable dans une dizaine d'années, mais ne sera pas avant longtemps le principal rival de l'Amérique.

Plutôt que de se précipiter, l'Amérique doit s'efforcer, à ce stade, de modeler les ambitions grandissantes de la Chine et de canaliser sa force dans une direction positive. Washington devrait envoyer un signal fort à Pékin pour lui indiquer que, en modérant l'étendue de son ambition, elle étendra son influence et sa marge de manœuvre. L'objectif est de trouver un compromis entre des relations normales avec la Chine en tant que grande puissance émergente, tout en se protégeant contre la possibilité d'un revirement de sa part.

Cela implique de diviser la politique américaine en trois catégories. Premièrement, les États-Unis doivent identifier les questions sensibles aux yeux de la Chine afin de chercher à les aborder sans brutalité. Washington doit corriger l'impression, très répandue chez les Chinois, que l'Amérique les méprise et a peu de considération pour leur pays. « Nous n'attendons pas l'égalité, expliquait un haut diplomate au cours d'une conversation sur le campus de l'université de Pékin, mais le respect. Nous pourrions accepter une Amérique qui traite la Chine comme un riche traite un pauvre, mais nous ne pouvons accepter une Amérique qui traite la Chine comme un cavalier traite un cheval. »

Rectifier cette impression exige non seulement un changement dans la teneur de la diplomatie américaine, mais également l'exercice de la retenue stratégique sur des questions spécifiques. Les États-Unis peuvent soutenir Taiwan sans armer l'île avec les dernières productions d'armes et en évitant le persiflage du Congrès et de la Maison-Blanche. Washington doit aussi s'attaquer à la question des missiles de défense avec beaucoup d'attention, et consulter la Chine au fur et à mesure de leur développement et de leur déploiement. Si la Chine pense que son arsenal nucléaire primitif peut être neutralisé par un système de défense, elle augmentera sa capacité nucléaire. Ne pas prendre en considération ces préoccupations risquerait non seulement d'empoisonner les relations sino-américaines, mais de conduire à une nouvelle course aux armements nucléaires.

Deuxièmement, les États-Unis doivent identifier les questions fondamentales sur lesquelles ils sont prêts à afficher la plus grande fermeté. Le but consiste à fixer les limites que la Chine ne doit pas franchir et les critères qui permettront de porter un jugement sur ses intentions. Dans le cas où Pékin franchirait ces limites, ce serait le signe d'une intention agressive et cela conduirait à une politique d'endiguement de la part des États-Unis. Si la force est utilisée en dehors des frontières, y compris contre Taiwan, il y aura, de toute évidence, violation des limites. Tout comme la livraison d'armes de destruction massive à des régimes voyous ou à des groupes terroristes.

Troisièmement, les États-Unis doivent chercher à élargir et à approfondir les terrains où il existe déjà une certaine entente avec la Chine. Les deux parties ont fort intérêt à mettre un terme à la division de la péninsule coréenne. Washington et Pékin doivent coopérer plus étroitement à ce propos. Les États-Unis devraient user de leur entente avec Séoul, et la Chine profiter de son influence sur Pyongyang. Le commerce est de toute évidence un terrain d'intérêts communs. Les entreprises américaines sont impatientes de voir s'ouvrir de nouveaux marchés en Chine et les compagnies chinoises bénéficient déjà de plus de cent milliards de dollars d'exportations annuelles aux États-Unis[14].

L'Europe a un rôle important à jouer sur le front économique. Alors que le rayon d'action militaire de l'UE a toutes les chances d'être limité à sa région dans un avenir prévisible, son engagement économique est mondial. En

1996, l'UE et dix pays asiatiques ont instauré les rencontres Asie-Europe (Asem) pour poursuivre la coopération sur les questions économiques, politiques et culturelles. Dans la mesure où elle n'a pas les responsabilités politiques associées à l'Amérique, l'UE peut jouer un rôle important pour faire entrer la Chine dans les marchés mondiaux.

La libéralisation économique qui accompagne l'intégration de la Chine dans les marchés mondiaux peut également entraîner sa libéralisation politique. Ce processus est facilité par le nombre toujours plus important d'étudiants chinois qui vont étudier aux États-Unis, et dont une partie d'entre eux retourne travailler dans les principaux centres urbains de Chine. Ce n'est pas un hasard si des villes en pleine explosion économique comme Shanghai appliquent aussi la politique la plus libérale. Se battre sur les marchés internationaux et attirer les capitaux étrangers ne nécessite pas seulement des procédures comptables transparentes, mais aussi une atmosphère politique conviviale. Le Parti communiste chinois n'est pas encore prêt à relâcher son emprise, et la libéralisation économique n'est pas une garantie de changement politique. Toutefois, l'intégration progressive et régulière de la Chine dans l'économie mondiale laisse espérer des réformes qui ouvriront la voie à la démocratie.

L'intégration régionale offre un autre terrain possible d'une plus grande coopération sino-américaine. Les différentes administrations ont en général fait obstacle à la formation de forums régionaux d'où seraient absents les États-Unis. Washington s'est opposé à la création d'un pacte commercial interne aux pays asiatiques au début des années 1990, a bloqué la tentative du Japon de fonder un fonds asiatique pour gérer la crise financière de la région en 1997-1998, et a régulièrement résisté à la création d'un forum de sécurité exclusivement asiatique. À la place, les États-Unis ont créé une structure diplomatique qui est effectivement devenue le centre et le principal canal des relations entre les principaux États de la région. Cette stratégie intensifie au maximum l'influence des États-Unis et leur facilite la capacité à préserver un équilibre stable dans la région, mais elle empêche aussi l'intégration régionale et gêne les réconciliations et les rapprochements qui doivent s'effectuer pour que l'Asie orientale puisse ériger un ordre moins dépendant des États-Unis.

Même si elle se fait au détriment de son influence, Washington devrait, au lieu de la bloquer, se montrer favorable à l'intégration régionale des pays asiatiques. L'Amérique ne peut pas assumer en permanence le maintien de la paix. La région aura, en fin de compte, besoin d'un ordre indépendant, et le règlement des conflits politiques et idéologiques est une tâche que seuls les États de la région peuvent accomplir. Les États-Unis devraient également faire pression, en particulier sur le Japon et la Chine, afin qu'ils mettent de côté les doléances encore vives de la Seconde Guerre mondiale, et commencent à se rapprocher. Tout comme le couple franco-allemand a été la clé de la paix en Europe, les deux grandes nations d'Asie orientale doivent resserrer les rangs pour que cette région connaisse une stabilité durable.

Il est bien sûr prématuré, sinon utopique, de parler de coalition sino-japonaise. Enfermés dans une attitude et un dialogue d'adversaires, les deux pays sont tout sauf partenaires, et c'est la présence militaire américaine qui les tient en respect. Néanmoins, la réconciliation entre la France et l'Allemagne était tout autant improbable en 1945. La coalition franco-allemande existe aujourd'hui uniquement parce des dirigeants ont eu le courage de l'imaginer, de pratiquer la retenue stratégique et de mettre en œuvre le processus d'intégration qui lui a donné vie.

Lancer un processus de réconciliation et d'intégration en Asie orientale ne nécessite pas simplement de faire preuve d'un ambitieux *leadership*, il faudra également pouvoir compter sur la volonté du Japon de reconnaître son comportement pendant la Seconde Guerre mondiale. Les Japonais se sont montrés disposés au cours des dernières années à exprimer leurs remords d'avoir agressé leurs voisins. Mais des excuses réservées et un aveu timide ont aussi été accompagnés d'actions propices à rouvrir les vieilles blessures.

Au début de l'année 2001, les responsables japonais ont fait paraître un nouveau manuel d'histoire pour les classes de lycée justifiant les conquêtes du Japon en Asie orientale et passant sous silence les excès commis au cours de la guerre, y compris le système d'esclavage sexuel instauré par les militaires en Corée. Le gouvernement chinois a, en guise de réponse, annulé une visite de haut niveau au Japon, en affirmant que le texte « [niait] l'histoire de l'agression du Japon ». La Corée du Sud a rappelé temporairement son ambassadeur de Tokyo et le ministre des Affaires étrangères sud-coréen, Han Seungsoo, notant que son peuple avait été « victime des malheurs de l'histoire de la part du Japon », se lamentait en déclarant que cette question du manuel refroidissait « le rapprochement engagé entre les deux pays[15] ». La visite en août 2001 du Premier ministre Koizumi au sanctuaire de Yasukuni qui glorifie le militarisme du Japon pendant la Seconde Guerre mondiale a suscité de violentes réactions. La Corée du Sud a annoncé que son président,

Kim Dae-jung, annulait une rencontre avec Koizumi s'il ne présentait pas officiellement des excuses pour les atrocités commises par le Japon pendant la guerre et s'il ne reconnaissait pas le caractère inapproprié du contenu des nouveaux manuels. Le président chinois Jiang Zemin refusa aussi de rencontrer Koizumi[16].

Une véritable ouverture entre le Japon et la Chine nécessite, dans un premier temps, une reconsidération loyale du passé du Japon, impliquant de nouveaux manuels d'histoire, un dialogue public étendu et une réflexion pour savoir si certains musées et sanctuaires sont des mémoriaux qui rendent vraiment compte du comportement du pays pendant la guerre. Comme le montre clairement la récente histoire de l'Allemagne, une réflexion intérieure doit précéder une réconciliation extérieure. Le Japon doit ensuite élargir son commerce et étendre ses investissements en Chine, pour permettre de rapprocher les deux pays au moyen d'incitations économiques et de contacts plus nombreux. Des investissements dans le domaine de l'énergie et des infrastructures de transport seraient particulièrement bien accueillis par les Chinois.

De son côté, la Chine a aussi du travail à faire pour améliorer ses relations avec le Japon. Pékin devrait réagir avec enthousiasme si le Japon reconsidérait son passé. Il serait particulièrement important que Pékin saisisse l'occasion d'excuses franches pour former l'opinion publique et modérer le ressentiment envers le Japon, toujours très vif dans la société chinoise. Selon un sondage mené en 1997, plus de 40 % des Chinois ont une « mauvaise » impression du Japon, 44 % une impression « moyenne », et 14 % seulement une « bonne » impression. Plus de 80 % des personnes interrogées répondent qu'ils associent essentiellement le Japon à l'invasion de la Chine et à son comportement au cours de la Seconde Guerre mondiale. Il est nécessaire d'assouplir ces rigidités intérieures pour ouvrir la voie à un rapprochement.

L'attitude négative des Japonais envers la Chine, qui s'exprime moins publiquement que le sentiment antijaponais des Chinois, réduit la marge de manœuvre de Tokyo. Depuis les incidents de la place Tienanmen en 1989, où plus de cent cinquante étudiants furent tués dans la répression, l'opinion publique japonaise est particulièrement sensible à la politique intérieure chinoise. À ce titre, si Pékin était prêt à libéraliser davantage le système politique du pays et à améliorer la situation des droits de l'homme, Tokyo pourrait plus facilement favoriser une ouverture en direction de la Chine. Au minimum, un geste positif de Pékin permettrait aux libéraux japonais de soutenir un rapprochement, dans la mesure où la politique catastrophique de la Chine à l'égard des droits de l'homme représente à leurs yeux un obstacle à des relations plus étroites.

La Chine pourrait également être plus réceptive aux contacts réguliers de haut niveau entre les hommes politiques et les responsables de la défense du Japon. Les deux pays ont établi des relations diplomatiques en 1972, mais il a fallu attendre 1998 pour qu'un chef d'État chinois se rende au Japon. La visite du président Jiang Zemin fit finalement plus de mal que de bien, car le gouvernement japonais refusa de présenter, dans un communiqué commun, ses excuses pour le passé, alors que Jiang Zemin avait fait de cette question le point central de son voyage. Des rencontres de haut niveau ont toutefois eu lieu sans parvenir à créer une véritable ouverture politique.

Les contacts entre les militaires chinois et japonais sont encore trop rares, et contribuent à éloigner les positions de Pékin et de Tokyo. Après des années d'isolement, l'Armée de libération du peuple chinois vient seulement de donner son accord pour engager des échanges réguliers d'information et de personnel. Aujourd'hui, la Chine doit prouver qu'elle est prête à participer à des activités bilatérales élargies et plus fréquentes, et à accepter des manœuvres militaires communes. Les deux pays devraient aussi saisir l'occasion de rencontres régulières sous l'égide de l'Association des nations du Sud-Est asiatique (Asean) pour faire progresser leur coopération bilatérale.

De nombreux obstacles demeurent sur la voie du rapprochement. Le clivage sino-japonais est monnaie courante en Chine et au Japon, comme l'était la rivalité Est-Ouest en Amérique et en Russie du temps de la guerre froide. En outre, les systèmes politiques japonais et chinois ne sont absolument pas adaptables. Un système clientéliste indéracinable au Japon bloque les réformes intérieures indispensables, et entraîne l'économie japonaise dans le marasme depuis plus d'une décennie. Le gouvernement chinois, menacé par la mort des régimes communistes à travers le monde et par les exigences libérales de la mondialisation, est lui aussi peu disposé au changement. Il n'ose pas prendre le risque de tendre la main vers le Japon. Les autorités chinoises pourraient bien être tentées de recourir aux attraits du nationalisme pour renforcer leur légitimité sur le déclin. Ces obstacles ne sont pas insurmontables, et ils montrent clairement l'importance qu'ont les encouragements et les pressions de l'Amérique pour qu'elle obtienne que le Japon et la Chine mettent un terme à la principale division en Asie orientale.

Le rapprochement sino-japonais, l'intégration régionale et l'apaisement des tensions multipolaires de l'Asie orientale sont des perspectives lointaines. Néanmoins, elles offrent la seule alternative à un ordre régional qui demeure lourdement dépendant de l'Amérique, qui n'est sans doute pas prête de se retirer : les intérêts en jeu et les menaces qui pèsent sur eux restent élevés. L'internationalisme changeant de l'Amérique aura donc moins de conséquences dans l'immédiat pour l'Asie que pour l'Europe.

Toutefois, il serait dangereux de supposer que le *statu quo* en Asie orientale peut être maintenu indéfiniment. Si la réconciliation entre la Corée du Nord et la Corée du Sud devait progresser, elle aurait un impact considérable sur l'étendue et la teneur de la stratégie américaine dans la région. Même si la Corée du Nord a laissé entendre qu'elle pourrait être favorable à la présence de troupes américaines après l'unification, l'absence d'une division géopolitique dans la péninsule coréenne pourrait réduire l'importance d'un engagement américain aux avant-postes de l'Asie orientale. Avec la disparition de cette mission, il sera peut-être difficile de défendre – en Amérique comme au Japon ou chez ses autres alliés de la région – le maintien de cette position avancée sous sa forme actuelle. La prudence exige qu'un dialogue sérieux s'instaure entre les États-Unis et les principaux pays de l'Asie orientale pour envisager un ordre régional plus stable et plus autonome.

Si l'Asie orientale finissait par prendre le chemin de la réconciliation et de l'intégration, le système mondial qui en résulterait serait composé de trois blocs principaux : l'Amérique du Nord, l'Europe et l'Asie orientale.

Au premier abord, cette situation semble être propice à des conflits entre trois géants régionaux plutôt qu'à une stabilité mondiale. Mais, dans la réalité, l'intégration à l'échelle régionale offre le meilleur espoir d'un retour paisible vers un monde multipolaire. La guerre et la paix commencent à l'échelle locale plutôt que mondiale. La paix entre pays voisins est la condition *sine qua non* à la construction de relations stables et cordiales avec des pays plus éloignés. Ce n'est qu'à la suite des conquêtes de leurs voisins dans les années 1930 que l'Allemagne et le Japon ont réuni suffisamment de force et d'ambition pour faire peser une menace plus lourde. Un plan réaliste pour construire la paix à l'échelle planétaire doit commencer, pour reprendre les termes du professeur Joseph S. Nye de Harvard, par construire la « paix par morceaux[17] ».

Les processus de réconciliation et d'intégration régionale mèneront à la création de blocs régionaux aux ambitions géopolitiques limitées, précisément parce qu'ils auront fait appel à la retenue stratégique et aux contre-pouvoirs. L'ambivalence de l'Amérique envers un *leadership* mondial tient à sa culture politique et aux contraintes constitutionnelles issues des décennies de compromis et de débats qui ont accompagné la formation d'une fédération. L'ambition géopolitique de l'UE continuera d'être limitée par les tiraillements entre ses institutions supranationales et ses États membres. L'ambition extérieure d'un bloc régional à l'intérieur de l'Asie orientale serait de la même manière limitée par la surveillance mutuelle propre à la coalition entre le Japon et la Chine, et par les multiples engagements d'alliance et de limitations réciproques nécessaires à l'intégration entre les pays de la région. En Asie, comme en Europe, les divisions culturelles et linguistiques ralentiraient la centralisation et assureraient qu'un bloc régional ne puisse se transformer en un État unitaire avec des ambitions prédatrices. Si les processus d'intégration sont conduits correctement, la perspective ne sera pas celle d'un choc entre des géants, mais celle d'organisations régionales plus intéressées par la gestion de leurs relations internes que par la volonté de projeter leur influence sur la scène mondiale.

Le monde en voie de développement

Bâtir la « paix par morceaux » nous paraît logique pour une ultime raison. Les zones de stabilité régionale offrent le meilleur espoir non seulement de parvenir à une harmonie entre les nations les plus avancées, mais aussi de promouvoir une modernisation politique et une croissance économique dans le monde en voie de développement. Le défi auquel nous sommes confrontés est de convaincre le Nord de coopérer avec le Sud plutôt que de lui tourner le dos en se protégeant de la pauvreté et de la maladie.

Les États-Unis ont plus intérêt que l'Europe ou l'Asie à apporter la paix et la prospérité en Amérique latine. Lorsque la pauvreté et l'instabilité favorisent le passage de la drogue et des réfugiés au nord, les États-Unis en paient un lourd tribut. Mais lorsque les marchés émergents de l'Amérique latine sont prospères, les États-Unis tirent bénéfice de l'expansion du commerce et de la diminution du flux des migrants vers le nord. La notion d'intérêt explique aussi pourquoi les pays d'Amérique centrale et d'Amérique du Sud recherchent activement à élargir la zone de libre-échange qui a émergé en Amérique du Nord. Ils comprennent qu'il n'est pas de meilleure voie vers la prospérité que de se rattacher à un projet d'intégration régionale. Une zone de paix et de libre-échange en expansion dans les Amériques représente ainsi le meilleur espoir de réduire progressivement le fossé entre les nantis et les pauvres.

La même logique s'applique à l'Europe et à l'Asie. Les Européens sont beaucoup plus intéressés par les affaires de l'Afrique du Nord que ne le sont les Américains. Si la violence ou l'effondrement politique devaient plonger la région dans le chaos, c'est vers l'Europe que les vagues de réfugiés se dirigeraient. L'UE a donc un intérêt direct et urgent à favoriser le développement de ses voisins du Sud. Les pays voisins de l'Europe désirent vivement se rattacher à l'UE, en devenant membres ou en nouant des liens politiques et économiques plus informels. Une puissante force centripète s'exerce en direction du cœur de l'Europe, bien au-delà de ses frontières, en Europe de l'Est, au Moyen-Orient et en Afrique.

Le régionalisme en Asie est très en retard par rapport à l'Europe et à l'Amérique du Nord. Mais si une intégration régionale finissait par décoller, elle aurait un effet similaire sur la périphéric environnante. Rattacher l'Inde à une zone de prospérité élargie en Asie contribuerait à intégrer le deuxième État le plus peuplé du monde dans l'économie mondiale, et entraînerait peut-être avec lui le Pakistan. Les relations difficiles entre les deux pays en bénéficieraient, comme ce fut le cas pour l'Espagne et le Portugal une fois décidée leur entrée dans l'Europe. La frontière de l'Inde avec la Chine donne à cette dernière un intérêt direct dans la prospérité du pays et dans la stabilité de l'Asie méridionale dans son ensemble. Ainsi, ce n'est pas un hasard si, au cours des années 1990, le Japon a régulièrement consacré 60 % de son budget d'aide au développement à l'Asie, ou si la plupart des soldats de la paix déployés au Timor-Oriental en 1999 venaient d'Australie, de Nouvelle-Zélande, de Thaïlande, de Malaisie et d'autres pays voisins[18]. La proximité est un facteur important. La formation, en Amérique du Nord, en Europe et en Asie, de zones prospères dans lesquelles règne la paix n'est pas une panacée pour le monde en développement, mais le rattachement de nations pauvres à des zones de prospérité voisines leur offre un avenir plus prometteur.

L'Amérique a par ailleurs un rôle particulier à jouer au Moyen-Orient : assurer l'accès au pétrole de la région, protéger la sécurité d'Israël, combattre le terrorisme et ses commanditaires. Réfléchir à une nouvelle politique au Moyen-Orient ne revient pas à s'incliner devant le terrorisme ou à légitimer ses objectifs pervers, mais simplement à reconnaître la complexité du terrain politique de la région pour permettre à l'Amérique d'y manœuvrer plus facilement.

Les principales raisons du sentiment antiaméricain au Moyen-Orient ne viennent pas du comportement de l'Amérique, mais sont le fruit des propres échecs de la région : pauvreté, inégalité des revenus, répression politique, médias aux mains de l'État, rivalités ethniques et religieuses et systèmes éducatifs insuffisants. Les régimes qui doivent faire face à ces problèmes ne peuvent s'en prendre qu'à eux-mêmes. Mais les hommes politiques, les religieux et les groupes extrémistes manipulent et exploitent la détresse des peuples. Ils rejettent la responsabilité sur Israël, les États-Unis et l'Ouest, et cherchent à capitaliser la mobilisation qui en résulte pour parvenir à leurs fins. À cette colère à l'encontre de l'Ouest vient s'ajouter un fondamentalisme religieux, ce qui donne un mélange détonant. Les désordres de la région sont donc internes et profondément enracinés dans l'histoire et la politique. Indépendamment du comportement de Washington et du statut du conflit israélo-arabe, les pays musulmans continueront de donner libre cours à leur colère contre l'Amérique et l'Occident. C'est pourquoi les États-Unis seraient bien avisés de devenir moins dépendants du pétrole de la région, de diminuer leur consommation et de développer d'autres sources d'énergie.

Néanmoins, l'Amérique peut et doit prendre des mesures pour apaiser cette colère et la diriger contre les partis locaux, principaux responsables de la pauvreté et de l'inégalité. Elle doit tout mettre en œuvre pour réduire le mécontentement social qui nourrit les groupes extrémistes. Si elle use de moyens coercitifs pour éliminer les cellules terroristes basées au Moyen-Orient – ce qui est nécessaire –, elle doit veiller à prendre des mesures pour éviter des réactions violentes et tout ressentiment.

Aider à trouver une solution au conflit entre Israël et les Palestiniens est le premier pas essentiel. L'Amérique ne peut pas se permettre de garder ses distances face à ce conflit, comme tenta de le faire initialement l'administration Bush. À tort ou à raison, elle est largement considérée, dans le monde islamique, comme un supporter invétéré d'Israël, qui apparaît, lui, comme un avant-poste de l'Occident en terre d'Islam. Les changements de la politique des États-Unis ne modifieront pas ces sentiments. Un accord de paix et l'établissement d'un État palestinien sont la seule solution.

Le sentiment antiaméricain et le terrorisme ne sont nullement causés par le conflit israélo-arabe : les Américains ne doivent donc pas croire que ces maux disparaîtront une fois la paix revenue. Les groupes extrémistes se sont régulièrement opposés à un règlement négocié, et ont explicitement cherché à torpiller les efforts accomplis pour y parvenir au moyen d'attentats terroristes contre Israël. Ces attentats durcissent l'attitude d'Israël, renforcent sa droite et empêchent le compromis. Cette stratégie sert les intérêts des groupes extrémistes qui s'appuient sur le désespoir pour gagner des sympathisants et de l'influence politique. Plus le conflit israélo-arabe s'intensifie et devient insoluble, mieux ces factions se portent.

Mais c'est précisément parce que ces groupes terroristes se nourrissent du mécontentement qu'une solution pacifique entre Israël et les Palestiniens est si essentielle. Un accord de paix éliminerait au moins une des causes de la colère qu'une grande partie du monde arabe éprouve à l'égard des États-Unis et de l'Occident en général. Pour cela, il faudrait que les dirigeants arabes aient à répondre de leurs échecs, sans pouvoir accuser des forces extérieures. Il serait alors plus facile pour les États-Unis de poursuivre d'autres objectifs dans la région, car leur présence ne serait plus assimilée aux souffrances des Palestiniens.

Les États-Unis doivent également chercher à réduire le sentiment antiaméricain dans le monde musulman en faisant preuve d'une plus grande sensibilité à l'égard des souffrances des peuples dans la région. Larguer l'assistance humanitaire au milieu de la campagne de bombardements en Afghanistan était un geste utile. Dans la péninsule arabe, tout en assurant la protection des puits de pétrole et en poursuivant la lutte contre le terrorisme, les Américains pourraient se faire plus discrets. L'Amérique doit améliorer ses relations avec les peuples de la région au moyen d'échanges culturels et éducatifs et de programmes audiovisuels diffusés dans la langue des pays concernés.

L'Irak va sans doute devenir une démocratie pluraliste, mais cela prendra au moins dix ou vingt ans. Et si les attaques contre des cibles américaines continuent, les Américains ne seront tout simplement pas disposés à tenir le cap pendant aussi longtemps. Ils ne devraient pas se retirer immédiatement, mais Washington doit reconnaître les risques d'une longue occupation et en tirer les conséquences pour créer un gouvernement irakien opérationnel et limiter la durée de son séjour dans le pays.

En un mot, l'Amérique doit prendre davantage conscience du fait que même avec les meilleures intentions, elle est souvent perçue au Moyen-Orient comme une puissance impériale. Aussi Washington doit-il trouver le juste équilibre entre le combat contre les groupes extrémistes et l'exercice de la retenue stratégique.

Il est enfin nécessaire de formuler un plan à long terme pour éliminer peu à peu les causes du mécontentement dans le monde en développement, avec pour objectif : la libéralisation politique, le développement d'une classe moyenne, l'amélioration de l'accès à l'enseignement et la modernisation des institutions sociales. Pour réduire les tensions entre les pays riches et les pays les plus défavorisés, il faut combler le fossé entre les pays avancés et les pays les moins développés. Les zones régionales prospères doivent intégrer les pays voisins défavorisés et le Nord doit poursuivre une politique d'assistance plus ambitieuse.

Il faut tout d'abord reconnaître que les causes de la pauvreté et de la stagnation varient beaucoup d'une région à l'autre. La plupart des pays d'Amérique latine et des Caraïbes ont des ressources et des infrastructures capables de leur assurer une plus grande prospérité. Ils sont pourtant victimes d'une mauvaise gestion économique, de systèmes judiciaires corrompus et de grandes inégalités sociales. Si les revenus par tête sont supérieurs à ceux que connaissent d'autres zones en développement, un tiers de la population de la région vit néanmoins dans la pauvreté[19]. Bien qu'une aide plus importante soit indispensable pour améliorer les soins médicaux et l'éducation et fournir aux pauvres les produits de première nécessité, l'une des priorités demeure l'amélioration des institutions gouvernementales et du système judiciaire. L'intégration progressive de la région dans une zone de libre-échange des Amériques peut contribuer à réduire la pauvreté et à encourager les réformes, comme ce fut le cas pour le Mexique lors de son entrée dans la Zone de libre-échange des Amériques (ZLEA).

Promouvoir le développement des nations pauvres de l'Afrique et de l'Asie méridionale est un défi autrement difficile. Un grand nombre de ces pays possède une infrastructure économique et politique rudimentaire. La pauvreté est oppressive et générale et les systèmes éducatifs et médicaux sont primitifs, voire inexistants dans certaines régions. Dans l'Afrique subsaharienne, moins d'un quart des filles vivant dans des zones rurales pauvres sont scolarisées. 90 % des cinq cents millions de personnes atteintes de malaria dans le monde (un million de morts par an) vivent en Afrique. Un enfant né en Zambie ou au Zimbabwe risque plus de mourir du Sida que d'en être épargné[20].

La situation critique de l'Afrique ne signifie pas que les milliards de dollars d'aide pour l'ensemble du continent ont été totalement inefficaces. Au contraire, dans certains cas – le Ghana et le Mozambique, par exemple – l'assistance extérieure a clairement aidé à soulager la pauvreté et à promouvoir la croissance. De plus, les services sociaux en Afrique ont connu une nette progression depuis les années 1960. La scolarisation des enfants à l'école primaire est passée de 40 à 70 % entre 1965 et 1990, et le taux d'alphabétisation est passé de 15 à 50 %. Entre 1960 et 1990, la proportion d'infirmières par rapport à la population totale a doublé. L'espérance de vie à la naissance est passée de trente-neuf à cinquante-deux ans[21].

Ces succès isolés mis à part, les efforts de développement en Afrique ont généralement été très décevants. Voici comment Carol Lancaster, une des anciennes responsables de l'Agence des États-Unis pour le développement international, résume ses conclusions dans un ouvrage sur l'efficacité de l'aide au développement en Afrique : « Les montants de l'aide étrangère apportée à la plupart des pays de l'Afrique subsaharienne ont été parmi les plus élevés du monde, proportionnellement à la taille de leurs économies… Pour la plupart des pays africains, ces aides relativement importantes ont été apportées pendant plusieurs décennies. Néanmoins, le développement économique s'est révélé décevant dans la plus grande partie de l'Afrique. Le revenu moyen par habitant dans la région est pratiquement le même dans les années 1990 qu'au cours des années 1960. Près de la moitié des cinq cent soixante-dix millions d'Africains vivent avec un dollar par jour. Ce chiffre n'a pas changé au cours de la dernière décennie. En conséquence, la population ayant augmenté, il y a eu trente millions de pauvres en plus. Le degré de pauvreté est plus grand en Afrique que partout ailleurs dans le monde[22]. »

Plusieurs causes expliquent des résultats aussi accablants. La première est l'incapacité des pays destinataires à profiter de l'aide à cause de la faiblesse des institutions publiques, de la corruption et de la mauvaise gestion. Si le gouvernement national ne mène pas une solide politique fiscale et monétaire, l'aide au développement a peu de chances d'aider l'économie. Elle peut même aggraver les choses en réduisant les conséquences dramatiques d'une mauvaise politique, et en réduisant ainsi les pressions qui s'exercent sur les dirigeants pour les inciter à changer leur politique. Les pays contributeurs ne sont pas non plus sans reproches. L'aide est souvent gérée par des administrations à Washington, New York ou Genève qui connaissent mal les situations des pays destinataires. La coordination entre les différentes nations donatrices, les organismes tels que la Banque mondiale et les Nations unies, et les nombreuses ONG impliquées dans l'octroi de l'aide est insuffisante. Les motivations politiques, stratégiques et commerciales l'emportent souvent sur les motivations humanitaires. Ainsi, même quand l'aide stimule la croissance économique, les bénéfices ne reviennent pas aux plus dépourvus.

Une réforme en profondeur est donc nécessaire. Malgré l'importance que revêt l'élaboration de programmes de développement spécifiques à chaque région, les pays les plus riches de la planète doivent adopter ensemble une nouvelle approche globale s'ils veulent contribuer à supprimer les causes profondes du sous-développement. Les événements de septembre 2001 ont fourni par ailleurs de nouvelles raisons de chercher à soulager la pauvreté et l'insatisfaction qu'elle nourrit. Même si les politiques conçues pour répondre aux besoins humanitaires obtiennent de meilleurs résultats que celles destinées à contrer les menaces stratégiques, la réussite des programmes de développement aura l'avantage supplémentaire d'aider à modérer l'hostilité du Sud à l'égard du Nord.

Un système d'aide au développement plus efficace exige de porter une même attention aux trois facteurs du développement – le capital humain, l'infrastructure économique et la capacité politique. Le capital humain est fondamental : une population instruite et en bonne santé est essentielle pour le progrès économique et social. Sans elle, un système politique n'a pas la capacité d'absorber l'aide extérieure qui est rapidement dilapidée. L'éducation et la santé se renforcent mutuellement. Les femmes instruites ont moins d'enfants et en meilleure santé que celles qui ne sont pas allées à l'école. L'éducation semble aussi faire décroître la mortalité infantile et les taux d'infection au VIH[23]. La Chine connaît aujourd'hui une croissance économique bien plus élevée que l'Inde, en partie parce que le gouvernement chinois, avant même de commencer à encourager l'émergence d'une économie de marché après 1979, a investi dans les écoles du pays et dans son système de santé[24].

La communauté internationale devrait porter une plus grande attention et consacrer beaucoup plus d'argent à l'amélioration de l'enseignement primaire dans le monde en voie de développement. Oxfam estime qu'environ huit milliards de dollars – moins de 3 % du budget annuel de la Défense des États-Unis – seraient suffisants pour instituer un enseignement universel en 2015. Les donateurs devraient offrir aux gouvernements nationaux et locaux des subventions pour les encourager à augmenter les dépenses destinées à l'enseignement primaire et à mieux employer cet argent. L'adoption de mesures visant à améliorer les universités et à développer les partenariats et les échanges avec les universités des nations riches est également primordiale. Enfin, les États-Unis, comme les autres pays dotés de bons systèmes universitaires, devraient davantage encourager les étudiants étrangers à retourner dans leurs pays pour y exercer, au moins pendant un temps.

L'amélioration de la scolarisation aura des effets positifs sur la santé, car plus de savoir entraîne davantage de prévention et de soins, et parce que les écoles sont des lieux où l'on peut aisément vacciner et distribuer des médicaments. Mais il est aussi urgent d'intervenir directement. Alors que la construction d'un système de santé moderne prendra plusieurs générations, la communauté internationale peut dès maintenant, pour un coût modéré, adopter des mesures pour s'attaquer aux maladies les plus graves. L'absence de vaccin et de remède, le taux élevé d'infection avec ses effets dévastateurs sur les jeunes adultes rendent absolument prioritaire la lutte contre le Sida. Les premières mesures consistent à fournir une meilleure information sur la prévention, en particulier auprès des groupes sociaux les plus vulnérables à la maladie, et à convaincre les laboratoires pharmaceutiques de fournir des médicaments à un coût nettement moindre. Diminuer l'incidence de la tuberculose, de la diarrhée et de la malaria est un objectif facile à atteindre à condition que les ressources financières permettent l'achat et la distribution de médicaments.

La principale contribution de la communauté internationale aux infrastructures économiques provient d'aides financières et commerciales. Faire en sorte que l'aide soit mieux utilisée, tout en soulageant la pauvreté et en développant la croissance, exige de reconsidérer les relations entre donateurs et bénéficiaires. Au lieu de mettre en œuvre des programmes conçus et administrés par les donateurs, les responsables et les citoyens du pays bénéficiaire devraient élaborer leurs propres propositions, qui seraient alors mises en concurrence et étudiées par les donateurs.

Une approche plus attentive à la «demande» des acteurs de l'aide au développement aurait plusieurs avantages. Elle transférerait l'initiative et la responsabilité aux citoyens eux-mêmes, qui seraient invités à rendre des comptes, plutôt qu'à des administrateurs situés à des milliers de kilomètres de distance. Les programmes seraient mieux adaptés aux conditions sur le terrain et les réformes auraient plus de chances de s'inscrire dans le temps. Le financement direct de projets spécifiques réduirait la nécessité d'un personnel nombreux et coûteux, aussi bien dans les pays donateurs que dans les pays destinataires[25]. Réduire les intermédiaires, et avoir pour objectif des projets de base, permettrait aussi d'atteindre les communautés qui en ont le plus besoin. Un système de financement concurrentiel est également efficace contre la corruption et la mauvaise gestion : les agences ou les groupes qui auraient fait un mauvais usage de l'aide n'en obtiendraient plus d'autres[26].

Un meilleur usage de l'aide inciterait les pays donateurs à augmenter leurs budgets d'aide au développement. Proportionnellement, les dépenses consacrées à l'aide internationale des États-Unis ont été très faibles, à peine 0,1 % du PIB. Une nation africaine reçoit en moyenne des États-Unis vingt millions de dollars par an (un seul chasseur bombardier coûte environ trente millions de dollars aux États-Unis). L'aide humanitaire et l'aide au développement coûtent vingt-neuf dollars par an à chaque Américain, contre soixante-dix dollars pour les citoyens des autres pays industrialisés. En mars 2002, l'administration Bush a annoncé qu'elle prévoyait d'augmenter graduellement ses dépenses annuelles pour l'aide extérieure, en faisant passer le budget de dix à quinze milliards de dollars en 2006 – une augmentation significative, mais encore bien en dessous de la norme[27].

Afin d'assurer un fondement stable et un développement continu, l'aide apportée doit être suivie d'échanges commerciaux importants. Les États-Unis et les autres pays riches devraient éliminer les dernières barrières commerciales avec les pays en développement. Une telle mesure aurait peu d'impact sur une économie avancée, mais pourrait stimuler efficacement les exportations des économies modestes en développement. Les bénéfices d'une ouverture des marchés du Nord seraient considérablement plus élevés que le coût des programmes d'aide au développement. Comme le note l'économiste Lael Brainard, « les pays développés ont leurs plus hautes barrières commerciales précisément dans les industries comme l'agriculture et l'habillement, qui offrent aux pays pauvres leurs meilleures chances de sortir de la pauvreté[28] ».

Les États-Unis devraient en outre augmenter l'utilisation des fonds des entreprises – des fonds d'investissements publics supervisés par un conseil d'administration privé responsable devant le Congrès. Ceux-ci se sont révélés efficaces pour soutenir la croissance des petites entreprises en Europe centrale. Des partenariats entre des organisations donatrices et des entreprises privées devraient être aussi plus régulièrement pratiqués pour encourager l'intervention du secteur privé dans les économies en développement. C'est une mesure essentielle pour enseigner les techniques de gestion modernes et créer une classe moyenne intéressée par la stabilité économique et la bonne gouvernance. Enfin, un électorat intérieur influent, et pas seulement des pressions de la communauté internationale, est nécessaire pour donner tout leur poids aux réformes économiques et politiques.

La capacité politique est le troisième facteur qui permettra au Sud d'échapper à une pauvreté endémique. Les économistes ont découvert qu'il y avait un lien étroit entre la bonne gouvernance et la capacité de l'aide économique à stimuler la croissance[29]. Une mauvaise gouvernance et une politique contre-productive ont, en revanche, constitué un obstacle dans la voie du développement, même dans des pays dotés de ressources naturelles abondantes et composés de citoyens instruits tels que le Brésil, l'Argentine et la Russie. En Afrique et en Asie du Sud-Est, les coûts d'une mauvaise gestion sont encore plus élevés, et les décisions prises par certains responsables ne se contentent pas d'affecter le niveau de vie, mais aussi la viabilité même de l'État et la capacité des citoyens à faire face à leurs besoins les plus fondamentaux. Comme le note Carol Lancaster, « il est difficile pour l'aide étrangère d'apporter des changements bénéfiques et durables lorsque la croissance économique est bloquée par une politique gouvernementale qui décourage les investissements, par des institutions publiques inefficaces ou corrompues, ou par la répression politique et l'instabilité[30] ». De nombreux gouvernements africains, par exemple, continuent de faire appel à des taxes commerciales élevées pour assurer une grande partie de leurs recettes fiscales, même si une telle mesure pénalise le commerce et gêne la croissance.

La réforme politique peut, dans une certaine mesure, venir d'en haut, par la combinaison d'un *leadership* local, de pressions de la communauté internationale et par la création d'un encadrement composé de techniciens compétents. Mais, dans la mesure où les responsables sont souvent réticents à changer leurs pratiques habituelles et à risquer de perdre les avantages que leur procurent leurs postes, la réforme doit aussi venir d'en bas. Certaines réformes économiques et politiques marquantes des dernières années ont ainsi commencé par le bas. En Russie, un certain nombre de responsables régionaux et d'entrepreneurs locaux ont pris la direction des réformes démocratiques et économiques, en dépit de la résistance du Kremlin[31]. L'augmentation rapide d'associations indépendantes engagées dans la société civile a joué un rôle important dans la transition vers la voie de la démocratie en Europe centrale. Lorsqu'elle encourage les réformes institutionnelles dans les capitales nationales, la communauté internationale devrait donc accorder des aides à des organisations locales, pour soutenir des projets qui incitent la participation publique, fournissent des services sociaux et favorisent l'engagement civique.

Indépendamment de ces avantages, une telle politique pourrait, en outre, contrer l'islamisme extrémiste. La création d'écoles primaires est un point essentiel, car une scolarisation élargie favorisera non seulement le progrès économique et la mobilité sociale, mais modérera également l'extrémisme religieux. De nombreux enfants pakistanais ont suivi des cours dans des *madrasas* – écoles religieuses dirigées par des fondamentalistes – parce qu'ils n'avaient pas d'autre choix. Investir dans l'enseignement primaire, c'est donc investir dans le pluralisme et la tolérance religieuse.

Le lien entre instruction et pluralisme conduit à la question plus large de l'Islam et de la modernisation politique.

À la suite des attentats du 11 septembre, de nombreux commentateurs ont laissé entendre que l'Islam a donné libre cours à l'extrémisme et doit être tenu pour responsable du blocage politique et économique au Moyen-Orient[32]. Il s'agit là d'une contrevérité. Ce sont des institutions politiques et économiques faibles qui ont engendré le fondamentalisme islamique. L'absolutisme religieux et la violence qui l'accompagne sont moins prévalents dans les sociétés chrétiennes et juives, précisément parce que ces sociétés ont connu les effets libérateurs de la Réforme, des Lumières, de la révolution scientifique et industrielle, de l'essor de la démocratie – en un mot, les avancées historiques qui ont séparé l'Église de l'État et pacifié les effets de la religion sur la vie politique. Le développement économique et politique en Asie du Sud-Est, au Moyen-Orient et en Afrique peut exposer l'Islam aux mêmes forces libératrices, modératrices et pacificatrices.

Aider le monde en développement à se construire un capital humain, une infrastructure économique et une capacité politique prendra un temps considérable, et nécessitera beaucoup d'argent. Même avec des réformes importantes, de nombreux programmes d'aide continueront à être décevants. Pourtant, s'atteler à la tâche offre le meilleur moyen – et peut-être le seul – de combler le fossé culturel et économique entre le Nord et le Sud.

Les institutions internationales

Les Américains ont, depuis longtemps, une forte aversion pour les institutions, qu'elles soient nationales ou internationales. Les colonies s'étaient accommodées, dans un premier temps, d'une confédération souple, parce qu'elles ne voulaient pas des contraintes d'une structure institutionnelle plus ambitieuse. Les Américains approuvèrent et acceptèrent une fédération constitutionnelle seulement sous la contrainte, quand il devint clair que les institutions de 1781 étaient trop faibles pour l'Union. Depuis cette date, et en particulier depuis la guerre de Sécession, l'Amérique est devenue l'un des pays les plus institutionnalisés et les plus judiciarisés de la planète. Mise à part l'aversion populiste pour un fédéralisme fort, la plupart des Américains en sont venus à accepter un pays dont le gouvernement est constitué de plusieurs strates au niveau local, de l'État et du gouvernement fédéral, d'innombrables ONG et d'un système juridique omniprésent. L'Amérique dispose actuellement d'un avocat pour six cents habitants, dont l'expertise est indispensable pour naviguer dans le dédale des règlements et des institutions du pays.

L'Amérique des premiers jours était encore plus méfiante à l'égard des institutions internationales. La règle des pères fondateurs consistant à s'opposer aux alliances était, en fin de compte, une mise en garde plus générale contre l'engagement de l'Amérique dans des institutions qui auraient risqué de placer le pays dans les pièges et les périls de la politique des grandes puissances. Concentrée sur son expansion vers l'Ouest, ainsi que sur son développement économique et militaire, l'Amérique ne voulait pas du rôle unificateur et modérateur des organisations internationales. Le rejet par le Sénat de la participation des États-Unis à la Société des Nations est l'exemple le plus représentatif de la profondeur de ce vieux réflexe.

Les leçons des années 1930, le choc de la Seconde Guerre mondiale et l'habileté diplomatique de Roosevelt sont venus à bout de l'opposition de l'Amérique à s'engager dans les institutions internationales. Au cours de la première décennie de l'après-guerre, les États-Unis se sont employés à forger un nouvel ordre international en se tournant, pour cela, essentiellement vers les institutions. À Dumbarton Oaks puis à San Francisco, les États-Unis ont été les instigateurs de la création des Nations unies en tant qu'organisation mondiale de sécurité collective. La conférence de Bretton Woods instaura de nouvelles institutions pour la gestion de l'économie internationale. Avec le début de la guerre froide, les États-Unis formèrent des alliances à la périphérie de l'Union soviétique, et élaborèrent des pactes de sécurité en Europe de l'Ouest, au Moyen-Orient, en Asie du Sud-Est et en Asie du Nord-Est. Leur travail acharné au cours des années 1940 et 1950 a permis la mise en place d'une infrastructure internationale qui continue de servir de fondement à la coopération multilatérale dans de nombreuses parties du monde.

Même si l'Amérique se repose sur les institutions pour façonner et gérer l'ordre international, les Américains n'ont jamais fait preuve, à leur égard, de l'enthousiasme qu'ils manifestent quant à leurs institutions nationales. Les préoccupations qui ont conduit les pères fondateurs à se méfier des alliances et qui ont fait échouer la Société des Nations sont encore très prégnantes. Ceux qui, aujourd'hui, critiquent les institutions internationales, reprennent des thèmes qui font fortement écho au passé : elles compromettent la souveraineté et l'indépendance de l'Amérique, diminuent la marge de manœuvre du pays et entrent souvent en conflit avec des principes constitutionnels en empiétant sur l'autorité du Congrès.

Après trente années passées au Sénat, Jesse Helms a décidé, en 2001, de ne pas briguer un sixième mandat au Sénat, mais ses nombreux alliés conservateurs vont poursuivre sa guerre contre les Nations unies. « Avec le développement régulier de son champ et du nombre de ses activités, les Nations unies, qui étaient une institution de nations souveraines, sont en train de se transformer en une entité quasi souveraine. Cette transformation représente une menace évidente pour les intérêts des États-Unis[33] », écrit-il en 1996. Le sénateur républicain du Minnesota, Red Grams, exprima, en 1998, la même hostilité à l'égard de la Cour pénale internationale (CPI) : « J'espère qu'à présent l'administration va s'opposer activement à ce tribunal, pour veiller à ce qu'il connaisse le même sort que la Société des Nations et s'effondre sans le soutien des États-Unis, [...] car ce tribunal, je le crois, est le monstre qu'il nous faut abattre[34]. »

Toutes les institutions internationales n'essuient pas la même désapprobation. Des alliances comme l'Otan sont soutenues à travers un large éventail politique, en grande partie parce que l'Amérique les contrôle grâce à sa puissance militaire. Washington a peu de problèmes avec le G8, autre organisme dans lequel les États-Unis tiennent les commandes, ou avec le FMI, où leur voix est beaucoup plus importante que celle des autres pays et où ils parviennent généralement à leurs fins.

En ce qui concerne les institutions où les États-Unis doivent rendre des comptes à d'autres nations, même les hommes politiques libéraux sont généralement réticents. Peu de démocrates accepteraient de mettre les troupes américaines sous le commandement des Nations unies. Au Congrès, la CPI ne trouve de soutien qu'auprès d'une petite minorité. L'administration Bush a rejeté les accords de Kyoto, mais même l'administration Clinton était réservée sur leur mise en œuvre. L'administration

Bush fit preuve de peu de remords – en fait, elle fit passer la décision comme un test de sa fermeté – quand elle proclama son intention d'en finir avec le traité ABM en se retirant unilatéralement.

Faire accepter aux États-Unis un arbitrage et faire respecter une décision qui va à l'encontre de leurs intérêts est généralement un combat ardu. Washington se plie généralement plus facilement aux décisions concernant les échanges commerciaux que ceux qui impliquent sa sécurité. En 1984-1985, par exemple, les États-Unis ont refusé de se plier à la décision de la Cour internationale de justice (CIJ), qui avait jugé qu'en minant les ports du Nicaragua ils violaient le droit international. Ils contestèrent la juridiction de la CIJ lorsque le Nicaragua déposa sa plainte. Et lorsque la CIJ rejeta leur contestation, les États-Unis annoncèrent qu'ils résiliaient leur déclaration de 1946 acceptant la juridiction générale de la CIJ.

Cette duplicité à l'égard des institutions internationales procède d'une grande étroitesse de vue. Aujourd'hui, les États-Unis peuvent éventuellement se permettre de tourner le dos à des institutions dans lesquelles ils ne sont pas les maîtres : ils sont assez forts pour agir unilatéralement au moment où ils le désirent. Le problème est que l'Amérique ne pourra pas toujours s'offrir le luxe de n'en faire qu'à sa tête et selon son bon vouloir. Lorsque le monde sera multipolaire, les États-Unis se tourneront précisément vers ces mêmes institutions que leur comportement unilatéraliste est en train de miner.

Lorsque la gestion du système international dépendra du consensus et du compromis et non plus du *leadership* américain, les États-Unis se lamenteront d'avoir donné l'exemple d'un comportement fondé sur l'intérêt personnel plutôt que collectif. Lorsque le dollar ne sera plus la monnaie de réserve dominante, Washington souhaitera pouvoir se tourner vers une institution internationale qui l'aidera à stabiliser le système financier international. Lorsque les troupes américaines seront employées à relever les défis au Moyen-Orient ou en Asie, et qu'un conflit ethnique éclatera à nouveau dans les Balkans, ils souhaiteront une force de l'UE capable d'opérer indépendamment de l'Otan. Lorsque, dans quelque dix ou vingt ans, les industries des économies émergentes qui fonctionnent au charbon et au fuel tourneront à plein régime, les Américains pourraient bien regretter que leur gouvernement n'ait pas pris les mesures nécessaires, lorsqu'il le pouvait, pour mettre en œuvre une politique efficace contre la pollution de l'environnement à l'échelle de la planète.

Au lieu de se reposer sur leur prééminence pour se tenir à distance, les États-Unis devraient plutôt user de leur influence pour façonner les institutions dont ils auront bientôt besoin. Ils devraient aussi abandonner certaines prérogatives de leur suprématie pour, en retour, s'engager dans des institutions qui opéreront à leur avantage quand ils ne seront plus capables d'agir unilatéralement. Cette approche exige de sacrifier des gains à court terme pour des bénéfices à long terme. Cela implique, d'une part, de faire preuve de retenue stratégique et de se tourner vers les institutions dans lesquelles les États-Unis auront à partager leurs droits et leurs responsabilités avec d'autres partenaires, et, d'autre part, de s'appuyer sur ces institutions pour contenir la force de l'Amérique, tout en construisant un lien étroit avec d'autres centres de pouvoir.

C'est précisément le prix que les grandes colonies, comme la Virginie ou New York, ont été prêtes à payer pour ouvrir la voie à une union fédérale. Et c'est le même marché que la France et l'Allemagne ont conclu pour permettre l'ouverture de la construction européenne. John Ikenberry, de l'université de Georgetown, a identifié cette logique comme un élément essentiel de tous les accords stables d'après-guerre : « Si l'État dominant comprend que ses nouveaux avantages de puissance de l'après-guerre ne sont que temporaires, un ordre institutionnalisé peut assurer la pérennité d'arrangements bénéfiques au-delà de l'apogée de sa puissance. En fait, la création d'institutions structurantes fondamentales est une forme d'investissement hégémonique pour l'avenir. Si les bonnes règles sont solidement fixées et les bonnes institutions solidement établies, elles peuvent continuer à opérer en faveur de l'État dominant même lorsque ses capacités matérielles sont sur le déclin – des avantages dont l'État dominant ne pourrait pas bénéficier dans un ordre non institutionnalisé[35]. »

Les États-Unis doivent abandonner leur autonomie plus tôt que prévu, afin de mettre en place les institutions nécessaires à la maîtrise de la multipolarité et de conserver l'espoir que le meilleur de la *pax americana* se poursuive longtemps après le temps de l'unipolarité. En prenant cette voie, les Américains devraient s'engager dans des institutions qui remplissent trois grandes fonctions.

Pour commencer, les États-Unis devraient établir un directoire de grands États, chargé de gérer les relations entre les principaux centres de puissance du monde. Le Conseil de sécurité des Nations unies fournit officiellement un tel forum. Cependant, la nature formelle des Nations unies et le droit de veto détenu par ses cinq membres permanents finissent par produire davantage de discours de convenance – parfois peu convenables – que de diplomatie réaliste.

Un directoire mondial devrait fonctionner selon les règles du Concert de l'Europe, et non selon celles des Nations unies ou de la Société des Nations. Ses membres fondateurs devraient être les États-Unis, l'UE, la Russie, la Chine et le Japon. Les grands États des autres régions – Indonésie, Inde, Égypte, Brésil et Nigeria, par exemple – devraient aussi avoir un siège. Comme dans le Concert de l'Europe, ce directoire servirait de forum informel de discussion et de coordination. Les décisions devraient être consensuelles, sans droit de veto. Coordonner l'inaction et la retenue stratégique serait une fonction aussi importante que l'action commune. Ce directoire se réunirait régulièrement et selon l'urgence des affaires. Comme le Concert de l'Europe, il aurait pour objectif de promouvoir la coopération entre les grands centres de puissance du monde et de gérer les crises régionales.

Les États-Unis devraient aussi chercher à cultiver une deuxième catégorie d'institutions dont la fonction serait de fixer, dans le système international, un ensemble de règles et de normes. La vie quotidienne dans la plupart des pays est tranquille et prévisible grâce à des règles et à des normes qui sont entrées dans les mœurs. La vie quotidienne entre les pays est nettement moins tranquille, en grande partie parce que les règles et les normes sont plus primitives et rudimentaires. Mais cela n'est pas une fatalité. Les institutions donnent au système international un caractère social et fixent les marques et les règles qui guident le comportement des États. Dans la mesure où des nations souveraines sont prêtes à s'engager dans une infrastructure institutionnelle, elles peuvent rendre la vie internationale plus paisible et plus prévisible.

Une partie de cette infrastructure existe déjà : elle a été mise en place par les États-Unis au cours des cinquante dernières années. Mais de nombreuses institutions qui sont toujours dépendantes du *leadership* américain devraient être réorganisées pour pouvoir continuer à fonctionner efficacement une fois qu'elles ne seront plus contrôlées par Washington. L'Amérique doit aussi soutenir de nombreuses autres institutions, jugées aujourd'hui trop contraignantes. Faire partager plus d'enthousiasme pour les Nations unies constituerait un pas symbolique important dans la bonne direction. Si les États-Unis apportaient clairement leur soutien à ce forum mondial, ils enverraient un signal fort de leur engagement dans des institutions et de leur volonté de jouer selon les mêmes règles que les autres pays.

Des institutions fortes sont également nécessaires pour gérer certains aspects spécifiques de la vie internationale. Tout d'abord, la mondialisation rend indispensable l'amélioration des mécanismes de gestion des relations commerciales, financières et monétaires. L'OMC et son système de règlement des conflits représentent un bon début, mais il faut à présent s'attaquer aux questions monétaires et financières. Depuis que l'euro commence à concurrencer le dollar comme monnaie de réserve, la politique monétaire ne peut être abandonnée au système de coordination actuel. Des mécanismes financiers supplémentaires sont nécessaires pour prévenir l'extension de chocs sectoriels et régionaux. Que de tels mécanismes prennent la forme de fonds d'urgence pour stabiliser les économies en chute libre, de disjoncteurs pour contenir la panique et la contagion, ou encore de restrictions internationales sur les marges d'endettement ou les flux de capitaux, les États-Unis et leurs partenaires devraient élaborer une nouvelle architecture financière et ne pas attendre que la prochaine crise vienne balayer l'économie mondiale.

La construction d'une infrastructure juridique pour le système international est une autre mesure indispensable pour renforcer la stabilité et la prévisibilité mondiales. L'application de la loi joue un rôle fondamental dans l'ordre interne et la pacification des relations à l'intérieur des pays, et il peut en être de même sur la scène internationale. La CIJ, la Cour permanente d'arbitrage, la CPI et les tribunaux créés sous les auspices des Nations unies pour juger les crimes de guerre étendent tous la règle du droit dans le domaine de la politique internationale. Les prochaines étapes viseront l'élargissement de l'autorité des commissions chargées de régler les conflits, mises en place sous l'égide de l'OMC et d'autres organisations. Les États-Unis doivent résister à la tentation de se tenir à distance de ces organisations, ou de les ignorer totalement, en se plaçant au-dessus du droit parce qu'ils en ont les moyens aujourd'hui. Si ces institutions ne sont pas prêtes au moment où une Amérique moins prédominante aura besoin d'elles, les Américains n'auront qu'à s'en prendre à eux-mêmes.

Une troisième catégorie d'institutions devrait se concentrer sur les moyens de parer aux menaces à long terme. La plupart des menaces dirigées contre les États-Unis sont de nature collective (elles sont également dirigées contre d'autres nations) et ne peuvent donc être efficacement contrées que par des efforts communs. Cela reste vrai dans le domaine traditionnel de la sécurité où la situation géographique joue un rôle plus important. Il existe encore de nombreuses zones dangereuses à travers le monde – l'Asie du Sud-Est et le Moyen-Orient notamment. Mais une guerre au sens propre, même dans ces régions, paraît plus improbable que des actes de terrorisme. L'explosion isolée d'un engin chimique ou biologique, ou encore la guerre cybernétique sont autant d'armes qui ne connaissent pas les frontières géographiques.

La coordination internationale est la manière la plus efficace de lutter contre ces menaces. Des institutions sont nécessaires pour interdire la prolifération de matériel nucléaire et de technologie de missiles, en particulier à partir de l'ancienne Union soviétique. Les armes chimiques et biologiques étant faciles à acquérir, l'échange des informations, la surveillance et l'infiltration communes des réseaux terroristes sont les meilleurs antidotes. Les frappes contre l'Afghanistan ont été des représailles pour tenter d'éliminer Al-Qaïda et d'autres réseaux terroristes. Mais Al-Qaïda a des cellules qui opèrent dans plus de cinquante pays. La lutte à long terme contre le terrorisme exigera une collaboration institutionnalisée des services de renseignements, de police et d'immigration de nombreux pays.

Si l'administration Bush se lance dans le déploiement d'un système de défense antimissile, elle devrait mener un programme multilatéral qui offrirait une très large protection. Le développement de la technologie d'interception précoce et sa mise en place commune seraient des mesures appropriées. Un système d'interception précoce intervenant peu après le lancement d'un missile, celui-ci protège donc toutes les cibles potentielles, et pas seulement le pays qui est à l'origine du système. En ce sens, ses bienfaits seraient largement partagés et son développement permettrait probablement de diminuer les risques d'une nouvelle course aux armements. L'interception précoce est par ailleurs plus difficile à contourner que l'interception en plein vol. Aussi, le déploiement en commun de systèmes multilatéraux apaiserait les craintes de voir les États-Unis chercher uniquement à se protéger ou à gagner un avantage stratégique unilatéral. En conséquence, les États-Unis devraient explorer avec l'UE, la Russie et peut-être la Chine des propositions de coopération dans les domaines des systèmes d'alerte immédiate et de la technologie de l'interception.

Les menaces conventionnelles se prêtent également de plus en plus à des réponses collectives. La guerre entre les grandes nations du monde apparaît comme une perspective lointaine. Les conflits les plus violents ressembleront très vraisemblablement aux guerres ethniques et civiles dont ont été récemment victimes la Bosnie, la Serbie, l'Azerbaïdjan, le Rwanda et le Timor-Oriental. Les États-Unis ayant déjà indiqué clairement qu'ils refuseront tout engagement direct dans de tels conflits, Washington devrait développer d'autres moyens de prévention et d'intervention.

La meilleure solution réside dans la constitution de forces issues des régions dont les pays auront intérêt à prévenir et à arrêter ces conflits. Constituer des organisations locales opérationnelles en Afrique, en Asie du Sud-Est et dans d'autres régions pour se charger de cette tâche exigera un investissement important en infrastructures institutionnelles et en entraînement du personnel. Même la mission du maintien de la paix au Kosovo, soutenue fermement par l'Otan et les Nations unies, a rencontré de grandes difficultés pour trouver le personnel compétent pour accomplir les tâches de police et d'administration locale. Les Nations unies doivent à la fois augmenter le nombre de leur personnel permanent disponible pour des situations urgentes et améliorer leurs liens avec les organisations régionales.

Des programmes d'aide plus efficaces pour le monde en voie de développement sont aussi un investissement important dans la prévention des conflits. La perspective du chaos et de la guerre dans de nombreuses régions d'Afrique est une conséquence directe des conditions économiques catastrophiques, de la rareté des ressources et de la progression du Sida et d'autres maladies. Une assistance extérieure plus généreuse et mieux administrée peut véritablement changer les choses. Attendre que les crises sociales se transforment en crises de sécurité conduit à la paralysie : quand le dénuement mène à la violence, le Nord se barricade contre la misère du Sud.

Enfin, des mesures collectives pour la protection de l'environnement mondial doivent être adoptées de toute urgence. Si les experts ne sont pas tous d'accord sur le rythme exact et les conséquences du réchauffement de la planète, de l'amenuisement de la couche d'ozone, de la pénurie d'eau et de la déforestation, tous s'accordent pour dire que les efforts entrepris actuellement pour les combattre sont non seulement inadéquats, mais qu'ils pourraient aggraver la situation.

Voici le scénario plausible de ce qui nous attend. Les émissions de carbone dans les pays industrialisés et l'industrialisation progressive des pays très peuplés comme la Chine et l'Inde hâteront le réchauffement de la planète. Une augmentation d'un mètre du niveau des océans, qui pourrait se produire d'ici à 2100, déplacerait des dizaines de millions de personnes au Bangladesh et ferait baisser la production alimentaire de manière importante. Si ce niveau s'élevait de seulement cinquante centimètres, 50 % des zones humides des côtes de l'Amérique du Nord seraient inondées. La hausse des températures augmenterait aussi d'un tiers (de 45 à 60 %) la proportion de la population mondiale vulnérable aux maladies tropicales comme la malaria. Dans des zones où la malaria est déjà répandue, les infections toucheraient entre cinquante et quatre-vingts millions de personnes[36].

Un accord mondial institutionnalisant des réductions générales de polluants est nécessaire. La principale obstruction provient de la tentation de laisser le problème aux générations suivantes, car les hommes politiques sont trop enclins à ne pas faire les sacrifices économiques qui vont de pair avec l'abaissement de la pollution. Sept semaines à peine après la prise de ses fonctions, George W. Bush a abandonné sa promesse de campagne de faire baisser les émissions de dioxyde de carbone, en s'abritant derrière les contraintes excessives que de tels règlements imposeraient aux industries énergétiques. Le fait que d'autres pays soient à des niveaux de développement économique différents et contribuent à une moindre dégradation de l'environnement est un autre obstacle, et rend encore plus difficile un consensus sur un accord équitable. Mais plus on attendra et plus les dégâts seront importants. Tant qu'ils exercent encore une influence due à leur suprématie, les États-Unis devraient prendre la tête pour trouver un terrain d'entente sur la manière de protéger au mieux l'environnement.

L'Amérique n'est pas tenue de s'engager dans toutes les organisations actuelles ou à venir[37]. De nombreuses organisations ont leurs défauts, et les partisans du protocole de Kyoto admettent par exemple que l'accord était loin d'être parfait. Mais lorsque Washington se sent obligé de retirer sa participation, l'Amérique ne devrait pas simplement poursuivre sa propre voie et affirmer que seuls ses propres intérêts comptent. Elle devrait plutôt proposer des alternatives et des compromis avec d'autres pour parvenir à un accord mutuellement acceptable. L'esprit du multilatéralisme est au moins aussi important que son exercice. Le soutien de l'Amérique est indispensable pour que ces institutions internationales et la solidarité qu'elles représentent aient une chance de compenser les instincts de compétition d'un monde multipolaire.

L'intégration sociale

L'intégration sociale est le composant le plus insaisissable d'une stratégie globale visant à maîtriser un monde aux multiples centres de puissance. Les États-Unis ont failli faire sécession dans les années 1860 parce que les nordistes et les sudistes avaient créé des ordres sociaux incompatibles avec leurs identités et leurs attributs culturels. Le Concert de l'Europe s'est défait parce que les révolutions de 1848 ont mis au jour la division politique entre les régimes en voie de libéralisation et les monarchies conservatrices. Au contraire, la vitalité de l'Union américaine au cours du XXᵉ siècle a été, pour une part, le fruit d'une identité civique unificatrice qui a forgé une nation cohérente à partir de régions disparates. Le succès de l'intégration en cours de l'Europe est aussi directement le fruit de la capacité de l'UE à construire des identités et des allégeances politiques qui font passer l'État national dans une entité politique européenne plus large. L'intégration sociale et l'identité commune qui en résulte rendent la construction de la communauté et l'élimination des rivalités stratégiques irréversibles.

La construction d'un tissu social entre pays voisins est plus facile à réaliser qu'entre pays éloignés. Une identité partagée suppose un contact social important, que facilite la proximité. Les voisins ont souvent des attributs linguistiques et culturels communs qui donnent un profond sentiment d'affinité. Samuel Huntington a tort d'affirmer que des civilisations différentes sont destinées à s'opposer, mais il a raison de souligner l'importance de la culture. Il est en effet plus facile de nourrir un sentiment de communauté entre États qui ont une culture commune que l'inverse. Ce n'est pas un hasard si les zones où l'intégration a été la plus réussie – Amérique du Nord, pays nordiques, Europe occidentale – sont ceux qui possèdent de nombreux points communs sur le plan culturel. C'est pourquoi l'intégration sociale a plus de chances de progresser dans les régions qu'entre les régions : une raison de plus pour construire la paix par morceaux et pour établir des zones régionales de stabilité, qui constitueront les premières étapes d'une paix plus générale.

Il semble néanmoins utile que les États-Unis cherchent à étendre un tissu social, même mince, au-delà de leur propre région. L'Amérique et l'Europe ont bâti, au cours des cinquante dernières années, une entité politique atlantique naissante, dans laquelle la coopération a pris place dans les esprits. Cette entente sera beaucoup plus difficile à maintenir avec une Europe plus forte face à des États-Unis repliés sur eux-mêmes. Mais maintenir une identité partagée peut servir les deux parties, et atténuer la confrontation qui ne manquera pas de se manifester. Les échanges culturels et éducatifs, les visites régulières des membres du Congrès et des parlementaires, les commémorations communes et les échanges commerciaux transatlantiques importants sont autant d'investissements fructueux.

Les États-Unis disposent également aujourd'hui de plus de moyens d'encourager la socialisation internationale que par le passé. L'extension de la démocratie ne garantira peut-être pas la paix, mais elle procurera un ensemble de normes et de valeurs partagées susceptibles de faire naître le sentiment d'appartenance à une communauté. Des accords plus nombreux dans les domaines des droits de l'homme, des procédures juridiques et de règlement des conflits pourraient encourager un tel sentiment d'appartenance. Les rassemblements de démocraties du monde, comme celui qui s'est tenu à Varsovie en 2000, ont un potentiel à la fois symbolique et concret : ils renforcent l'identité commune et fournissent un forum pour faire progresser une convergence sociale et politique. Les États-Unis devraient œuvrer davantage pour renforcer les contacts avec les pays non démocratiques. Même si des relations plus importantes avec le monde musulman ne mènent pas vers une convergence sociale, elles pourraient encourager une compréhension mutuelle.

L'ère numérique ouvre de nouvelles perspectives pour des contributions, aussi bien publiques que privées, à l'intégration sociale. Les progrès dans les transports et dans les technologies de communication rendent l'interaction sociale moins dépendante de la proximité géographique. Les voyages aériens facilitent les contacts directs entre des peuples éloignés : entre juin 1999 et juin 2000, les compagnies aériennes américaines et étrangères ont transporté cent trente-sept millions de passagers entre les États-Unis et les autres pays[38]. L'utilisation créative d'Internet, telle que l'organisation de référendums internationaux ou de conseils municipaux multinationaux, pourrait offrir de nouveaux moyens susceptibles de renforcer l'engagement public dans le monde.

Des forums tels que l'Otan et l'Alena (Accord de libre-échange nord-américain) renforce le sentiment d'une identité partagée au sein des élites et des citoyens, et sont ainsi des lieux qui favorisent l'intégration sociale. L'entrée de la Chine dans l'OMC peut non seulement faire progresser le commerce, mais aussi faire comprendre que le pays rejoint une communauté de nations qui doivent toutes jouer selon les mêmes règles. Renforcer la responsabilité démocratique des institutions internationales et augmenter leur transparence leur permettrait de renforcer leur rôle socialisateur. Étendre l'autorité des commissions parlementaires de surveillance donnerait une plus grande légitimité au travail des administrateurs et des négociateurs[39].

Tout comme l'ont fait les membres du Concert de l'Europe au cours du XIXe siècle, les grands États d'aujourd'hui devraient chercher à cultiver un objectif commun et une destinée partagée dépassant les divisions politiques et culturelles. En pensant le Concert comme une « union intime », ses dirigeants ont cultivé la notion d'avoir, selon les termes de Castlereagh « non seulement un intérêt commun, mais un devoir commun à accomplir[40] ». Les États-Unis devraient commencer à cultiver, entre les puissances émergentes, ce sentiment d'union intime, d'intérêt et de devoir communs.

La renaissance de l'Histoire

La perspective de la société moderne sur l'Histoire est particulièrement progressiste et évolutionniste. Les progrès de la connaissance et de la technologie ont régulièrement amélioré la qualité de la vie, procurant aujourd'hui un confort et des possibilités inimaginables il y a seulement un siècle. Une notion progressiste de l'Histoire est aussi inscrite dans nos institutions culturelles et intellectuelles. La théorie de l'évolution humaine de Charles Darwin influence des disciplines allant de la médecine à la géologie et à l'économie.

Un grand nombre de jugements optimistes sur l'état des affaires du monde proviennent de cette conception évolutionniste. Francis Fukuyama s'en sert pour affirmer que l'Histoire est parvenue à une fin heureuse et que la démocratie et la mondialisation amènent une ère de paix durable. Après des siècles de luttes et d'avancées, l'homme est finalement parvenu à sa destination finale. Les marchés vont satisfaire ses besoins matériels, et la démocratie ses besoins psychiques. L'Histoire a achevé sa course.

Cet ouvrage repose sur un fondement différent : l'Histoire est faite de périodes cycliques et d'évolutions. Tandis que l'innovation et les découvertes font progresser l'humanité, le développement privilégie certains types de formations politiques et sociales, avant de les mettre sur la touche quand les modes de production et de communication se développent. Il en résulte des cycles d'essor et de déclin de certaines périodes de l'Histoire, même quand celle-ci poursuit sa longue marche en avant.

Au cours des siècles, les changements dans les modes de production sous-jacents sont à l'origine des transitions cycliques de l'ère nomade à l'ère agricole, puis à l'ère industrielle, et eurent des conséquences politiques et sociales profondes.

Aujourd'hui, une nouvelle ère est en train de s'ouvrir, l'ère numérique. Les technologies qui amènent cette transition sous la forme de puces électroniques capables de traiter et de stocker de vastes quantités d'informations, et une infrastructure de câbles, d'antennes, de satellites, permettent une communication peu coûteuse et pratiquement instantanée entre toutes les parties du monde. La technologie numérique introduit des changements fondamentaux dans les moyens de communication, mais pas dans ceux de production.

La société industrielle est donc en train de sombrer, tandis que la technologie numérique et les entreprises qui traitent de l'information prennent la place des chaînes de production dans les usines. L'ouverture de l'ère numérique et le déclin de l'ère industrielle auront un impact important sur les principales formations politiques et sociales issues de l'ère industrielle – la démocratie républicaine et le nationalisme. En fait, la fin de l'ère industrielle et l'avènement de l'ère numérique promettent d'ébranler les fondements de l'État-nation démocratique. Un cycle de l'Histoire s'achève et un autre commence.

Dans cette perspective, la fin de l'ère américaine ne signifie pas simplement la fin de la suprématie de l'Amérique et le retour vers un monde multipolaire, c'est aussi la fin d'une ère que l'Amérique a si largement contribué à façonner : l'ère du capitalisme industriel, de la démocratie républicaine et de l'État-nation. Fukuyama confond la fin de l'Histoire avec celle d'un cycle particulier. Il voit l'avènement de la démocratie comme un point final stable et paisible et non comme une phase historique qui, comme les précédentes, devra céder la place à de nouveaux progrès dans les modes de production. Les périodes clés de changement provoquent en général des turbulences, ce qui laisse à penser que la fin du cycle actuel de l'Histoire, au lieu d'amener la paix démocratique et la tranquillité planétaire, provoquera de profonds changements dans la vie politique et géopolitique.

L'Amérique dans l'ère numérique

C'est seulement grâce au recul sur notre histoire que nous pouvons être certains qu'une ère s'achève et qu'une autre commence. Les innovations technologiques progressent chaque jour, mais elles ont, pour la plupart, un impact plus quantitatif que qualitatif sur les modes de production.

Il est trop tôt pour affirmer que la diffusion de la technologie numérique représente un changement qualitatif des modes de production et qu'elle ouvre une nouvelle ère. Néanmoins, les secteurs financiers et des services représentent déjà entre 40 et 70 % de la production économique des États-Unis, selon la définition que l'on donne de ces secteurs[1]. Plusieurs caractéristiques de la technologie numérique pourraient bien lui donner un pouvoir de transformation suffisant pour constituer un tournant de l'Histoire :

– D'abord, à la différence du rouet ou du téléphone, qui ont été des innovations isolées, la technologie numérique représente un système opératoire qui affecte pratiquement tout le champ de l'activité économique. Il automatise simultanément la chaîne de production, rend possible la modification génétique des plantes et des animaux, transforme les instruments financiers et les flux de capitaux. À ce titre, c'est une innovation générique, semblable à la création du moteur qui a transformé la chaleur en énergie et allait transformer immédiatement l'agriculture, l'industrie, et les transports.

– Ensuite, la technologie numérique peut augmenter la productivité et diminuer les coûts sur une échelle comparable à celles de l'avènement du moteur à vapeur et de l'électricité. Entre 1990 et 1997, les producteurs de marchandises utilisant de manière intensive la technologie de l'information ont connu des progrès deux fois supérieurs à ceux des entreprises fonctionnant avec des technologies plus traditionnelles. Dans les années 1980, les constructeurs automobiles américains mettaient quatre à six ans pour concevoir et fabriquer un nouveau modèle. La technologie numérique a permis de le faire en un peu plus de deux ans. À l'intérieur du secteur *high-tech* proprement dit, l'augmentation de la productivité par travailleur est d'environ vingt fois supérieure à celle des autres secteurs[2]. De plus, la technologie numérique pénètre les économies de pointe beaucoup plus rapidement que ne l'ont fait les innovations précédentes. Il a fallu quarante-six ans à l'électricité, trente-huit au téléphone et dix-sept à la télévision pour toucher 30 % des foyers américains. Internet n'a eu besoin que de sept années[3].

– Par ailleurs, la technologie numérique augmente et diminue à la fois les économies d'échelle. La rapidité, l'étendue et la nature intégrée de l'économie mondiale favorisent les grandes entreprises dont les sites de production; la main-d'œuvre et les investissements s'étendent au-delà des frontières nationales. Dans le même temps, les petites entreprises de biotechnologie et les start-up pourraient bien être les grands acteurs de l'innovation dans une économie dans laquelle le savoir est le premier ingrédient de la croissance. La centralisation propre à l'ère industrielle risque d'être la victime de ces deux extrêmes.

– Et, pour finir, la technologie numérique est en train d'affaiblir le lien entre le lieu géographique et le site de production propre à l'ère industrielle. L'accès aux matériaux et aux réseaux de transports est moins important pour les entreprises de l'information. De nombreux travailleurs changent de lieu de travail par choix plus que par nécessité. En conséquence, les villes industrielles périclitent, le mixage des populations n'est plus aussi important qu'au cours de l'ère industrielle et le mode de production est à la fois plus éclaté et plus individualisé.

Il est trop tôt pour établir définitivement un lien de cause à effet entre l'ère numérique et les signes de tension qui apparaissent dans la démocratie américaine. Pourtant, le fait que ce changement de mode de production commence à avoir de sérieuses conséquences sur les institutions politiques et sociales de l'Amérique renforce l'hypothèse que le pays se rapproche d'un tournant historique. D'autres forces sont probablement à l'œuvre – déclin de la famille traditionnelle, inégalité et insécurité économiques, allongement de la durée du travail des

Américains –, et toutes se combinent pour donner au système politique du pays cette impression de mollesse. Toutefois, l'atonie de l'engagement civique et l'affaiblissement de l'État-nation correspondent bien au fait que les institutions américaines sont fragilisées et insensibles aux transformations politiques et sociales qui accompagnent la transition de l'économie industrielle à l'économie numérique. Comme au cours des précédents cycles historiques, le changement de mode de production a pour effet de délégitimer et d'affaiblir les grandes institutions de la société.

Les pères fondateurs de l'Amérique ont débattu avec passion pour savoir dans quelle mesure la vie quotidienne pouvait affecter le fonctionnement des institutions politiques du pays. Si Jefferson et Hamilton s'opposaient sur la question de savoir si une économie agraire plutôt qu'industrielle servirait mieux les intérêts de la nation, ils s'accordaient pour affirmer qu'un gouvernement républicain ne peut se passer de l'engagement et de la participation de ses citoyens. Pour Alexis de Tocqueville, l'un des observateurs les plus éclairés de l'Amérique au début de son histoire, les conseils municipaux sont à la liberté ce que les écoles primaires sont à la science : ils la mettent à la portée du peuple, et apprennent aux hommes comment en user et comment en jouir. Une nation peut instaurer un gouvernement libre, mais, sans les institutions municipales, il ne peut y avoir d'esprit de liberté[4]. Tout au long de son histoire, la démocratie américaine a généralement bénéficié d'une participation citoyenne et politique active. En dépit des préoccupations de Jefferson, et de nombre de ses successeurs, sur les maux éventuels de la société industrielle, l'ère industrielle et le processus de construction de l'État-nation qui l'a accompagné ont encouragé une forte éthique de l'engagement citoyen.

Depuis quelques dizaines d'années, la démocratie américaine a toutefois marqué des signes de faiblesse, un manque de vigueur et une absence de dessein. De même, la participation active à la vie politique a sensiblement diminué. Le professeur Robert D. Putman, de Harvard, a mesuré de nombreux facteurs de l'engagement civique et en conclut : « Les Américains sont peut-être entre 10 ou 15 % de moins à être disposés à devenir les porte-parole de nos préoccupations en se présentant aux élections, ou en écrivant au Congrès ou au journal local, entre 15 et 20 % de moins à s'intéresser à la politique et à la vie publique, environ 25 % de moins à être susceptibles de voter, 35 % de moins environ à être prêts à assister à une réunion publique, politique ou non, 40 % environ de moins à être inscrits dans des partis politiques et dans des organisations citoyennes et politiques de toutes sortes. [...] En fait, poursuit-il, plus d'un tiers de l'infrastructure civique de l'Amérique a tout simplement disparu entre le milieu des années 1970 et celui des années 1990[5]. » Putman attribue la faute à la technologie de l'information et aux médias, et établit un lien direct « entre la télévision et la diminution de l'engagement civique[6] ». Plus on passe de temps devant la télévision et moins on a de temps à consacrer à la vie de la cité.

À première vue, la technologie numérique et la révolution de l'information qu'elle a entraînée auraient dû inverser cette tendance, en renforçant les relations et la cohésion sociales. Internet rend la communication plus facile, plus rapide et moins coûteuse. Certains groupes ont su tirer grand profit des capacités d'organisation d'Internet. L'ICBL (Campagne internationale pour interdire les mines) a grandement reposé sur le courrier électronique pour sensibiliser et mobiliser ses partisans, comme le fait, paradoxalement, le mouvement altermondialiste. Les associations et les groupes politiques se tournent vers les sites de la Toile et les campagnes par courriel pour disséminer l'information. Putman est critiqué par ceux qui affirment qu'il exagère la baisse de l'activité civique du fait qu'il ne prend en compte que les associations traditionnelles sans mesurer ces nouveaux types d'engagement[7].

L'âge de l'information semble toutefois non seulement accaparer le temps disponible pour la participation civique, mais aussi diminuer la qualité et la nature de l'engagement social. Les Américains utilisent Internet pour filtrer l'information, consultent seulement les lettres d'information et les sites qui les intéressent, et consacrent ainsi moins de temps aux médias traditionnels[8]. En diminuant les confrontations à un large éventail de faits et d'opinions, Internet risque de créer un électorat moins critique et moins ouvert[9].

La politique par le biais d'Internet s'effectue au détriment du contact en chair et en os, et développe la fragmentation et l'atomisation de la vie politique. Faire un chèque à un candidat ou envoyer un courriel à un élu du Congrès n'est pas la même chose qu'assister à une réunion publique, ou échanger des idées avec ses concitoyens. Un message envoyé par courriel peut transmettre une idée, mais il est dépourvu d'émotion, du langage du corps et des gestes qui donnent vie à toute discussion. Comme le note Joel Kotkin de l'université de Pepperdine, « en abolissant le besoin du contact vivant, Internet augmente la solitude et l'isolement social, en développant des réseaux virtuels qui n'ont pas l'intimité des relations nourries par la proximité physique[10] ». Putman s'inquiète également de ce qu'il appelle « la citoyenneté par procuration », et ajoute que « l'anonymat est fondamentalement incompatible avec la délibération »[11].

L'ère digitale paraît aussi avoir contribué au remplacement de l'esprit civique par l'individualisme et l'égocentrisme. La vie quotidienne est devenue complètement individualisée. Les téléphones mobiles permettent de rester en contact permanent, mais ils empiètent sur notre temps de réflexion. La possibilité de tout commander par Internet – épicerie, médicaments et livres, entre autres choses – est certainement commode, mais développe le matérialisme, le besoin de la satisfaction immédiate et une morale où chacun revendique le droit de posséder, sans se soucier de la responsabilité qui lui incombe. David Brooks constate : « Il est permis de craindre que l'Amérique entre dans une phase de déclin non parce qu'elle va trop loin, mais parce qu'elle est débilitée quand ses citoyens trouvent que l'envie de construire une immense cuisine est plus enrichissante que les conflits et les défis offerts par le service de la patrie[12]. » Même Thomas Friedman, qui utilise généralement ses colonnes pour saluer l'ère numérique, met en garde, dans son article « Asservissement cybernétique[13] », contre « l'effet boomerang de la prolifération de la technologie » dans nos vies, et pointe : « Vous êtes maintenant au cœur d'un flot continu d'interactions et vous ne pouvez pas vous concentrer sur chacune d'entre elles. [...] Maintenant, vous êtes toujours dans le coup. Et quand vous êtes toujours dans le coup, vous êtes toujours branché. Et quand vous êtes toujours branché, à quoi ressemblez-vous le plus ? À un serveur informatique. C'est ça, reconnaît-il, qui est devenu appauvrissant sur le plan spirituel. »

Les signes de la montée en puissance de cette éthique de revendication se multiplient. Alors que les véhicules 4x4 polluent énormément, au cours de l'année 2000 une voiture sur deux achetée aux États-Unis était un 4x4, un minibus ou une camionnette. Les 4x4 procurent sans doute à leurs propriétaires le summum du confort et du sentiment de puissance, mais avec une consommation d'environ vingt litres aux cent kilomètres – contre neuf pour une voiture moyenne ordinaire –, ils augmentent la consommation d'énergie et hâtent, de ce fait, le réchauffement de la planète. L'Amérique abrite 4 % de la population de la terre, mais elle représente 25 % de la consommation mondiale d'énergie. C'est à cause de la pression des industries automobiles et pétrolières que la Chambre des représentants a rejeté, en 2001, une loi visant à limiter la consommation d'essence des 4x4[14].

En 2001, l'armée des États-Unis, première institution du service public, a choisi comme slogan publicitaire «l'Armée d'Un Seul». Il est difficile d'imaginer une formulation plus claire du changement des normes sociales et de la montée de l'individualisme. La navette ferroviaire entre New York et Washington était autrefois un havre de tranquillité. À présent, une cacophonie de conversations téléphoniques empêche toute concentration. À la demande de la clientèle, une voiture est dorénavant interdite aux téléphones.

Les choses auront plutôt tendance à empirer. Les jeunes Américains regardent davantage la télévision et passent plus de temps sur Internet que n'importe quelle autre génération. Également moins engagés dans l'action citoyenne, ils accordent une plus grande valeur à la richesse et au confort matériel. Comme le signale

Putman: « Les plus grandes pertes générationnelles en matière d'engagement sont encore devant nous[15]. »

La diminution du capital social et politique des États-Unis provient de l'impact du numérique, pas seulement sur l'engagement citoyen, mais aussi sur la qualité de la gouvernance. Les Américains s'impliquent moins dans les affaires publiques, non seulement parce qu'ils sont engagés ailleurs, mais parce qu'ils perdent confiance dans les institutions publiques et ont le sentiment que l'intégrité de leur système politique est en péril. Dans les années 1960, trois Américains sur quatre déclaraient faire confiance à leur gouvernement. Ils n'étaient plus qu'un sur quatre dans les années 1980[16]. Voici comment David Brooks résume l'épreuve que traverse la politique américaine: « Aujourd'hui, la plupart d'entre nous ne souhaite pas s'impliquer trop dans la politique nationale, parce qu'elle nous semble partisane et trop centrée sur les attaques personnelles. Par conséquent, la plupart des citoyens américains se sont détachés de la vie publique et en sont venus à considérer tout ce qui ne les touche pas de près avec une indifférence teintée de mépris. Nous avons permis à nos opinions politiques d'être corrompues par un pseudo-cynisme facile qui prétend que tous les hommes politiques sont des escrocs et que toute action politique est une comédie. Comme le montrent très clairement les sondages, nous avons perdu la foi dans les institutions publiques et dans de nombreuses institutions privées[17]. »

De nombreux Américains approuvent cette critique – un peu forcée peut-être. Et ici aussi la révolution de l'information semble jouer un rôle important.

Les médias – et la télévision en particulier – ont pris la place de l'hôtel de ville sur la scène politique américaine. Accéder à un mandat public implique l'accès aux ondes, donc l'investissement de grosses sommes d'argent. L'ère numérique n'a fait que renforcer cette tendance, en favorisant une explosion de nouvelles chaînes, qui, pour la plupart, fonctionnent vingt-quatre heures sur vingt-quatre. Les conseillers en médias et les directeurs de communication sont indispensables pour façonner et polir des images et des messages qui viendront renchérir le coût des campagnes électorales. Faire la cour aux dirigeants de grandes entreprises pour obtenir leur contribution et amasser un trésor de guerre pour la campagne électorale est ainsi devenu un facteur déterminant – peut-être l'unique facteur clé – pour remporter une élection. Pour l'élection présidentielle de 2000, Bush et Gore ont dépensé respectivement cent quatre-vingt-sept et cent vingt millions de dollars, dont une partie importante a été consacrée à la publicité télévisée[18]. Michael Bloomberg a dépensé soixante-neuf millions de ses propres deniers pour devenir maire de New York en 2001[19]. On estime à trois milliards de dollars le coût des élections à la présidence et au Congrès de 2000, alors qu'il était de deux milliards deux cents millions de dollars en 1996 et d'un milliard huit cents millions en 1992[20].

Aujourd'hui, mettre sur pied une campagne électorale consiste moins à élaborer un programme et à écouter les électeurs qu'à récolter des fonds – à moins de disposer d'une fortune personnelle – et à embaucher une bonne équipe d'enquêteurs d'opinion et de conseillers en communication. Le lien entre le capitalisme d'entreprise et la technologie numérique offre aussi aux principaux donateurs une influence indue, qui met en péril le principe représentatif selon lequel chaque citoyen dispose d'une voix et qui diminue les incitations à aller voter.

Après le désastre d'Enron et de WorldCom, en 2001-2002, il est difficile de garder foi dans l'Amérique des entreprises quand on voit des dirigeants tromper avec autant de cynisme leurs employés et leurs actionnaires. Il est tout aussi difficile d'accorder sa confiance au gouvernement des États-Unis quand on sait que deux cent douze des deux cent quarante-huit sénateurs et représentants siégeant dans les commissions d'enquête sur Enron ont reçu de la compagnie d'énergie ou de son commissaire aux comptes, Arthur Andersen, des subventions pour leur campagne[21].

La pénétration de l'argent des entreprises dans la politique encourage et, en fait, récompense les individus qui sont aptes à manipuler ce système, et décourage ceux qui cherchent à défendre une idée plus traditionnelle du gouvernement républicain et de la responsabilité civique. Ce n'est pas un hasard si les hommes politiques de l'Amérique sont de plus en plus souvent mis en examen ou cherchent à échapper aux scandales. Quand on pense que James Madison espérait que le système de gouvernement américain « parviendrait à extraire de la masse de la société les hommes les plus nobles et les plus purs qu'elle contient[22] » !

Les hommes politiques et les commentateurs ont régulièrement dénoncé les dommages que fait subir le système de financement des campagnes électorales à la politique américaine. John McCain, en tant que sénateur et candidat à la présidence, demande depuis longtemps et avec force une réforme. Des personnalités célèbres, comme l'ancien sénateur Bumpers, ont admis que « l'argent est le principal obstacle à un bon gouvernement[23] ». Après des années de vaines tentatives pour changer le système, une loi a finalement proposé une réforme pour le Sénat et la Chambre des représentants. Mais, afin d'en assurer l'adoption, les auteurs de la loi en ont limité son champ d'application. Même ses partisans admettent qu'elle « réduira de façon marginale l'influence de l'argent [et] aura peu d'effets sur les énormes coûts des campagnes[24] ».

La pénétration de la politique américaine par cette combinaison de financement privé et de technologie numérique a également affecté la conduite des affaires à Washington. Le nombre de lobbies a augmenté de manière exponentielle au cours des trois dernières décennies. Leurs employés assiègent le Capitole quotidiennement, en promettant argent et voix[25]. De nouvelles associations ouvrent régulièrement des bureaux à Washington dans le but d'exercer leur influence, et leurs membres préfèrent envoyer des chèques que de participer à des réunions. Les mouvements revendicatifs se sont professionnalisés et bureaucratisés. Selon le politologue Ronald Shaiko, plutôt que de s'engager dans l'organisation de la base, « les organisations non gouvernementales engagent des économistes, des avocats issus des plus grandes universités, des consultants en gestion et des directeurs de communication[26] ».

Les instituts privés de recherche politique ont subi la même influence. Le Council on Foreign Relations, la Brookings Institution, le Carnegie Endowment for International Peace avaient été créés pour animer le débat public et présenter des analyses non partisanes sur les grandes questions politiques. Au cours des dernières années, l'engagement partisan s'est généralisé et a contraint ces organisations à devenir plus politiques, en partie à cause de la nécessité d'obtenir des fonds de la part des entreprises. Washington a vu aussi proliférer des organisations qui s'affublent du titre d'instituts de recherche ou de cercles de réflexion, mais qui ne sont, en réalité, que des groupes de défense d'intérêts privés. Des institutions comme Heritage Foundation ont un programme politique explicite et sont soutenues par des donateurs directement intéressés par ce programme. La New Atlantic Initiative (NAI), un programme de recherches basé à l'American Enterprise Institute, a accueilli des douzaines de conférences sur l'élargissement de l'Otan à la fin des années 1990, mais la plupart de ses participants étant tous du même bord, elle militait pour l'élargissement de l'Otan et n'avait pas véritablement le souci d'organiser un débat réfléchi sur la question.

Ces groupes d'opinion disposent de larges ressources financières et savent tirer le meilleur profit de l'ère numérique. Les idées, comme les voix au Congrès, sont à vendre. Avec le déclin des véritables cercles de réflexions impartiaux, la qualité et l'intégrité du débat public ont diminué.

Ces tendances confèrent à la politique américaine une image éloignée et malléable. Le discours public est de plus en plus déconnecté de la réalité. Les messages de la Convention républicaine en 2000 prêchaient la modération, le centrisme et le conservatisme compassionnel. Une fois en fonction, le président Bush a opéré un très net virage à droite, révélateur de sa dette envers les groupes d'intérêt et les donateurs conservateurs. Son administration a lourdement vanté les baisses d'impôts votées au printemps de 2001, mais la plupart des analystes ont minimisé ses conséquences et montré qu'il s'agissait d'une mesure illusoire[27]. Le double langage n'est pas le seul fait des républicains. Sur les questions concernant le système de santé, la défense antimissile et les interventions humanitaires, par exemple, la rhétorique de l'administration Clinton était aussi très loin de la réalité.

Le comportement du Congrès n'est guère différent et lui vaut une réputation très éloignée de celle de l'organe délibératif conçu par ses fondateurs. La rédaction du *New York Times*, dans l'éditorial qui avait pour titre « Un Congrès inefficace », écrivait, le 1er novembre 2000, six jours avant l'élection présidentielle : « Le 106e Congrès, avec bien peu de réalisations à son actif pendant ses deux années d'existence, a pratiquement disparu du discours public. Sur presque toutes les grandes questions importantes – contrôle des armes à feu, droits des malades, dérégulation énergétique, sécurité sociale –, le Congrès n'a rien fait ou presque et n'est pas en mesure de présenter un bilan digne d'une quelconque appréciation. [...] Si le Congrès a oublié le peuple, il n'a cependant pas oublié de remercier les donateurs et a favorisé des circonscriptions avec des cadeaux législatifs de dernière minute que ni les électeurs ni la plupart des membres du Congrès n'ont digérés. »

Les performances décevantes des institutions de gouvernance de l'Amérique ne proviennent pas seulement de la situation intérieure, mais aussi de l'importance de la mobilisation politique transnationale. La révolution des communications offre aux militants de tous bords de nouvelles possibilités pour construire de larges coalitions au-delà des frontières nationales. Les groupes engagés dans les actions en faveur des droits de l'homme, de l'interdiction des mines antipersonnel, de la protection de l'environnement et de la résistance à la mondialisation ont organisé des campagnes internationales efficaces, en faisant largement appel à Internet. Suffisamment efficaces pour atteindre leurs buts, ces nouvelles formes de participation et de mobilisation n'en contournent pas moins l'État-nation et sont une forme d'échec pour la politique. La pertinence des institutions de l'Amérique diminue, à mesure que ses citoyens trouvent dans l'engagement transnational un moyen plus efficace de poursuivre leurs objectifs politiques.

Le déclin de l'engagement citoyen et la dégradation de la gouvernance semblent être pris dans un cercle vicieux. Alors que les Américains se détournent des affaires publiques, ils laissent une plus grande place aux intérêts particuliers. Un électorat inattentif rend aussi les élus moins responsables devant leurs électeurs. La qualité de la gouvernance se dégradant, cela ne fait que renforcer le cynisme des citoyens et leur désengagement. À la lumière des liens très étroits qui existent entre la participation citoyenne et de nombreux biens publics – comme un gouvernement attentif, la cohésion sociale et la confiance, le faible taux de criminalité et l'efficacité économique –, de telles tendances sont extrêmement préoccupantes.

L'âge de l'information et l'ère numérique ne sont en aucun cas les seuls responsables de cet affaiblissement général de la démocratie américaine. Les effets néfastes de l'argent des entreprises sur la politique ne peuvent pas être mis sur le compte d'Internet. Dans la course à l'élection de 1912, Theodore Roosevelt et Woodrow Wilson se demandaient déjà comment diminuer l'influence excessive des entreprises. D'autres forces que celles de la technologie de l'information contribuent également au net déclin de l'engagement citoyen depuis les années 1960.

Mais de nombreux facteurs prouvent que l'ère numérique et la révolution de l'information sont des causes importantes de la dégradation en cours dans les principales institutions de gouvernance du pays. Dans le meilleur des cas, les conséquences politiques et sociales de la technologie numérique déchirent le tissu de la démocratie américaine à un moment où ce tissu, pour différentes raisons, avait déjà commencé à perdre de sa résistance. Les tensions qui apparaissent dans l'exercice de la démocratie confirment l'idée qu'une transformation des modes de production est en cours et que les États-Unis entrent dans une phase de transition historique. Ces premiers signes nous incitent à avoir des doutes sur la durabilité des institutions actuelles de l'Amérique.

Se préparer à un changement d'époque

Chercher à quoi pourraient ressembler les institutions politiques et sociales de l'ère numérique serait une entreprise trop spéculative – identique à celle qui se serait efforcée de tracer les contours de l'ère industrielle en 1700. Néanmoins, constater que la fin de la suprématie américaine coïncide avec la fin de l'ère du capitalisme industriel nous conduit à un certain nombre d'observations sur l'avenir.

L'Amérique ne sera pas capable de gérer efficacement le déclin de sa suprématie et l'environnement international incertain qui s'ensuivra sans s'attaquer à la faiblesse de ses propres institutions. Façonner une nouvelle stratégie mondiale et un nouvel internationalisme exige des institutions politiques en éveil, des citoyens attentifs, une identité nationale assez forte pour accepter des sacrifices et le sentiment de partager un dessein commun.

Les secteurs publics et privés devraient donc coopérer pour relancer l'engagement civique et prévenir la ségrégation ethnique, sociale et régionale qui risque de menacer l'intégrité de l'État-nation américain. Une utilisation créative d'Internet doit pouvoir renforcer la participation politique : certains universitaires comptent sur les «assemblées d'information» et la création de «domaines de délibération» pour encourager un échange sur la Toile entre les institutions publiques, les groupes d'intérêt public et les citoyens. Internet pourrait augmenter l'accès aux réunions et aux documents publics. La technologie numérique pourrait aussi être utilisée pour faciliter le vote et créer des mairies virtuelles.

L'engagement citoyen sur Internet n'est cependant pas un substitut au contact humain direct et à la délibération. Même en améliorant leurs sites Web et leur personnel dans les bureaux à Washington, les associations devraient mobiliser les efforts de la base pour se réapproprier l'intégrité du système politique, exiger une réforme plus ambitieuse du financement des campagnes et limiter l'influence négative du lobbying des entreprises sur la vie publique. Les nouveaux centres commerciaux devraient réserver un espace aux activités civiques que sont la vie associative, le théâtre et les œuvres caritatives.

Le privé et le public devraient aussi être mis à contribution pour combattre la fragmentation et la polarisation sociale qui pourraient accompagner cette nouvelle ère en investissant, par exemple, dans les quartiers urbains défavorisés pour leur redonner une vitalité économique et une hétérogénéité. Le gouvernement fédéral et les législatures d'État devraient œuvrer conjointement pour inverser la tendance actuelle qui pousse un nombre croissant d'enfants latinos vers des écoles ghettos. Un programme de service national assurerait le brassage social et ethnique des Américains, aiderait à construire un capital social et à cultiver un sentiment commun d'allégeance à la communauté nationale.

Le début de l'ère numérique aura également des implications importantes dans la politique étrangère de l'Amérique. Au cours de ce siècle, deux cycles historiques transformeront l'environnement de la planète. La suprématie américaine est sur le déclin au moment où est amorcée la transition vers une nouvelle époque. Le rythme de ces changements est bien sûr très différent. Le déclin de l'hégémonie américaine va se jouer au cours de quelques dizaines d'années, alors que la fin de l'ère industrielle et l'essor de l'ère numérique se dérouleront au cours de ce siècle et du suivant. Néanmoins, le fait que ces deux transitions coïncident impose à la communauté internationale de se préoccuper des défis qui lui seront lancés.

Deux raisons expliquent pourquoi le changement d'époque amplifiera les turbulences qui accompagneront le retour d'un monde unipolaire. D'abord, la transition de l'ère industrielle vers l'ère numérique va mettre à l'épreuve les systèmes politiques à travers le monde. La position internationale privilégiée des États-Unis, de l'Union européenne et du Japon provient essentiellement de leurs économies avancées qui les placent au premier rang de l'Histoire : ils seront les premiers à ressentir les bouleversements de l'économie numérique sur leurs sociétés. Si leurs principales institutions politiques et sociales s'affaiblissent dans les années à venir, ces entités politiques pourraient bien avoir à centrer leurs préoccupations sur leurs propres problèmes et se trouver ainsi mal placées pour réagir à un environnement international fluctuant et compliqué.

Ensuite, des conflits éclateront probablement entre des États situés à différents stades de l'Histoire, essentiellement parce que chacun d'entre eux aura des principes d'organisation concurrents. Après la transition vers l'ère agricole, les États agraires et les tribus nomades se firent régulièrement la guerre, et leurs luttes s'arrêtèrent une fois que la société nomade s'avéra incapable de rivaliser avec les progrès économiques et militaires de la société agraire. Après le début de l'âge industriel, les États qui avaient fait la transition vers la démocratie républicaine se retrouvèrent en conflit avec ceux qui s'accrochaient à des formes de gouvernement plus autoritaires. Aussi, les États qui entrent aisément dans l'ère numérique pourraient-ils bien avoir à affronter ceux qui en sont aujourd'hui à des stades moins avancés. Les attentats terroristes de 2001 contre l'Amérique étaient avant tout une rage contre le front dominant de l'Histoire par ceux qui se trouvent loin derrière.

En raison de la distance qui sépare les États situés en première et en dernière ligne, ce problème pourrait devenir particulièrement difficile à résoudre. Jamais le fossé n'a été aussi profond. Jamais cette distance n'a été aussi grande. La technologie numérique est en train de pénétrer les pays les plus avancés, accélérant ainsi leur progrès historique. Pendant ce temps, un grand nombre des pays les plus pauvres sont encore dans une phase de progrès, si tant est qu'ils progressent. Ces deux mondes n'ont pratiquement rien en commun, et il leur est difficile de s'attaquer ensemble à des défis collectifs, qu'ils soient humanitaires, écologiques ou géopolitiques. Avec l'avènement de l'ère numérique, cette difficulté ne fera que croître.

Les pressions qu'auront à affronter les pays en voie de développement pour rattraper leur retard sont une dernière cause de possibles turbulences. Les États qui se précipitent pour entrer dans l'ère numérique ont des

chances de sauter des étapes importantes de développement, et d'en payer le prix fort. La Russie, quant à elle,
cherche à s'intégrer rapidement dans le marché mondial. Cependant, l'absence d'une forte classe moyenne
pourrait l'empêcher d'avoir le lest politique nécessaire
pour affronter les caprices de l'économie internationale. Au cours des années 1990, les pays du Sud-Est
asiatique ont bénéficié de leur forte implantation dans
les marchés financiers mondiaux. Mais, tandis que ces
pays faisaient passer leurs économies dans l'ère numérique, leurs institutions sociales et politiques se sont révé-
lées trop rigides et pas assez réactives, et ont finalement
contribué à la crise financière qui se répandit dans toute
la région. Le téléphone mobile est présent en Macédoine
et dans de nombreux autres pays en voie de développement, mais, en l'absence d'une presse professionnelle et
indépendante, sa capacité à répandre les rumeurs et à
renforcer les passions nationalistes a contribué aux violences ethniques qui éclatèrent en 2001. Les États qui
cherchent à brûler les étapes de l'Histoire risquent de le
payer très cher.

Il s'agit là d'un tableau qui donne à réfléchir sur ce qui
nous attend. Dans le meilleur des cas, ces aperçus montrent clairement que l'Histoire n'est pas près d'arriver à
son terme. Le retour d'un monde multipolaire et l'avènement de l'ère numérique sont inévitables : ils sont le
fruit de l'évolution de l'Histoire et de ses cycles, tous
deux inexorables. La suprématie de l'Amérique va décli-
ner alors que l'Europe et, plus tard, l'Asie, vont prendre
leur essor. L'ère numérique va poursuivre sa route avec
des innovations technologiques impossibles à arrêter. La
volonté de l'homme compte, mais l'Histoire a aussi sa
propre force vitale.

La marge de choix de l'homme – et elle est grande – réside dans la préparation des défis qui accompagneront la marche de l'Histoire. La première étape pour affronter la transition géopolitique et le changement d'époque qui sont déjà en marche, c'est de reconnaître leur existence et de déterminer ses causes et ses conséquences. Telle fut l'ambition de ce livre. Il incombe à présent à ceux que ces mises en garde auront convaincus de s'attaquer au devoir difficile, mais essentiel, de préparer la fin de l'ère américaine.

Notes

Introduction

1. « America at War : America Wakes Up to a World of Fear »,
Sunday Times (Londres), 16 septembre 2001.

Stratégie globale et paradoxe de la puissance américaine

1. « Extraits du plan du Pentagone : "Prévenir la réémergence
d'un nouveau rival" », *New York Times*, 8 mars 1992.
2. Interview du président Bill Clinton par le journaliste Wolf
Blitzer de la chaîne d'information CNN, diffusée le 20 juin
1999. Consulter : http://clinton6.nara.gov/1999/06/1999-06-
20-late-night-edition-cnn-interview.html.
3. « After Kosovo : Buiding a Lasting Peace », remarques faites au Council on Foreign Relations, à New York, le 28 juin
1999.
4. Richard Haass, cité par Tom Shanker dans « White House
Says the U. S. Is Not a Loner, Just Choosy », *New York Times*,
31 juillet 2001
5. Alan Sipress, 17 mars 2001.
6. David E. Sanger, « Bush Tells Seoul Talks with North Won't
Resume Now », *New York Times*, 8 mars 2001.

7. *Ibid.*

8. The United States Commission on National Security/21st Century, « New World Coming: American Security in the 21st Century ».

9. Tyndall Report, cité par David Shaw dans « Foreign News Shrinks in an Era of Globalization », *Los Angeles Times*, 27 septembre 2001.

10. Hall's Magazine Editorial Reports, cité dans James F. Hodge, Jr., « Foreign News: Who Gives a Damn ? », *Columbia Journalism Review*, vol. 36, n° 4, novembre-décembre 1997, pp. 48-52.

11. Pew Center for the People and the Press, « Public and Opinion Leaders Favor Enlargement », 7 octobre 1997. Consulter: http://208.240.91.18/natorel.htm.

12. Gerard Baker et David Buchan, « American Isolationism Put to the Test », *Financial Times*, 15 octobre 1999.

13. Le 14 septembre 2001, le Sénat et la Chambre des représentants ont voté une résolution autorisant le Président à « utiliser toutes les forces nécessaires et appropriées » pour répondre aux attentats. La résolution a été adoptée par quatre-vingt-dix-huit voix contre zéro au Sénat et par quatre cent vingt contre une à la Chambre. Dans un sondage effectué entre le 20 et le 23 septembre, 92 % des personnes interrogées étaient en faveur d'une intervention militaire quels que soient les responsables des attentats. Voir « Poll Finds Support for War and Fear on Economy », *New York Times*, 25 septembre 2001.

14. Shibley Telhami, « The Mideast Is Also Changed », *New York Times*, 19 septembre 2001.

15. « De l'après-guerre froide à l'hyperterrorisme », *le Monde*, daté du 13 septembre 2001.

16. Adam Clymer, « A House Divided. Senate, Too », *New York Times*, 2 décembre 2001.

17. Animateur de télévision populaire qui interviewe des acteurs, des sportifs, etc., (*NdT*).

18. Colin Powell cité dans Lawrence F. Kaplan, « Drill Sergeant », *The New Republic*, 26 mars 2001.
19. Paris, Flammarion, 1994. (*The End of History and the Last Man*, New York, Free Press, 1992.)
20. Paris, Odile Jacob, 1997. (*The Clash of Civilizations and the Remaking of World Order*, New York, Simon & Schuster, 1993.)
21. *The Lexus and the Olive Tree*, Farrar, New York, Straus & Giroux, 1999. (L'ouvrage n'est pas traduit en français.)
22. Lexus est la marque de voitures de luxe fabriquées au Japon par le constructeur Toyota pour le marché américain (*NdT*).
23. Les huit grandes universités privées du Nord-Est des États-Unis (*NdT*).
24. Les chiffres des exportations sont tirés du U. S. Bureau of the Census, « U. S. International Trade in Goods and Services, January 1998 to December 2000 ». Consulter : http:// www.census.gov/foreign-trade/Press-Release/2000pr/Final_ Revisions_2000/exh1.txt. Les chiffres des exportations pour le Canada et le Mexique sont tirés des Tables 10 et 10a, U. S. Department of Commerce, Bureau of Economic Analysis, « U. S. International Transportation Account Data ». Consulter : http://www.bea.doc.gov/bea/international/bp_web/ list.cfm?anon=127.
25. Pour les analyses contemporaines qui pressent les États-Unis à revenir à une position plus isolationniste voir Eric A. Nordlinger, *Isolationism Reconfigured : American Foreign Policy for a New Century*, Princeton, Princeton University Press, 1995, et Eugene Gholz, Daryl G. Press et Harvey M. Sapolsky, « Come Home, America : The Strategy of Restraint in the Face of Temptation », *International Security*, vol. 21, n° 4, printemps 1997, pp. 5-48.

La nouvelle carte du monde de l'Amérique

1. « The Sources of Soviet Conduct », *Foreign Affairs*, vol. 25, n° 4, juillet 1947, pp. 566-582.

2. « Moscow Embassy Telegram #511 », 22 février 1946, dans *Containment: Documents on American Policy and Strategy, 1945-1950*, sous la direction de Thomas H. Etzold et John Lewis Gaddis, New York, Columbia University Press, 1978, pp. 55-63.

3. « United States Objectives and Programs for National Security », *NSC-68*, 14 avril 1950, p. 427.

4. Note préparée le 30 novembre 1950 par John Foster Dulles, conseiller auprès du secrétaire d'État, « Estimate of Situation », *Foreign Relations of the United States, 1950*, vol. 6, Washington, D. C., Government Printing Office, 1950, p. 162.

5. « Final Report of the Joint MDAP Survey Mission to Southeast Asia », 6 décembre 1950, *Foreign Relations of the United States, 1950*, *op. cit.*, p. 166.

6. « Estimate of Situation », *op. cit.*, p. 162.

7. *The National Interest*, n° 16, été 1989, pp. 3-18 ; *The End of History and the Last Man*, New York, Free Press, 1992, a été publié en France, chez Flammarion, en 1994.

8. Voir *Atlantic Monthly*, vol. 266, n° 2, août 1990, pp. 35-50 et *International Security*, vol. 15, n° 1, été 1990, pp. 5-66.

9. Voir *Foreign Affairs*, vol. 72, n° 3, été 1993 ; *The Clash of Civilizations and the Remaking of World Order*, New York, Simon & Schuster, 1993, a été publié en France, chez Odile Jacob, en 1997.

10. Dans *Atlantic Monthly*, vol. 272, n° 2, décembre 1994, pp. 61-83. Kennedy a aussi publié ses vues sur le système international émergent dans *Preparing for the Twenty-first Century*, New York, Random House, 1993.

11. Vol. 273, n°2, février 1994, pp.44-76; *The Coming Anarchy: Shattering the Dreams of the Post Cold War*, New York, Random House, 2000.

12. Farrar, New York, Straus & Giroux, 1999.

13. Dans « The End of History ? », art. cit., p.4.

14. Dans *la Fin de l'Histoire...*, *op. cit.*

15. Pour des travaux universitaires contemporains sur la « paix démocratique », voir Michael W. Doyle, « Kant, Liberal Legacies, and Foreign Affairs », *Philosophy and Public Affairs*, vol. 12, n°3 et 4, été-automne 1983, pp.205-235 et 323-335; Bruce M. Russet, *Grasping the Democratic Peace: Principles for a Post-Cold War World*, Princeton, Princeton University Press, 1993; *Debating the Democratic Peace*, sous la direction de Michael E. Brown, Sean M. Lynn-Jones et Steven E. Miller, Cambridge, Mass., MIT Press, 1996; et *Paths to Peace: Is Democracy the Answer?*, sous la direction de Miriam Fendius Elman, Cambridge, Mass., MIT Press, 1997.

16. *La Fin de l'Histoire...*, *op. cit.*

17. *Ibid.*

18. « The End of History ? », art. cit., p.18.

19. Francis Fukuyama, « Second Thoughts: The Last Man in a Bottle », dans *The National Interest*, n°56, été 1999, pp.16-33.

20. « Back to the Future », art. cit., p.142.

21. Dans l'élaboration de sa première carte de l'après-guerre froide, Mearsheimer traite exclusivement de l'Europe. Par la suite, dans *The Tragedy of Great Power Politics* (New York, Norton, 2001), il a étendu son analyse à l'Asie orientale. Il y défend toujours les mêmes positions: le retrait progressif des forces américaines d'Europe et d'Asie orientale et le retour des rivalités entre grandes puissances dans les deux régions.

22. « Why We Will Soon Miss the Cold War », art. cit., p.36.

23. *Ibid.*

24. *Ibid.*, p. 35.

25. *Ibid.*, p. 46.

26. *Ibid.*

27. *Ibid.*, p. 40.

28. *Ibid.*, p. 42.

29. *Ibid.*, p. 50.

30. « The Clash of Civilizations ? », art. cit., p. 24.

31. Dans *le Choc des civilisations*, *op. cit.*

32. « The Clash of Civilizations ? », art. cit., p. 25.

33. *Ibid.*, p. 31.

34. *Ibid.*, p. 22.

35. *Ibid.*

36. *Ibid.*, 29.

37. *Ibid.*, p. 48.

38. Dans *le Choc des civilisations*, *op. cit.*

39. « The Clash of Civilizations ? », art. cit., p. 49.

40. *The Rise and Fall of the Great Powers: Economic Change and Military Conflict from 1500 to 2000*, New York, Random House, 1987, a été publié en France, chez Payot, en 1989.

41. *Balkan Ghosts: A Journey Through History*, New York, St. Martin's, 1993 ; *The Ends of the Earth: A Journey at the Dawn of the 21st Century*, New York, Random House, 1996.

42. Voir « Must It Be the Rest Against the West ? », art. cit., p. 62.

43. *Ibid.*, pp. 69 et 79.

44. *Preparing for the Twenty-first Century*, *op. cit.*, p. 331.

45. *The Coming Anarchy...*, *op. cit.*, p. XIII.

46. *Ibid.*, p. 24.

47. Voir « Must It Be the Rest Against the West ? », art. cit., p. 62.

48. Voir « Pivotal States and U.S. Strategy », dans *Foreign Affairs*, vol. 75, n° 1, janvier-février 1996, p. 63.

49. *The Coming Anarchy...*, *op. cit.*, pp. 7-19.

50. Connelly et Kennedy, « Must It be… ? », art. cit., p. 79.

51. *The Coming Anarchy*, *op. cit*, p. 120.

52. *Ibid.*

53. *Ibid.*, p. 125.

54. *The Lexus and the Olive Tree*, Farrar, New York, Strauss & Giroux, 1999, p. 7. (L'ouvrage n'est pas traduit en français.)

55. *Ibid.*, p. 8.

56. *Ibid.*, p. xviii.

57. *Ibid.*, p. 201.

58. *Ibid.*, p. 86.

59. Voir, par exemple, Robert O. Keohane, *After Hegemony: Cooperation and Discord in the World Political Economy*, Princeton, Princeton University Press, 1984.

60. Voir, par exemple, Thomas Risse-Kappen, *Cooperation Among Democracies: The European Influence on U. S. Foreign Policy*, Princeton, Princeton University Press, 1997.

61. Joseph S. Nye, Jr., *Bound to Lead: The Changing Nature of American Power*, New York, Basic Books, 1990.

62. *The Lexus and the Olive Tree*, *op. cit.*, pp. 196-198.

63. *Ibid.*, p. 41.

64. *Ibid.*

65. *Ibid.*, p. 212.

66. « World War III », *New York Times*, 13 septembre 2001.

67. Ce classement est établi d'après la capitalisation du marché du 28 mars 2002, *Financial Times Global 500 Guide*, 8 mai 2002.

68. Jane Perlez, « With Time Short, Albright Stays Aloft », *New York Times*, 3 juillet 2000.

69. *China 2020: Development Challenges in the New Century*, Washington, D. C., World Bank, 1997, p. 103.

70. Résolution n° 208 du Sénat, 8 novembre 1999.

71. « U. S. Intervention in Kosovo Is a Mistake », *Boston Globe*, 1ᵉʳ mars 1999.

72. Cité par Edmund Andrews, « Bush Angers Europe by Eroding Pact on Warming », *New York Times*, 1er avril 2001.
73. Cité par David Sanger, « Bush Flatly States U. S. Will Pull Out of Missile Treaty », *New York Times*, 24 août 2001.
74. « Bush Unpopular in Europe, Seen as Unilateralist », 15 août 2001. Sondage effectué par l'*International Herald Tribune*, le Council on Foreign Relations et le Pew Research Center for the People and the Press. Voir aussi Adam Clymer, « Surveys Find European Public Critical of Bush Policies », *New York Times*, 16 août 2001.
75. John Kifner, « 56 Islamic Nations Avoiding Condemning U. S. Attacks, but Warn on Civilian Casualties », *New York Times*, 11 octobre 2001.
76. Laurie Goodstein, « Muslim Scholars Back Fight Against Terrorists », *New York Times*, 12 octobre 2001.
77. Voir Stephen M. Walt, *The Origins of Alliances*, Ithaca, Cornell University Press, 1987.

La fausse promesse de la mondialisation et de la démocratie

1. Farrar, New York, Straus & Giroux, 1999, p. 7.
2. *Ibid.*, pp. 7-8.
3. « Rights of Man », *Collected Writings*, New York, Literary Classics of the United States, 1995, pp. 598-599.
4. *Principles of Political Economy : With Some of Their Applications to Social Philosophy*, Fairfield, Augustus M. Kelley Publishers, 1976, p. 582.
5. *The Great Illusion : A Study of the Relation of Military Power in Nations to Their Economic and Social Advantage*, New York, Putnam, 1910. Le titre fait référence à l'illusion qui voudrait que les États puissent améliorer leur prospérité par la

guerre. (*La Grande Illusion*, Paris, Londres, New York, collection « Nelson », vers 1911, d'après les pages liminaires.)

6. *Ibid.*

7. Dans *The Political Economy of the Asian Financial Crisis*, Washington, D. C., Institute for International Economics, 2000, pp. 4, 6.

8. Cité par Gerard Baker et Stephen Fidler, dans l'article « O'Neill Signals Hands-Off Stance on World Economy », *Financial Times*, 15 février 2001.

9. *Ibid.*

10. Remarques à propos de la conférence de Francis Boyer à l'American Enterprise Institute for Public Policy Research le 5 décembre 1996. Consulter : http://federalreserve.gov/boarddocs/speeches/1996/19961205.htm.

11. Transcription n° 2713, émission du 27 juin 2000.

12. Dans *The Political...*, *op. cit.*, pp. 1-13.

13. 12 juillet 2000, lors de la conférence sur la crise financière au Council on Foreign Relations à New York. Consulter : http://federalreserve.gov/boarddocs/speeches/2000/200000712.htm.

14. Cité par Steven Pearlstein, « Debating How to Repair Global Financial System », *Washington Post*, 24 septembre 2000.

15. *The Challenge of Global Capitalism: The World Economy in the 21st Century*, Princeton, Princeton University Press, 2000, p. 161.

16. Martin Wolf, « The Economic Failure of Islam », *Financial Times*, 26 septembre 2001.

17. « Smoking or Non-Smoking ? », *New York Times*, 14 septembre 2001.

18. Voir Joseph Yam, « International Capital Flows and Free Markets », première conférence de Boston sur les investissements asiatiques du Crédit suisse, le 26 mars 1999. Consulter : http://www.info.gov.hk/hkma/eng/speeches/speeches/joseph/speech_260399b.htm.

19. *La Grande Transformation : aux origines politiques et économiques de notre temps*, Paris, Gallimard, 1983. Ce livre a été publié précédemment à Boston en 1957, sous le titre *The Great Transformation...*

20. « The Lure of the American Way », 1ᵉʳ novembre 2000.

21. *The Global Impact of the Great Depression, 1929-1939*, Londres, Routledge, 1996, p. 29.

22. *Projet de paix perpétuelle, essai philosophique*, 1795.

23. Voir le chapitre « La nouvelle carte de l'Amérique », note 15.

24. « Confronting the Challenges of a Broader World », discours prononcé devant l'Assemblée générale des Nations unies le 27 septembre 1993.

25. Sur les critiques de l'école de la paix démocratique, voir David Spiro, « The Insignificance of the Liberal Peace », Christopher Layne, « Kant or Cant : Myths of the Democratic Peace », et Henry S. Farber et Joanne Gowa, « Polities and Peace », dans *Debating the Democratic Peace*, sous la direction de Michael E. Brown, Sean M. Lynn-Jones et Steven E. Miller, Cambridge, MIT Press, 1996.

26. Voir *la Fin de l'Histoire et le Dernier Homme*, Flammarion, 1994.

27. *Ibid.*

28. Sur le rôle des intellectuels allemands dans l'évolution du nationalisme, voir Elie Kedourie, *Nationalism*, Londres, Hutchinson, 1966. Kedourie propose un résumé des opinions de Herder et de Fichte.

29. Voir *la Fin de l'Histoire...*, *op. cit.*

L'essor de l'Europe

1. Voir Robert Gilpin, *War and Change in World Politics*, New York, Cambridge University Press, 1981, et Paul M. Kennedy,

The Rise and Fall of the Great Powers: Economic Change and Military Conflict from 1500 to 2000, New York, Random House, 1987, qui a été publié en France chez Payot en 1989 sous le titre *Naissance et Déclin des grandes puissances*.

2. Pour un résumé succinct de ces réflexions traditionnelles, voir Antony J. Blinken, « The False Crisis over the Atlantic », *Foreign Affairs*, vol. 80, n° 3, mai-juin 2001, pp. 35-48.

3. Cité par Otto Pflanze, *Bismarck and the Development of Germany*, vol. 1, Princeton, Princeton University Press, 1990, p. 97.

4. Cité par J. C. G. Rohl, *From Bismarck to Hitler: The Problem of Continuity in German History*, New York, Barnes & Noble, 1970, p. 23.

5. Cité par V. R. Berghahn, *Germany and the Approach of War in 1914*, New York, St. Martin's, 1973, p. 174.

6. Cité par Fritz Fischer, *World Power or Decline: The Controversy over Germany's Aims in the First World War* (traduit par Lancelot Farrar, Robert et Rita Kimber), New York, Norton, 1974, p. 26.

7. *The Downing Street Years*, New York, HarperCollins, 1993, a été publié en France chez Albin Michel en 1993 sous le titre *10 Downing Street*. Voir aussi Robert J. Art, « Why Europe Needs the United States and Nato », *Political Science Quarterly*, vol. III, n° 1, printemps 1996, pp. 1-39.

8. Sur la stratégie romaine, voir Edward N. Luttwak, *The Grand Strategy of the Roman Empire from the First Century* A. D. *to the Third*, Baltimore, Johns Hopkins University Press, 1976.

9. *The Later Roman Empire (358-378)*, Harmondsworth, Penguin Books, 1986, p. 412.

10. La capitale de l'empire d'Occident a été Milan à la fin du IVe siècle, puis Ravenne au début du Ve.

11. *The History of the Decline and Fall of the Roman Empire*, vol. 4, New York, AMS Press, 1974, pp. 174-75.

12. *On the Deaths of the Persecutors*, cité par Chris Scarre dans *Chronicle of the Roman Emperors*, Londres, Thames & Hudson, 1995, p. 196.

13. *Op. cit.*, p. 175.

14. Sur les causes du déclin, voir Gibbon, *op. cit.*, J. B. Bury, *History of the Later Roman Empire: From the Death of Thedosius I to the Death of Justinian (A.D. 395 to A.D. 565)*, Londres, Macmillan, 1923 et A. H. M. Jones, *The Later Roman Empire, 284-602: A Social, Economic and Administrative Survey*, Oxford, Blackwell, 1964. Sur les Byzantins, voir A. A. Vasiliev, *History of the Byzantine Empire, 324-1453*, Madison, University of Wisconsin Press, 1952.

15. *Op. cit.*, p. 175.

16. « The Stability of a Unipolar World », *International Security*, vol. 24, n° 1, été 1999, p. 8.

17. Pour une analyse de l'évolution de l'Europe soulignant la primauté des motivations économiques, voir Andrew Moravcsik, *The Choice for Europe: Social Purpose and State Power from Messina to Maastricht*, Ithaca, Cornell University Press, 1998.

18. Parlement européen, « Principes et réalisation du marché interne », fiche d'information 3.1.0.

19. « Déclaration du 10 mai 1950 ». Consulter : http://europa.eu.int/comm/dg10/publications/brochures/docu/50ans/decl_en.html#DECLARATION.

20. *Ibid.*

21. *Mémoires*, Paris, Fayard, 1976.

22. Traité instaurant la Ceca. Consulter : http://europa.eu.int/abc/obj/treaties/en/entoc29.htm.

23. Cité par Tony Barber, « The Euro Takes Its Place in the Flow of History », *Financial Times*, 30 août 2001.

24. Commission européenne, *Eurobaromètre : Opinion publique dans l'Union européenne*, rapport n° 56, pp. 14, 38-39, 55-56.

25. Voir Suzanne Kapner, « U. S. Venture Capital Sees Treasure in Europe », *New York Times*, 30 mai 2001.

26. Les entreprises britanniques ont fait des acquisitions à l'étranger pour trois cent trente-sept milliards de dollars, les entreprises françaises pour cent trente-sept et les entreprises américaines pour cent trente-six. « Europe's Corporate Invasion of North America at All-Time High », KPMG Corporate Finance, 15 janvier 2001.

27. Voir Norbert Walter, « The Euro : Second to (N)one », *German Issues*, n° 23, Washington, D. C., American Institute for Contemporary German Studies, 2000.

28. Le premier secteur comprend les différents domaines concernés par les traités successifs qui ont mené à l'Union économique et monétaire. Il comprend les règlements et la législation permettant la libre circulation des personnes, des biens, des services et des capitaux à l'intérieur des frontières de l'Union. La justice et les affaires intérieures couvrent le droit d'asile et l'immigration, la justice civile et pénale, et la coopération entre les polices.

29. La nouvelle Constitution, approuvée par le Conseil en juin 2004 mais non encore ratifiée, modifiera le système de vote actuel et exigera les voix d'au moins 55 % des États membres représentant au moins 65 % de la population de l'Union.

30. Tony Blair, « Britain's Role in Europe », 23 novembre 2001. Consulter : http://www.number-10.gov.uk/output/Page-1673.asp.

31. Voir Ezra Suleiman, « Is Democratic Supranationalism a Danger ? », *Nationalism and Nationalities in the New Europe*, sous la direction de Charles A. Kupchan, Ithaca, Cornell University Press, 1995.

32. « From Confederacy to Federation – Thoughts on the Finality of European Integration », discours prononcé le 12 mai 2000, à l'université Humboldt de Berlin.

33. Cité par Michael J. Sandel, *Democracy Discontent: America in Search of a Public Philosophy*, Cambridge, Mass., Harvard University Press, 1996, p. 15.

34. Pour une évaluation de la nécessité de l'Union européenne d'avoir une Constitution, voir Andrew Moravcsik, « Despotism in Brussels ? », *Foreign Affairs*, vol. 80, n° 3, mai-juin 2001, pp. 114-122. Sur le soutien du public en faveur d'une Constitution, voir *Eurobaromètre*, rapport n° 56.

35. « From Confederacy to Federation », art. cit.

36. *Ibid.*

37. Voir Philip Stephens and Brian Groom, « Blair's Broad Horizons », *Financial Times*, 25 mai 2001.

38. Robert Graham, « Chirac Seeks EU "Pionner Group" on Security », *Financial Times*, 27 août 2001.

39. Suzanne Daley, « French Premier Opposes German Plan for Europe », *New York Times*, 29 mai 2001.

40. Voir Martin Walker, « Overstretching Teutonia : Making the Best of the Fourth Reich », *World Policy Journal*, vol. 12, n° 1, printemps 1995, p. 13.

41. PricewaterhouseCoopers, « European Pension Reform », *European Economic Outlook*, septembre 2000, p. 28.

42. Voir Thomas Fuller, « Europe Wants Workers to Move », *International Herald Tribune*, 13 février 2002.

43. « From Confederacy to Federation », art. cit.

44. Le Compromis du Missouri de 1820 a maintenu un équilibre politique entre États libres et États esclavagistes en admettant simultanément le Missouri comme État esclavagiste et le Maine comme État libre. Le Compromis a aussi réglementé l'extension de l'esclavage dans les territoires de l'Ouest en l'interdisant au nord d'une certaine latitude. Voir David M. Potter, *The Impending Crisis, 1848-1861*, New York, Harper & Row, 1976, pp. 53-58.

45. « From Confederacy to Federation », art. cit.

46. Le gouvernement de Silvio Berlusconi a retiré sa participation au projet, tout en indiquant que l'Italie pourrait à nouveau s'y associer ultérieurement.

47. Cité par Roger Cohen, « Storm Clouds over U. S.-Europe Relations », *New York Times*, 26 mars 2001.

48. Roger Cohen, « A More Assertive Europe », *New York Times,* 30 mars 2001.

49. Discours prononcé à l'Elysée à l'occasion du vingtième anniversaire de l'Institut français des relations internationales (Ifri) le 4 novembre 1999.

50. Cité dans « Prime Minister's Speech to the Polish Stock Exchange », 6 octobre 2000.

51. « Vedrine Criticizes U. S. Over International Ties », AFP, 3 novembre 1999.

52. Cité par Craig R. Whitney, « On the Ropes, Chirac Fights Back in French TV Interview », *New York Times*, 13 décembre 1996.

53. « Yeltsin "Very Satisfied" with Talks with Jiang Zemin », Itar-Tass, 10 décembre 1999.

54. Suzanne Daley, « French Minister Calls U. S. Policy "Simplistic" », *New York Times*, 7 février 2002.

55. Alan Friedman, « Schroeder Assails EU Deficit Critics », *International Herald Tribune*, 2 février 2002.

56. Steven Erlanger, « Europe Opens Convention to Set Future of Its Union », *New York Times*, 1er mars 2002.

57. T. R. Reid, « EU Summit Ends with a Bang and a Whimper », *Washington Post*, 17 mars 2002.

58. Suzanne Daley, « French Minister Calls U. S. Policy "Simplistic" », art. cit.

59. Cité par Edmund Andrews, « Angry Europeans to Challenge U. S. Steel Tariffs at WTO », *New York Times*, 6 mars 2002.

Les limites de l'internationalisme américain

1. Cité par Tim Weiner, « Mexican President Warmly Greeted in Washington », *New York Times*, 25 août 2000.
2. Voir Michael R. Gordon et Bernard E. Trainor, *The Generals' War : The Inside Story of the Conflict in the Gulf*, Boston, Little, Brown, 1995, pp. 32-34.
3. Voir « The Problem of Generations », dans *Essays on the Sociology of Knowledge*, sous la direction de Paul Kecskemeti, Londres, Routledge & Kegan Paul, 1952, p. 298.
4. William G. Mayer, *The Changing American Mind : How and Why American Public Opinion Changed Between 1960 and 1988*, University of Michigan Press, 1992, chap. 7.
5. « America's Global Role : A Nation Divided ? », Princeton Survey Research/Pew, enquête effectuée en octobre 1999. 85 % des Américains entre dix-huit et vingt-neuf ans souscrivent à l'affirmation suivante : « Nous devrions porter moins d'attention aux problèmes d'outre-mer et nous concentrer davantage sur les problèmes intérieurs. » C'est 5 à 10 points de plus que tous les autres groupes d'âge.
6. Enquête sur l'enseignement de l'histoire à l'université effectuée pour l'American Council of Trustees and Alumni en décembre 1999. Consulter : http://www.goacta.org et Diane Jean Schemo, « Students, Especially 12th Graders, Do Poorly on History Tests », *New York Times*, 10 mai 2002.
7. Jane Perlez, « As Diplomacy Loses Luster, Young Stars Flee State Dept. », *New York Times*, 5 septembre 2000. En 2001, le Département d'État a lancé une campagne publicitaire de recrutement couronnée de succès. Voir David Stout, « Sign-Ups for Foreign Service Test Nearly Double After 10-Year Ebb », *New York Times*, 31 août 2001. L'intérêt pour les carrières au Département d'État et à la CIA a augmenté depuis les attentats du 11 septembre.

8. Le Chicago Council for Foreign Relations effectue une enquête tous les quatre ans. En 1994, 98 % des leaders américains et 65 % du public « sont pour que les États-Unis jouent un rôle actif dans le monde ». En 1998, les chiffres sont respectivement de 96 et de 61 %. En général, les enquêtes d'opinion sur l'internationalisme enregistrent une faible baisse seulement depuis la fin de la guerre froide. Voir *American Public Opinion and U. S. Foreign Policy 1999*, sous la direction de John E. Reilly, Chicago, Chicago Council on Foreign Relations, 1999. Consulter : http://www.ccfr.org/publications/opinion/main.html.

9. « The New Apathy », *Foreign Affairs*, vol. 79, n° 5, septembre-octobre 2000, pp. 2-8. Les données sur l'opinion publique contenues dans ce paragraphe proviennent également de cet article.

10. Communication présentée à l'université nationale autonome du Mexique, à Mexico, le 20 août 2000.

11. Associated Press, « Stymied by Senate, Would-Be Envoy Quits », *New York Times*, 1ᵉʳ septembre 2000.

12. Alison Mitchell, « Bush and the G.O.P. Congress : Do the Candidate's Internationalist Leanings Mean Trouble ? », *New York Times*, 19 mai 2000.

13. Les universitaires Ivo Daalder et Michael O'Hanlon de la Brookings Institution ont ainsi critiqué cette stratégie de l'Alliance : « Les alliés ont considéré la force comme un simple outil diplomatique, afin de pousser la négociation d'un côté ou de l'autre. Ils n'étaient pas prêts à penser la guerre possible. [...] La guerre de l'Otan a rappelé que quand on se sert de la puissance militaire, on doit être prêt à ce que les choses aillent mal et donc à s'engager dans l'escalade. » *Winning Ugly : NATO's War to Save Kosovo*, Washington, D. C., Brookings Institution Press, 2000, p. 105.

14. 31 mai 1999, The White House, Office of the Press Secretary.

15. Carlotta Gall, « Serbs Stone U. S. Troops in Divided Kosovo Town », *New York Times*, 21 février 2000.

16. Jane Perlez, « Kosovo's Unquenched Violence Dividing U. S. and Nato Allies », *New York Times*, 12 mars 2000.

17. Voir « Europe's Turn to Keep the Peace », *New York Times*, 20 mars 2000.

18. Cité par Michael Cooper, « Cheney Urges Rethinking Use of U.S. Ground Forces in Bosnia and Kosovo », *New York Times*, 1er septembre 2000.

19. Cité par Steven Lee Myers, « Bush Candidate for Defense Job Sees Overhaul », *New York Times*, 12 janvier 2001.

20. Discours prononcé le 3 août 2000 à Philadephie. Consulter : http://www.vote-smart.org/vote-smart/speeches.phtml?func=spe ech&speech=Booooo1559.

21. « The Armageddon Nominee », *Boston Globe*, 2 avril 2001.

22. Cité par Steven Lee Meyers, « U. S. Signs Treaty for World Court to Try Atrocities », *New York Times*, 1er janvier 2001.

23. « The Armageddon Nominee », art. cit.

24. *Ibid.*

25. « We've Lost That Allied Feeling », *Washington Post*, 1er avril 2001.

26. Déclaration aux ministres des Affaires étrangères de l'Otan à Bruxelles, 15 décembre 1999, p. 4. Consulter : http://www.nato.int/docu/speech/1999/s991215c.htm

27. Discours prononcé devant la commission des Affaires étrangères du Sénat, le 9 mars 2000.

28. Associated Press, « U. S. Defense Secretary Says Nato Could Become a Relic of History », 5 décembre 2000.

29. « The Alliance at Risk », 24 novembre 1999.

30. Cité par Stephen Fidler, « Between Two Camps », *Financial Times*, 14 février 2001.

31. 10 novembre 1999, p. 1.

32. Bush et Powell ont tous deux apporté leur soutien en précisant que la future force européenne devait se développer au sein de l'Otan et renforcer ses capacités. Voir The White House, Office of the Press Secretary, « Remarks by the President and Prime Minister in Joint Press Conference », Camp David, 23 février 2001. Consulter: http://www.whitehouse.gov/news/releases/2001/02/20010226-1.html. Pour l'opinion de Powell, voir U. S. Department of State, Office of the Secretary, « Press Availibility with Nato Secretary General Lord Robertson », Bruxelles, 27 février 2001. Consulter: http://www.state.gov/secretary/rm/2001/index.cfm?docid=1000.

33. John Vinocur, « America's "We'll Call If We Need You" War », International Herald Tribune, 3 octobre 2001.

34. The Pew Global Attitudes Project, enquête publiée le 14 décembre 2001. Consulter: http://www.people-press.org.

35. Cité par Steven Erlanger, « German Joins Europe's Cry that the U. S. Won't Consult », New York Times, 13 février 2002.

36. Suzanne Daley, « Many in Europe Voice Worry U. S. Will Not Consult Them », New York Times, 31 janvier 2002.

37. Steven Erlanger, « Protest, and Friends Too, Await Bush in Europe », New York Times, 22 mai 2002.

38. « America at War: America Wakes Up to a World of Fear », Sunday Times (Londres), 16 septembre 2001.

39. Débat à la New America Foundation, « 21st Century Infamy: The Terrorism of September 11th and the Implications for American Foreign Policy », 13 septembre 2001.

40. Tom Segev, One Palestine, Complete: Jews and Arabs Under the British Mandate, New York Metropolitan Books, 2000, (traduit par Haim Watzmanpp), pp. 495 et 460.

41. « The Effectiveness of Terrorism in the Algerian War », Terrorism in Context, sous la direction de Martha Crenshaw, University Park, Pa., Penn State University Press, 1995, pp. 512-513.

42. Cité par Alistair Horne, *A Savage War of Peace: Algeria 1954-1962*, New York, Viking, 1977, p. 444.

43. Crenshaw, art. cit., p. 480.

44. « A Memo from Osama », 26 juin 2001.

45. « International Correspondents », CNN, 6 octobre 2001.

46. Cité par Alan Sipress et Lee Hockstader, « Sharon Speech Riles U. S. », *Washington Post*, 6 octobre 2001.

47. Voir Elaine Sciolino et Eric Schmitt, « U. S. Rethinks Its Role in Saudi Arabia », *New York Times*, 10 mars 2002, et Shibley Telhami, « Shrinking Our Presence in Saudi Arabia », *New York Times*, 29 janvier 2002.

48. Richard Morin et Claudia Deane, « Poll: Americans' Trust in Government Grows », *Washington Post*, 28 septembre 2001.

49. « Presidential Debate I », 3 octobre 2000, Boston, Massachusetts. Consulter : http://www.foreignpolicy2000.org/debate/candidate/candidate.html.

50. Cité par Steven Mufson et John Harris, « Novice Became Confident Diplomat on World Stage », *Washington Post*, 15 janvier 2001.

51. Sebastian Mallaby, "The Man Without a Bumper Sticker", *Washington Post*, 15 janvier 2001.

52. « U. S. Urges Bin Laden to Form Nation It Can Attack », 3 octobre 2001.

53. Voir Peter Trubowitz, *Defining The National Interest: Conflict and Change in American Foreign Policy*, Chicago, University of Chicago Press, 1998, pp. 171-234.

54. U. S. Census Bureau, Census 1990, « Projections of the Resident Population by Race, Hispanic Origin, and Nativity: Middle Series, 2050-2070 and 2075-2100 ». Consulter : http://www.census.gov/population/projections/nation/summary/np-t5-g.pdf et http://www.census.gov/population/projections/nation/summary/np-t5-h.pdf.

55. U. S. Census Bureau, Census 1990, « Projected State Populations, by Race, Sex, and Hispanic Origin : 1995-2005 ». Consulter : http://www.census.gov/population/projections/state/ stpjrace.txt.

56. Sur l'impact politique des Américains originaires d'Europe centrale sur le débat de l'élargissement de l'Otan, voir Dick Kirschten, « Ethnics Resurging », *National Journal*, vol. 27, n° 8, 25 février 1995, pp. 478-484.

57. Voir Rodolfo O. de la Garza et Harry P. Pachon, *Latinos and U. S. Foreign Policy : Representing the « Homeland »* ?, Lanham, Md., Rowman & Littlefield, 2000, pp. 13, 24-25.

58. Ernest Gellner, *Nations and Nationalism*, Ithaca, Cornell University Press, 1983. Publié en français sous le titre *Nations et nationalisme* chez Payot en 1989.

59. William G. Mayer, *The Changing American Mind : How and Why American Public Opinion Changed Between 1960 and 1988*, University of Michigan Press, 1992, p. 211.

60. « Civil War by Other Means », *Foreign Affairs*, vol. 78, n° 5, septembre-octobre 1999, p. 139. Voir aussi Joel Kotkin, *The New Geography : How the Digital Is Reshaping the American Landscape*, New York, Random House, 2000.

Après la *pax americana*

1. Je remercie G. John Ikenberry, dont le livre *After Victory : Institutions, Strategic Restraint, and the Rebuilding of Order After Major Wars* (Princeton, Princeton University Press, 2001) m'a permis d'approfondir ma réflexion sur ces questions.

2. *To the Farewell Address : Ideas of Early American Foreign Policy*, Princeton, Princeton University Press, 1961, pp. 7, 14.

3. *Ibid.*, p. 14.

4. *Ibid.*, pp. 14-15.

5. Voir Charles A. Kupchan, « After Pax Americana : Benign Power, Regional Integration, and the Sources of a Stable Multipolarity », *International Security*, vol. 23, n° 2, automne 1998, pp. 42-79.

6. Cité par Gregory F. Treverton, *America, Germany, and the Future of Europe*, Princeton, Princeton University Press, 1992, p. 104.

7. Discours prononcé à l'université de Louvain, en Belgique, le 1ᵉʳ février 1996, cité dans « Kohl adresse un nouvel avertissement à la Grande-Bretagne à propos de la réforme de l'Union européenne », AFP, 2 février 1996.

8. Dans Madison et al., *The Federalist Papers*, p. 133. Dans ce passage, Hamilton fait allusion aux écrits de l'abbé Guillaume Thomas François Raynal, et en particulier à ses *Recherches philosophiques sur les Américains*.

9. Cité par William Drozdiak, « Even Allies Resent U. S. Dominance : America Accused of Bullying World », *Washington Post*, 4 novembre 1997.

10. Lionel M. Gelber, *The Rise of Anglo-American Friendship : A Study in World Politics, 1898-1906*, Londres, Oxford University Press, 1938, p. 411.

11. Pour une vue optimiste de l'avenir de la Chine, voir Robert S. Ross, « Beijing as a Conservative Power », *Foreign Affairs*, vol. 76, n° 2, mars-avril 1997, pp. 33-44 et Nicholas Berry, « China Is Not an Imperialist Power », *Strategic Review*, vol. 24, n° 1, hiver 2001, pp. 4-10. Pour une vue pessimiste, voir Richard Bernstein et Ross H. Munro, « The Coming Conflict with China », *Foreign Affairs*, vol. 76, n° 2, mars-avril 1997, pp. 18-32 et Constantine Menges, « China : Myths and Reality », *Washington Times*, 12 avril 2001.

12. Les chiffres concernant les budgets chinois et américain de la Défense proviennent du FMI, « The World Economic Outlook (WEO) Database, December 2001 ». Consulter : http://

www.imf.org/external/pubs/ft/weo/2001/03/data/index.htm. Les chiffres concernant l'économie californienne proviennent de la California Technology, Trade & Commerce Agency, « California Gross State Product ». Consulter : http://134.186.44.154/ersi/oer/GSP.html#GSP.

13. *The Military Balance, 2001-2002*, Londres, International Institute for Strategic Studies, 2001, pp. 25, 194. On estime que la Chine a un budget variable selon la nature des dépenses incluses ou non, et selon les ajustements effectués pour prendre en compte la parité du pouvoir d'achat. Voir Bates Gill et Michael O'Hanlon, « China's Hollow Military », *National Interest*, n° 56, été 1999, pp. 56-57.

14. En 2000, aux États-Unis, les importations en provenance de la Chine s'élevaient à cent milliards de dollars et les exportations à seize milliards. « Trade with China : 2000 », Census Bureau, Foreign Trade Division. Consulter : http://www.census.gov/.

15. Cité dans Doug Struck, « Koreans' Anger About Textbook Surprises Japan », *International Herald Tribune*, 19-20 mai 2001.

16. *Zhongguo Qingnian Bao* (quotidien chinois pour la jeunesse), 15 février 1997, cité par Kokubun Ryosei, « Japan-China Relations After the Cold War : Switching from the "1972 Framework" », *Japan Echo*, vol. 28, n° 2, avril 2001, p. 9.

17. *Peace in Parts : Integration and Conflict in Regional Organization*, Boston, Little, Brown, 1971.

18. Economic Cooperation Bureau, Japan Ministry of Foreign Affairs, ODA Hakusho 1999 Joukan (ODA White Paper Volume I), pp. 150-151.

19. Le revenu annuel par tête pour la région est de quatre mille dollars. Les pays à bas revenus sont généralement définis comme ayant des revenus en dessous de sept cent quatre-vingt-cinq dollars. Voir le World Bank Group, « Latin America and the Caribbean ».

20. The World Bank Group, « Regional Brief : Sub-Saharan Africa ».

21. Carol Lancaster, *Aid to Africa : So Much to Do, So Little Done*, Chicago, University of Chicago Press, 1999, p. 20.

22. *Ibid*, p. 2.

23. Gene B. Sperling, « Toward Universal Education », *Foreign Affairs*, vol. 80, n° 5, septembre-octobre 2001, pp. 7-13.

24. Amartya Sen, *Development as Freedom*, New York, Knopf, 1999, p. 42.

25. Certains des programmes les plus novateurs utilisent Internet pour mettre en relation des communautés qui proposent des projets avec des donateurs dans les secteurs public et privé, pour des coûts de fonctionnement réduits au minimum.

26. Carol Lancaster, *op. cit.* p. 233-238.

27. Voir Richard N. Gardner, « The One Percent Solution », *Foreign Affairs*, vol. 79, n° 4, juillet-août 2000, p. 8 et Joseph Kahn, « White House Adds Billions to an Increase in Foreign Aid », *New York Times*, 20 mars 2002.

28. Dans « Terrorism and Textiles », *New York Times*, 27 décembre 2001.

29. Voir John Cassidy, « Helping Hands : How Foreign Aid Could Benefit Everybody », *New Yorker*, 18 mars 2002, pp. 60-66. Voir aussi « Does Aid Help ? », *Washington Post*, 9 février 2002.

30. *Aid to Africa*, *op. cit.*, p. 3.

31. Voir Clifford A. Kupchan, « Devolution Drives Russian Reform », *Washington Quarterly*, vol. 23, n° 2, printemps 2000, pp. 67-77.

32. Pour une discussion sur l'Islam et la politique, voir John L. Esposito et John O. Voll, *Islam and Democracy*, New York, Oxford University Press, 1998, et Bernard Lewis, « Islam and Democracy : A Historical Overview », Robin B. Wright, « Islam and Liberal Democracy : Two Visions of Reformation », Abdou

Filali-Ansary, « Islam and Democracy : The Challenge of Secularization », Mohamed Elhachmi Hamdi, « The Limits of the Western Model » et Laith Kubba, « Recognizing Pluralism », dans *Journal of Democracy*, vol. 7, n° 2, avril 1996.

33. Dans « Saving The U. N. : A Challenge to the Next Secretary-General », *Foreign Affairs*, vol. 75, n° 5, septembre-octobre 1996, p. 2.

34. Audition du Sénat 105-724, « Is a U. N. Criminal Court in the U. S. National Interest ? », 23 juillet 1998, Washington, D. C., Government Printing Office, 1998, p. 4.

35. *After Victory...*, *op. cit.*, p. 54.

36. Débat intergouvernemental sur le changement climatique, « The Regional Impacts of Climate Change : An Assessment of Vulnerability ». Consulter : http://www.grida.no/climate/ipcc/regional/index.htm.

37. Pour une discussion sur les mérites du multilatéralisme et des conditions dans lesquelles il devrait être poursuivi, voir Joseph S. Nye, Jr., *The Paradox of American Power : Why the World's Only Superpower Can't Go It Alone*, New York, Oxford University Press, 2002.

38. U. S. Department of Transportation, Office of the Assistant Secretary for Aviation and International Affairs, « U. S. International Air Passenger and Freight Statistics, June 2000 », publié en février 2001, p. 5. Consulter : http://ostpxweb.ost.dot.gov/aviation/international-series/.

39. Pour d'autres suggestions sur la façon de développer le rôle socialisateur des institutions internationales, voir Joseph S. Nye, Jr., « Globalization's Democratic Deficit : How to Make International Institutions More Accountable », *Foreign Affairs*, vol. 80, n° 4, juillet-août 2001, pp. 2-6.

40. Cité par Bruce Cronin, *Community Under Anarchy : Transnational Identity and the Evolution of Cooperation*, New York, Columbia University Press, 1999, pp. 61 et 56.

La renaissance de l'Histoire

1. Utilisant une définition plus étroite, en 1999, les services et le secteur financier représentaient environ 40 % du PIB (21,5 % pour les services, 19,4 % pour le secteur financier, les assurances et l'immobilier). Si le commerce de détail et de gros est inclus dans le secteur des services, ce qui est souvent le cas, les services représentent alors 70 % du produit intérieur. Il est difficile d'estimer le pourcentage de l'ensemble de la production du secteur numérique par rapport à la production totale. La production d'ordinateurs, par exemple, continue d'être considérée généralement comme une production industrielle. Le gouvernement américain est en train de reconsidérer la classification, signe de l'avènement d'une nouvelle économie. Pour les chiffres, voir Bureau of Economic Analysis, « Gross Domestic Product by Industry in Current Dollars, 1994-2000 ».

2. U. S. Department of Commerce, « The Emerging Internet Economy II », juin 1999, pp. 25-35, et « The Emerging Digital Economy », pp. 17, 28, 3-4.

3. The UCLA Internet Report, « Surveying the Digital Future », octobre 2000. Consulter : http://www.digitalcenter.org.

4. Voir Michael J. Sandel, *Democracy's Discontent : America in Search of a Public Philosophy*, Cambridge, Mass., Harvard University Press, 1996, p. 27.

5. Voir *Bowling Alone : The Collapse and Revival of American Community*, New York, Simon & Schuster, 2000, pp. 46, 43.

6. *Ibid.*, p. 238.

7. Les critiques font valoir que le volontariat et les œuvres caritatives n'ont pas disparu et que la participation via Internet a remplacé la participation traditionnelle. Pour plus de précisions, voir William A. Galston et Peter Levine, « America's Civic Condition : A Glance at the Evidence », *Community*

Works: The Revival of Civil Society in America, sous la direction de E. J. Dionne, Jr., Washington, D.C., Brookings Institution Press, 1998, pp. 30-36 et D. W. Miller, « Perhaps We Bowl Alone, but Does it Really Matter ? », *Chronicle of Higher Education*, 16 juillet 1999, pp. A16-17.

8. Norman Nie et Lutz Erbring, « Internet and Society, A Preliminary Report », 17 février 2000. Consulter : http://www.stanford.edu/group/siqss/Press_Release/Preliminary_Report.pdf.

9. Voir Cass Sunstein, *republic.com*, Princeton, Princeton University Press, 2001.

10. *The New Geography: How the Digital Landscape Is Reshaping the American Landscape*, New York, Random House, 2000, p. 169.

11. *Bowling Alone*, *op. cit.*, pp. 342-343.

12. *Bobos in Paradise: The New Upper Class and How They Got There*, New York, Simon & Schuster, 2000, p. 271.

13. « Cyber-Serfdom », *New York Times*, 30 janvier 2001.

14. David Leonhardt et Barbara Whitaker, « Higher Fuel Prices Do Little to Alter Motorists' Habits », *New York Times*, 10 octobre 2000. Voir aussi Dianne Feinstein et Olympia Snowe, « The Low Cost of Lowering Auto Emissions », *New York Times*, 1ᵉʳ août 2001.

15. *Op. cit.*, p. 357 et chapitre 14. Voir aussi Ted Halstead, « A Politics for Generation X », *Atlantic Monthly*, vol. 284, n° 2, août 1999, pp. 33-42.

16. Analyse des élections par Putman, *op. cit.*, p. 47.

17. *Bobos in Paradise...*, *op. cit.*, p. 271.

18. Commission fédérale électorale, synthèse des rapports sur les campagnes de Bush et de Gore. Consulter : http://herndon1.sdrdc.com/cgi-bin/cancomsrs/?_00+P00003335 et http://herndon1.sdrdc.com/cgi-bin/cancomsrs/?_00+P80000912. Pour les dépenses publicitaires à la télévision des deux campagnes, voir

Brennan Center for Justice, « Political Television Advertising for 2000 Campaign (June 1-November 7) ». Consulter : http://www.brennancenter.org/cmagpdf/cmag2000_wrapup.pdg.pdf.
19. Voir Michael Cooper, « At $92,60 a Vote, Bloomberg Shatters an Election Record », *New York Times*, 4 décembre 2001.
20. Center for Responsive Politics, « Campaign Finance Reform ». Consulter : http://www.opensecrets.org/news/campaignfinance/index.asp.
21. Don Van Natta, Jr., « Enron or Andersen Made Donations to Almost All Their Congressional Investigators », *New York Times*, 25 janvier 2002.
22. Cité par Sandel dans *Democracy's Discontent, op. cit.*, p. 131.
23. Fox News, Fox Special Report avec Brit Hume, « Interview with Dale Bumpers », 20 juillet 2001.
24. Albert R. Hunt, « Don't Stop at McCain-Feingold », *Wall Street Journal*, 21 février 2002.
25. Voir John B. Judis, *The Paradox of American Democracy: Elites, Special Interests, and the Betrayal of the Public Trust*, New York, Pantheon, 2000, chap. 5.
26. Cité par Putman dans *Bowling Alone, op. cit.*, p. 159.
27. Voir, par exemple, Paul Krugman, *Fuzzy Math: The Essential Guide to the Bush Tax Cut*, New York, Norton, 2001.

Table des matières

Chez le même éditeur :

Les crimes de monsieur Kissinger
de Christopher Hitchens, avril 2001.

La vie rêvée des maths
de David Berlinski, novembre 2001.

Ces comédiens qui nous gouvernent
d'Arthur Miller, mars 2002.

Lettres à un jeune rebelle
de Christopher Hitchens, mai 2002.

Le djihad américain
de Lewis Lapham, septembre 2002.

Lettres de France, après le 11 septembre
de Jean Daniel, septembre 2002.

Dans l'œil du compas
de Leonard Mlodinow, novembre 2002.

Le vrai Saddam Hussein
de Saïd K. Aburish, janvier 2003.

Notre route commence à Bagdad,
par les faucons de la Maison-Blanche
de Lawrence F. Kaplan et William Kristol, mai 2003.

Les Anglais, portrait d'un peuple
de Jeremy Paxman, mai 2003.

Yasser Arafat
de Saïd K. Aburish, septembre 2003.

Jean Daniel, observateur du siècle
collectif, octobre 2003.

30 Jours au cœur du système Blair,
Downing Street en guerre
de Peter Stothard, novembre 2003.

L'Europe en otage?
Histoire secrète de la Convention
d'Alain Dauvergne, janvier 2004.

Que sont les grands hommes devenus?
de Jacques Julliard, avril 2004.

L'Amérique bâillonnée
de Lewis Lapham, mai 2004.

Le roman noir de la Maison-Blanche,
les révélations de Paul O'Neill, ex-secrétaire au Trésor
de Ron Suskind, juin 2004.

Le clan Aburish,
une saga palestinienne
de Saïd K. Aburish, août 2004.

Cet ouvrage a été imprimé par la
SOCIÉTÉ NOUVELLE FIRMIN-DIDOT
Mesnil-sur-l'Estrée
pour le compte des éditions Saint-Simon
en septembre 2004

Imprimé en France
N° d'impression 70040
Dépôt légal : septembre 2004
ISBN 2-915134-05-7
957397.8